高校财务管理改革与实践

刘嘉欣　魏梦珂　钟祺　著

天津出版传媒集团

天津科学技术出版社

图书在版编目（CIP）数据

高校财务管理改革与实践 / 刘嘉欣，魏梦珂，钟祺
著. -- 天津 ：天津科学技术出版社，2023.7
ISBN 978-7-5742-1438-5

Ⅰ．①高… Ⅱ．①刘… ②魏… ③钟… Ⅲ．①高等学
校－财务管理－研究－中国 Ⅳ．①G647.5

中国国家版本馆 CIP 数据核字（2023）第 139266 号

高校财务管理改革与实践
GAOXIAO CAIWU GUANLI GAIGE YU SHIJIAN
责任编辑：吴文博
责任印制：兰　毅

出　　版：	**天津出版传媒集团**
	天津科学技术出版社
地　　址：	天津市西康路 35 号
邮　　编：	300051
电　　话：	（022）23332377
网　　址：	www.tjkjcbs.com.cn
发　　行：	新华书店经销
印　　刷：	济南新广达图文快印有限公司

开本 787×1092 1/16 印张 19.75 字数 310 000
2024 年 1 月第 1 版第 1 次印刷
定价：90.00 元

前　言

随着社会经济的不断发展，高校财务管理在高校的发展中愈加重要。高校财务管理不仅影响着高校的整体形象，更直接关乎着教育事业的可持续发展。高校财务管理改革与实践是一个复杂而又长期的过程，需要我们全面深入地掌握和运用现代化管理理念和方法，从多个角度、多个方面出发，进行深度的探究，不断提高高校财务管理工作水平和效率。

本书从多个方面对高校财务管理进行了系统阐述，其中包括高校财务管理的定义、组织结构、职责划分、存在问题、改革原则和目标、经费预算管理、资产管理、融资渠道、内部控制体系、财务人员培训和信息化等。通过全面系统地阐述高校财务管理的相关理论知识、现代管理方法和高校实际运作情况，旨在为广大高校财务管理人员提供参考和借鉴，推动高校财务管理改革与实践的发展。

在本书中，我们认为高校财务管理改革与实践是一个长期的过程。在面临越来越复杂多变的市场环境下，需要不断开拓创新，发掘各种新型的管理模式和技术手段，以提高高校财务管理水平和效率。同时，在全球经济高度互动交流的时代背景下，我们也需要时刻关注国际市场的动向和国际管理先进经验，吸收借鉴外国成功经验，将其融合到本地化管理中。

为了提高高校财务管理的核心竞争力，需要进行深入反思，对传统财务管理方式进行深入剖析和总结。我们认为从制度设计、信息化建设、人才培养等多个方面入手，整体推进改革并尝试着持续创新，可以以此逐渐提高高校财务管理的水平和作用。

在高校财务管理改革与实践中，制度设计非常重要。针对高校财务管理存在的问题，我们需要结合现代管理理念和方法，通过内部控制体系、财务报表制度规范化建设、经费预算管理的优化与创新等手段，构建更加完善的高校财务管理体系，建立健全的工作流程，强化管理标准、规则、制度和责任意识。

信息化建设是高校财务管理改革与实践中另一个重要的方面。随着信息技术的发展，现代信息技术已经成为高校财务管理不可或缺的一部分。在信息化建设方面，需要打造一整套高效便捷、透明公正的信息化平台，为高校财务管理提供全方位、多角度的数据支撑以及更加精确、实时的决策参考。同时也需要注意信息安全问题，在数据管理过程中要严格执行保密和隐私政策，采用有效的信息保护措施，确保信息的完整性、可靠性和安全性。

除了制度设计和信息化建设，高校财务管理还需要有一支专业化、素质高、业务精、创新性强的队伍。因此，人才培养也是高校财务管理改革与实践中不可忽视的方面。高校财务管理人员需要具备较高的专业水平和综合素质，同时还需要具备国际化视野和开放性思维，深入了解最新的财务管理理论与实践，并结合实际工作进行探索创新。

最后，需要特别关注融资渠道的拓展。现代高校财务管理离不开各种融资手段的运用，如债券发行、股权投资、各类基金募集等方式，这些方式能够为高校提供更加多样化的融资手段，使高校在经济上更加独立和自主。

总之，高校财务管理改革与实践是一个复杂而又长期的过程，需要我们站在现代管理理论的高度，将其整体推进并尝试着持续创新。旨在逐渐提高高校财务管理的水平和效率，从而实现教育事业的可持续发展和高校的整体形象的提升。再次呼吁广大高校财务管理人员共同努力，不断创新、不断进取，为高校财务管理领域的发展和高校事业的发展做出应有的贡献。

本书由西安医学院的刘嘉欣、西安医学院的魏梦珂、深圳技术大学的钟祺编写。由于时间比较仓促，加之笔者水平有限，在编写的过程中难免出现纰漏之处，敬请读者谅解。

目　录

第一章　高校财务管理的定义和特点

第一节　高校财务管理的概念与内涵

一、高校财务管理的定义

高校财务管理是指高等教育机构为实现学校经济目标所进行的一系列活动，其着眼点是围绕资金的筹集、使用和管理展开。在高等教育事业发展的历程中，资金作为其重要的生命线之一，对于保证教学、科研、师资培训、设施建设等方面的正常运转和发展至关重要。因此，高校财务管理在其中扮演了极为重要的角色。

高校的财务管理需要进行资金的筹集。一般来说，高校主要通过政府拨款、社会捐赠和学费等渠道来获取资金。但随着社会经济的快速发展以及高校事业的不断发展，这些资金往往难以满足高校发展的需求。因此，高校财务管理需要进一步完善筹资渠道，包括积极争取国内外各种基金、商业银行贷款、发行债券等方式，提升高校的资金筹集能力。

高校财务管理需要合理使用资金。高校作为一所科学研究和人才培养的机构，资金的使用范围极为广泛。除了教学和科研方面的需求，还包括校园基础设施建设、职工福利保障等方面。因此，高校财务管理需要针对不同的用途分配资金，科学规划和合理调度资金，实现资金的优化配置，确保其最大化的利用效益。

高校财务管理需要进行资金的有效监管和控制。由于高校的复杂性和巨大的资源投入，例如人员和物资资源等，很容易导致费用开支的不透明和资源浪费的问题。因此，高校财务管理需要对资金的流动、使用和分配进行有效的监管和控制，建立健全的预算制度、考核制度以及成本管理制度等，以确保资源的合理利用和运作的稳定性。

高校财务管理的核心在于筹集、使用和管理资金。它是高校事业顺利发展的重要保障，贯穿于高等教育的各个方面。因此，高校财务管理需要在不断变革和创新中加强自身建设，提升管理水平和能力，适应日益复杂的环境变化，促进高等教育事业稳定和可持续发展。

二、高校财务管理的内容

（一）财务预算管理

高校财务预算管理是维持高校经济运作平稳发展的基础性工作之一，它主要涉及制定和执行财务预算计划，合理规划和分配资金和资源，确保高校财务工作的有序开展。

在财务预算管理中，需要建立科学、有效的预算核算体系，包括年度预算、月度预算等，以满足对各种支出和收入进行动态监控和调整的要求。同时，还需建立细致、科学的预算申报和审核流程，落实责任到人，确保资金使用的透明和公正。为了更好地管理预算，还需要建立完善的预算信息汇总和分析系统，自动化收集、统计、分析各项预算数据，为决策者提供科学参考依据。

（二）资产管理

资产管理是高校财务管理的重要组成部分之一，它涵盖了土地、房屋、设备、图书、文物等大量资产，对高校的资产运营和精益管理至关重要。

高校的资产管理需要建立完整、准确的登记和档案信息体系，做到资产来源清晰可查、使用情况实时把握、处置过程规范化。同时，还需要制定科学合理的资产评估标准和方法，保证评估结果的公正性和准确性，及时对不合理和超标浪费的资产进行调整和处理。此外，还需建立健全的资产管理责任制和监督机制，从根源上预防各类潜在风险。

（三）会计核算管理

高校财务会计核算管理是保障高校经济运行透明性和有效性的重要环节，主要涉及对高校各项经济活动进行正确的核算和算账，以准确反映高校财务状况和为高校的决策者提供科学参考依据。

高校的会计核算管理需要建立完善、规范的会计核算体系和更可靠的会计信息系统，使得每一笔经济交易都能够顺畅记录和呈现。具体而言，它包括票据凭证的编制和管理、会计账务的核算和登记、各项财务报表的编制和汇总等方面。在核算期间，应注意事项如：遵守会计法律法规，正确使用会计核算科目和工具；加强会计核算的数据质量管理，审查每一笔经济活动；及时完成会计报表的编制和提交工作，确保预算和目标运营状况的准确反映。

（四）费用管理

高校费用管理是高校财务管理的重要组成部分之一，它主要涉及精细管理高校费用支出、降低成本、提高效率、防止浪费和滥用等方面，以最大限度地实现费用效益的合理化安排和利用。

在费用管理中，应建立科学合理的费用管理指标和考核机制，结合相关统计和经验数据对各项费用进行系统分析与控制。具体而言，需要紧抓业务流程的关键环节，通过推行"精益管理"和"原则成本控制"来降低费用开支，增强效益。同时，还需加强对各类费用的规范化管理，完善费用报销流程，防止自由裁量给费用开支造成影响，确保预算和实际开支的合理匹配。

在高校的费用管理中，还应加强信息化建设，推进财务管理的现代化、协同化发展，力图提高工作效率和管理效果，为高校财务管理提供更全面、准确、高效的支撑服务。

（五）出纳管理

出纳管理是高校财务管理的重要环节，主要涉及对高校现金流动进行监管和控制，确保高校现金资金安全可靠，并预防和打击各种财务违纪行为。在高校中，现金往往是一项敏感性较高的资产，因此需要建立完善的出纳管理制度。具体而言，高校需要规范出纳操作程序，明确出纳操作流程，实行财务授权制度，确保现金流入和流出的真实性和准确性。此外，高校还应采取有效措施加强现金的保管和监管，如配备专业的出纳人员、采用科学的现金点钞机器等，防止现金被盗或误用。

（六）风险管理

风险管理是高校财务管理的必备环节，主要包括建立健全风险管理机制，防范和控制财务风险和运营风险，保障高校财务的安全、稳定和可持续发展。在高等教育发展中，高校面临着众多的经营风险和市场风险，如招生不足、资金投入失误等。为了应对这些风险，高校需要制定相应的风险管理策略，包括风险识别、评估、控制和应对等。具体而言，高校可以通过制定科学合理的投资计划、建立健全的内部控制机制、加强风险监测和预警等方式来保障经济运营的安全性和稳定性。

（七）内部审计

内部审计是高校财务管理的重要手段之一，主要涉及开展内部审计工作，对高校财务管理活动进行检查和评估，发现问题并及时纠正，为高校的财务管理提供有效保障。具体而言，内部审计应当围绕着高校的运营活动展开，针对各个环节进行检查和评估，以发现存在的财务问题，并提出改进建议。此外，内部审计应该独立于高校其他管理机构，确保审核结果的公正客观，并及时向高校领导层报告审计结果和处理情况。

（八）财务信息化管理

财务信息化管理是高校财务管理的趋势和方向之一，主要涉及利用信息技术手段，建设并优化财务管理信息系统，实现财务数据的自动化、标准化、集成化和共享化，提高财务管理效率和精度。在高校财务信息化管理中，需要建立高度集成化的财务信息系统，实现预算编制、费用管理、会计核算、资产管理等业务的自动化处理与集成。此外，高校还应加强对财务信息安全保护的控制，确保财务信息的保密性和完整性。

（九）绩效管理

绩效管理是高校财务管理的重要组成部分之一，主要包括建立绩效管理制度和考核体系，通过衡量和评价高校各项经济指标，促进高校财务管理运作的科学化、规范化和透明化。在绩效管理中，高校需要建立科学合理的指标体系，对各项经济活动进行衡量和评价，以确保高校的财务管理工作朝着科学、透明、合理、规范的方向发展。同时，高校还应设置有效的激励机制，以激励广大工作人员不断提高工作水平和效率，保障高校财务管理的健康发展。

第二节 高校财务管理的基本特点

一、高校财务管理的对象特殊性

（一）高校财务管理的非营利性质和社会责任

高校是一种非营利组织，其经费来源多来自于政府拨款和赞助捐赠等非商业性的渠道。这种非营利性质决定了高校财务管理不是营利性的经济活动，而是对社会和国家服务的一种公共事业。因此，高校财务管理需要在满足经费需求的同时，更加注重社会责任意识，规范使用资金，充分体现公正、公开、透明、廉洁等原则。

（二）高校财务管理的政府监管和融资压力

高校作为国家的教育部门，其财务管理也受到政府的严格监管。政府对高校的各项财务支出均有着非常详细的要求和指标。同时随着中国高等教育的不断发展壮大，高校也面临着越来越大的融资压力，需要全面提高自身的融资能力与效率，积极争取各种融资机会，以满足其不断增长的财务需求。

（三）高校财务管理的教学科研导向和经费保障

高校的教学科研是其主要的使命和职责，对于教学科研的发展和支持，高校财务管理需要提供充足的经费保障。高校财务管理应侧重于扶持教学科研事业，协调教育资源的分配，合理规划经费预算，完善投入机制等，以保证高校教学科研的健康有序运转。

（四）高校财务管理的公共利益和服务导向

高校财务管理是以公共利益为导向的，必须遵循"公开透明、廉洁自律"的原则，积极推动公共服务、社会责任、公共权益维护等活动的开展，主动承担社会责任，坚决反对违法违纪行为，全方位落实公共利益导向，助力社会公益事业的发展。

（五）高校财务管理的数据透明化和信息公开要求

高校财务收支的数据是一个公开和透明的重要问题。在互联网和信息化时代，高校财务管理的数据透明化和信息公开要求越来越高。高校不仅需要建立完善的财务管理信息系统，还需要积极主动地将其相关财务信息通过合法渠道及时与公众沟通，真实回答社会各界的质疑与解惑，提升诚信度和公信力。

二、高校财务管理的复杂性

（一）高校财务管理的多元化需求和变化

高校作为教育、科研等人才培养机构，其经费使用需要同时满足多种需求，而各种需求往往存在着较大的差异和冲突。与此同时，随着社会、政策等因素的变化，高校财务管理需求也会不断发生改变。这些多元化的需求和变化加大了高校财务管理的复杂度。

高校财务管理需要在多种需求和变化中实现平衡，从而保证高校正常运转和各项工作的开展。这需要高校财务管理人员具备高度的综合素质和灵活应对能力，在不断变化的环境中推进财务管理工作。

（二）高校财务管理的预测和决策问题

高校财务管理涉及多种预算和决策问题，如年度预算、资金调配、项目经费审批等。在一些情况下，这些预测和决策所依据的数据和信息可能不够丰富或者不够完整，从而增加了财务管理的不确定性和风险。

因此，高校财务管理需要对预测和决策问题做出合理、准确的分析和判断，充分考虑各种因素的影响，并制定出相应的应对措施。同时，在预算和决策过程中也需要注重风险管理和效果评估，保证财务管理的科学性和有效性。

（三）高校财务管理的法律和政策约束

高校财务管理涉及的经费使用和收支数据等都需要符合国家相关法律法规和政策的要求，这为高校财务管理带来了较高的法律和政策约束。例如，高校财务管理需要遵守《高等教育法》《会计法》等相关法律法规。

同时，随着政策的不断调整和变化，高校财务管理人员需要及时了解和适应新政策的要求，并在财务管理工作中具体操作。因此，高校财务管理人员需要持续学习和更新知识，提升专业素养，以保证财务管理工作的合规性和规范性。

（四）高校财务管理的信息技术要求

在信息时代，高校财务管理需要依赖信息技术实现更加高效的数据收集、处理和分析。从日常的财务核算到绩效评估等方面，人工处理的方式已经无法满足高校财务管理的需求。

因此，高校财务管理需要推进信息化建设和数字化转型，提升信息技术水平和使用效率。这将有助于优化财务管理流程、提高决策效果、加强风险控制和数据透明度，同时也为高校财务管理打造了更为广阔的发展空间。

（五）高校财务管理的监管要求

随着社会的发展，高校财务管理观念不断创新和完善，对于财务审计和监管的要求也越来越高。同时，倡廉成了当前全社会关注的主题，高校作为公共机构，同样需要努力推进倡廉建设。

因此，高校财务管理需要强化自我约束，增强财务管理的规范性和透明度，并做好外部监督和审核工作。同时，财务管理人员应时刻保持警惕，提高反腐倡廉意识和拒绝腐败的底线思维，以从源头上预防和避免财务违规事件的发生。

三、高校财务管理的公共性

（一）高校财务管理的公共利益和社会责任

高校作为公共机构，其财务管理需要更加注重公共利益和社会责任。高校财务管理的资金来源多来自于政府拨款和赞助捐赠等非商业性渠道，这决定了高校财务管理不是营利性的经济活动，而是对社会和国家服务的一种公共事业。因此，高校财务管理需要注重社会责任意识，规范使用资金，充分体现公正、公开、透明、廉洁等原则。

（二）高校财务管理的财政支出公开和信息披露

高校财务管理的公共性还表现在其财政支出公开和信息披露方面。中国政府已经出台了相应法律法规要求高校在财政支出上实行公开、透明和接受监督，高校也应当按照法律法规规定，将自身财务情况向学校内外和社会公众全面披露，及时回答各方关心的问题。

（三）高校财务管理的公共资源配置

高校财务管理是对公共资源进行配置的一种重要方式。教育与科研是国家战略的重点，如何合理配置公共资源以支持高等教育、科学研究的发展成为高校财务管理面临的重要问题。高校需要不断提高资源利用效率和资源配置公平性，以满足各方面的需求。

（四）高校财务管理的公共决策制定和参与

高校财务管理需要广泛地征求各方面意见，实现公共决策制定和广泛参与。这样可以充分考虑到不同群体的需求和诉求，保证决策的科学性和有效性，进而推动高校财务管理工作的改善和发展。此外，高校财务管理还应积极主动承担社会责任，为当地甚至全社会提供公共服务和贡献。

（五）高校财务管理的社会信誉和形象

高校财务管理的公共性还表现在其社会信誉和形象方面。高校财务管理必须遵守相关法律法规，保证财务管理的透明度和规范性，维护高校的良好形象和口碑。只有如此，才能获得大学生、教职员工、各级政府、社会公众等多方面信任和支持。

第三节 高校财务管理的重要性与作用

一、保障高等教育事业的健康发展

（一）高校财务管理保障高等教育事业的基础支持

高校财务管理作为高等教育事业的基础支持之一，承担着高校日常运营、支出、收入、预算、审计等多项工作。合理、规范、透明的财务管理制度和措施，能够有效保障高等教育事业的正常开展。

高校财务管理需要建立完善的会计制度、预算制度、财务监管制度，规范各项经费使用并加强预算管理、成本核算、资产管理等方面的工作，以保证财务收支平衡、节约成本，提高资源利用效率，促进高等教育事业健康发展。

（二）高校财务管理对高水平学科建设的促进作用

高等教育机构在实现高水平学科建设过程中，财务管理的作用不可忽视。只有充分利用财务管理手段，对于优秀学科、优秀人才、优秀项目进行精准投资，才能更好地推动高水平学科建设。

高校财务管理要加强财务预算和成本控制，提高经费使用效益，同时要重视对高水平人才、科研项目等的资助，在保障质量的同时也要确保资源的最大化利用。只有这样才能够更好地促进高水平学科建设，为高等教育发展注入活力和动力。

（三）高校财务管理对高校社会声誉的维护作用

高校作为公共机构，其财务管理的规范直接影响到高校的声誉和社会形象。合理、规范、透明的财务管理工作可以帮助高校避免财务舞弊和违规行为，提高社会公信力和声誉度，为高校留住优秀人才、争取资源、引领前沿技术、推广知识文化打下坚实基础。

高校财务管理需要强化内部控制系统建设，完善监督机制，强化风险管控和审计监督，预防财务违规事件的发生，从而维护高校的声誉和社会形象。

（四）高校财务管理对高校改革的推动作用

高等教育改革是当今社会发展所必需的一项重要任务，也是高校财务管理需要积极参与和推动的工作。只有加强高校财务管理改革，依托市场化机制调整内部资源配置，引领管理体制现代化，建立健全的会计核算、成本分析、绩效评估等财务管理体系，才能更好地推动高等教育的转型升级和品牌建设。

高校财务管理需要积极拥抱改革，为高等教育变革提供更多的支持和保障。通过加强预算、审计、监管等工作，推进财务管理的现代化和科学化，提高决策的科学性和精准性，更好地服务于高等教育改革和发展。

（五）高校财务管理对高校可持续发展的支撑作用

高等教育机构需要长期稳定的资源保障，这也是高校财务管理的主要任务之一。合理、规范、透明的财务管理工作可以帮助高校确保资金来源和使用的合法性和透明度，有助于延续高等教育机构的生命力，实现高校可持续发展。

高校财务管理需要加强资产管理、预算管理、成本核算等各方面工作，实现公共资源的最大化利用和拓展新的资源渠道。同时，还需要注重财务风险管控，制定合理的财务战略和规划，不断提升财务管理能力和水平，为高校可持续发展提供坚实保障。

二、增强高校资金使用效益和经济效益

（一）建立健全的预算管理体系

高校作为公共机构，其经费来源主要包括财政拨款、科研项目资助和学生收费等。在这些资金分配过程中，需要建立健全的预算管理体系，确保各项开支都在合理范围内进行，并及时发现风险和问题，采取相应措施予以控制。

在预算编制方面，高校需要根据自身的发展规划和实际情况确定经费投入计划，明确经费的来源和用途，对各项开支进行详细的安排和计算，建立科学、合理的预算标准和模型。

在预算执行和监管方面，高校需要加强内部审计和监察力度，明确和落实各项开支的责任和权限，及时发现和控制潜在的风险和问题，防止造成不必要的损失和浪费。同时，高校还需要将预算管理与绩效管理、考核评估等工作结合起来，进一步完善预算管理体系。

在预算调整和变更方面，高校需要根据实际情况进行灵活调整和变更，对于出现不符合预期的情况应当及时调整，确保预算计划的实施和财务稳定性。

（二）加强成本管理

在高校经营活动中，成本管理是十分重要的一环。合理地管理成本不仅可以减少不必要的浪费，还可以提高效率和降低成本，同时对高校经济效益的提高也具有重要意义。

高校需要对各项成本进行详细的核算和分析，并由专门的成本核算部门对成本进行科学合理的管理。其次，高校需要针对不同项目制定相应的成本预算方案，控制成本预算标准，避免超出预算造成损失。此外，高校还可以引入先进的成本管理技术，采用节能减排、资源回收等方式降低经营成本。

高校还需要发挥成本管理在经营决策上的作用。通过成本预测和成本控制来指导各项经营决策，使得高校管理变得更加科学化、精细化和智能化。

（三）加强投资管理

高校的投资管理涉及多个方面，包括投资流程、风险评估、收益评估等方面。为了实现资本的最大化利用和保障高校财务安全稳定，高校需要建立健全的投资管理体系。

高校在投资流程上需要规范各项制度与程序，明确职责、规范流程，建立相应的标准同时注重科学的投资决策方法。同时，高校还可以采取市场化运作方式，通过市场化方式寻求更多资金支持。

风险评估是高校投资管理中不可或缺的一环。高校需要全面考虑各种潜在风险，避免不必要的损失，并及时采取有效措施进行风险控制。同时，投资收益评估也是高校投资管理中的重要方面。高校需要对投资项目进行综合分析和评估，以确保投资项目的可行性和收益水平符合预期。

高校在投资管理中还需要严格遵守法律法规，并注重社会效益和环境保护等方面的考虑。只有通过全面的投资管理体系建设，才能够实现高校资本的安全利用和经济效益的提升，为高等教育事业的健康发展提供坚实的财务保障。

三、推动高校财务信息透明化

（一）建立健全财务报告制度

高校是公共机构，其财务运作非常重要。为了保障社会公众对高校财务情况的了解和监督，建立健全的财务报告制度显得尤为重要。在实现透明化的过程中，及时公布相关财务信息，可以展示高校的财务状况和经营情况。

在资源配置方面，必须强调预算执行水平、各项支出的稳定性及合理性、资产管理水平等方面。同时，沿用规范的财务会计报表标准，提供如资产负债表和利润表内容清晰的统计指标，以达到更为精准的财务管理。

在财务报告制度方面，需要注重项目分项明细、文字翔实等方面的内容呈现，使得财务报告的可读性和可理解性都能够得到很好的体现。

在财务报告发布方面，也应当注重文化的推广，让这些财务数据得以传播和宣传，使得更多的人群掌握高校的财务状况，从而推动社会的发展。

（二）使用信息化手段提高透明度

信息化技术在推动财务信息透明化中起着重要的作用。高校可以利用信息化手段提升财务信息的透明度，以便社会公众更加准确和及时地了解相关情况。

在信息管理方面，应当注重提高信息的及时性、完整性和准确性，避免出现数据失真或是信息泄露等问题。高校可以采取数据可视化的方式，采用表格、图表等形式呈现相关的财务状况和发展趋势，从而让数据变得更加生动和直观。

高校还可以推广在线查询服务、直播讲座等方式，实现与社会公众更广泛的互动共享，进一步提升透明度和公信力。

（三）推进内外部交流合作

高校需要与社会各界建立起良好的沟通和交流机制，主动回应各类疑问和问题，并给予准确的答复。这样可以增强公众对高校财务的了解和认知，并让高校的经济活动更加广泛地受到社会监督。

在内部管理方面，高校应当建立有效的沟通渠道，包括固定的会议、观摩学习等方式，以便进行财务管理经验交流和数据共享。其次，在外部交流方面，需要建立健全的信息交流平台，加强与舆论媒体、社会组织等各类相关方面之间的沟通，及时回应公众的疑问，提高高校财务的透明度。

在加强内外部合作方面，高校可以利用国内外各类平台和机会来开展前沿的科研合作，拓宽高等教育发展的广度和深度。这样可以不仅增强高校的拓展能力，还可以开展长期的、有效果的、可持续的合作活动。

四、维护高校财务安全和稳定

高校财务管理不仅需要注重效益，还需要注重安全和稳定。以下是维护高校财务安全和稳定的关键措施。

（一）加强风险评估和预警机制建设

高校应当建立健全的风险评估和预警机制，及时发现和控制潜在的风险，并采取有效措施进行管控。风险评估和预警应当覆盖高校所有的财务活动，包括投资、借贷、招生、人才引进等各个方面。此外，针对不同类型的风险，还需要拟定相应的处置方案，确保高校财务活动的稳定性和安全性。

（二）提高内部审计和监察能力

高校应当建立独立的内部审计部门，提高监督审计能力，保障资金使用的规范与透明。通过建立内部审计机制，可以发现存在的问题和风险，并给出相应的解决方案。同时，在聘任内部审计人员时，应当注重相关专业知识、技能以及职业道德素质等方面的考核，确保内部审计的独立性和客观性。此外，完善监督评估体系，对于各类人员的职业道德、行为规范、内部管理等方面进行审查和评估，强化对高校财务活动的管控。

（三）加强信息安全管理

随着高校信息化程度的不断提高，相关的信息安全问题也日益凸显。高校应当建立健全的信息安全管理体系，采取多重保护措施，确保信息的安全性和可靠性。首先，要完善机房设施和系统设备，保证硬件水平符合标准。其次，设置防火墙、加密传输、审计追踪等措施，有效防范黑客攻击和数据泄露等风险。此外，应当针对不同工作岗位设置不同权限和密码，限制用户访问权限，避免敏感信息外泄。

第二章　高校财务管理的组织结构和职责划分

第一节　高校财务管理组织结构的构成

一、领导班子

高校财务管理的领导班子通常由校长或者副校长担任负责人，下设财务副校长、审计副校长等职位。主要职责包括制定财务管理方针、政策和战略，落实预算管理及内控制度建设等工作。领导班子还需要推动财务信息化与数字化，提升高校财务管理水平。

二、财务部门

财务部门负责高校日常收支管理和风险控制，编制年度预算并执行监督，管理财产和固定资产等多项工作。具体职责包括：制定财务操作规程；按照预算进行经费支付；对外收款；对外支付；建立财务档案；制定资金管理办法和企业员工福利方案等。

三、审计部门

审计部门主要职责是对财务活动进行审计检查，发现问题并提出改进建议，防范经济犯罪行为。具体职责包括：建立完善的内部监督制度；进行财务审计和"双随机一公开"检查等；审核年度预算和决算报告；帮助高校识别和评估风险，提供风险管理咨询服务等。

四、会计核算部门

会计核算部门负责日常会计核算工作，编制财务报表和报告，参与编制预算和决策等。具体职责包括：编制和执行财务预算；协助财务部门管理资金流程；编制各类财务报表和统计报表等；推进会计核算方式的数字化改革；参与相关合同及公开招标采购管理等。

五、资金管理部门

资金管理部门负责对内外经济环境进行分析和研判，提高资金使用效率和安全性，协调银行业务和资本市场操作。具体职责包括：对现金、银行存款、证券、基金等所有流动资产的投资管理；根据政策要求制定资产配置方案；对外投融资；推进资金管理模式的数字化改革等。

第二节　高校财务管理职责划分的原则

一、责权统一原则

高校作为国家的重要组成部分，其财务管理具有非常重要的意义。一方面，高校需要通过合理规划、科学配置和有效利用资金，为师生创造更好的教学、研究和生活条件，提高教育教学质量，推动学科建设和人才培养；另一方面，高校必须遵循财务管理法律法规，加强内部控制，防范各类风险，维护财产安全和社会信誉，确保财务活动的合法性、规范性和透明度。

在高校财务管理中，责权统一原则尤为重要。责权统一是指责任和权力相互对应、相互匹配，实现责任和权力的有机统一。这不仅是高校财务管理的基本要求，也是有效防范和化解管理风险的关键之举。

在具体实践中，责权统一原则具体体现在以下几个方面：

（一）明确各项职责

1.明确职责的意义

明确各项职责有利于促进高校财务管理工作的高效法治化。只有把每个岗位的职责范围和工作任务逐一记录并执行，才能够有效地提高工作效率，防止工作重复或遗漏情况的出现，并促进高校各级管理人员的合理分工，避免出现财务权力过于集中、监管不到位等问题。

2.各部门职责的明确

在实施明确职责原则时，需要逐一明确财务管理各部门的职责范围和工作任务。具体而言，财务部门主要职责包括处理经费支出和收入的相关事项，审核账目凭证、开具票据等，同时还要负责制定、审批和执行各类财务管理规章制度；资产管理部门主要负责对学校固定资产进行登记、核实、折旧、清理等工作，保证资产安全和合理使用；审计部门则主要负责对学校的财务情况进行审核和评估，以保证财务信息的真实性和可信度。通过明确职责，各部门之间能够有效协作，提高工作效率和管理水平。

3.制定规章制度

为更好地落实各项职责，高校需要制定相关的规章制度。针对每个岗位的职责范围和工作任务，可以制定相应的操作手册或标准流程，从而规范岗位职责和工作流程。同时，高校还应建立健全的考核机制和激励措施，使各部门员工在工作中得到及时的反馈和认可，从而使其积极性、创造性和工作效率得到进一步提高。

（二）科学分权

1.科学分权的意义

科学分权能够充分发挥各线部门的积极性和创造性，使其更加主动参与决策制定和执行，从而更好地推进财务管理工作的展开。同时，还可以避免由于权力集中导致的财务安全风险，从而提高高校财务管理的合规性和稳健性。

2.在预算授权方面的应用

在实践中，可以根据不同的支出项和金额设置不同的预算授权额度，由各单位自主支配。比如，在人员培训方面，可以通过设置年度培训预算，并按照部门和岗位进行具体支配；在设备采购方面，也可以通过设置年度采购预算，按照不同等级制定采购计划并按计划执行。此外，为了防止财务违规行为的发生，可以对每个预算授权额度设定预算使用限制，并通过监督和审核来保障财务安全。

3.在资产管理方面的应用

在资产管理方面，除了明确不同种类、规模的资产需要由哪些部门或责任人进行管理，还可以根据资产的生命阶段和价值等因素设置不同级别的资产管理机构和人员。比如，在固定资产的采购和建设环节，需要有专业的技术人员进行相关的研究和评估；在使用和维护阶段，则需要有专业的运营人员进行相关的日常管理和维护工作。此外，为了避免资产丢失或损坏，还可以加强对资产的盘点和清查工作，并按规定及时报废或处置不合格资产。

4.其他领域的应用

在实践中，科学分权的原则也可以应用到财务审批、审计监督等多个领域。在财务审批方面，可以对各项申请进行分级处理，并将审批权限下放到相应的部门或责任人手中，从而提高审批效率和延伸服务范围。在审计监督方面，则可以对具体项目进行分级审核，并依据审核结果做出相应决策和调整，并按规定确保财务信息的真实性和合法性。

（三）加强内部控制

1.内部控制的意义

内部控制是指一系列的流程、方法以及机制，用于协调和监督组织的行为，并以此来保护组织的利益。在高校财务管理中，内部控制涵盖了多个方面，如财务预算、采购、支付、核算等，通过加强内部控制，可以及时发现并纠正存在的问题和缺陷，提高经费使用和资产管理的效率和合法性，从而保障高校财务信息的真实性、完整性与可靠性。

2.内部控制的主要内容和环节

（1）风险评估：风险评估是内部控制的第一步，必须对可能出现的财务风险进行评估，并制定相应的预防策略和应急方案。这包括建立与外部人员沟通和内部团队监督的机智，以检测和纠正风险问题。

（2）内部审计：内部审计是财务管理的重要环节，主要包括学校的财务、风险管理系统和业务流程等内容的审核，以评估其有效性和完整性，并为企业未来发展提出建议。

（3）信息披露：信息披露是指将高校的财务状况、经营情况等相关信息及时公开发布，在各方面引导企业的发展和监督，增强市场透明度。

（4）监督：监督包括上级机构对下级机构的监管和各级部门互相之间的监

督，实现岗位职责的规范化和相互协调。

3.内部控制的具体做法

（1）建立风险识别和评估机制，及时发现潜在风险并制定相应的预防措施和应急方案，保障资金安全和稳定。

（2）建立财务管理制度和流程，确保财务信息准确、真实、合法，严格执行经费使用标准和程序。

（3）建立资产管理制度和流程，确保学校固定资产的登记入账、核实折旧、清理等工作得到规范执行，保障资产的安全和合理使用。

（4）加强内部审计，及时发现和纠正财务管理中存在的问题、缺陷和不当行为。

（5）建立信息披露机制，通过内部公告、网站公示、互动交流等方式，提供地方政府、上级主管单位、社会各界和员工对高校财务管理的监督。

（6）建立健全的考核制度和激励机制，加强责任归属和目标管理，促进全体员工积极参与财务管理工作，提高其服务质量和效率。

（四）提高管理水平

1.加强学习借鉴和创新实践

在现代化经营管理中，科技和信息化的应用越来越丰富和深入，新兴技术和管理模式层出不穷。为了更好地服务高校的教育事业，高校应加强对国内外先进管理经验的学习借鉴，结合自身实际情况，探索适合本校特色的管理模式和方法。同时，要注重借助信息化技术来优化管理流程和管理系统，提供高效便捷的服务。这样才能够更好地推进高校财务管理工作的创新和发展。

2.加强人员培训和职业发展规划

高效的管理需要有专业素养高、综合能力强的管理人才为基础。因此，高校应该借鉴行业内外的先进经验和管理理念，通过开展各类培训，提高财务管理人员的专业技能和综合素质，努力培养和选拔优秀的管理人才。同时，应通过完善适当的激励和考核机制，为高素质、能力突出的财务管理人员提供更好的职业发展规划，以推动财务管理队伍建设。

3.优化管理流程和体系

在现代化经营管理中，科学化、标准化和流程化是保证管理效率和质量的重要手段。因此，高校应该加强对内部财务管理流程的规范化和优化，并开发、推广一些财务管理软件或系统，以提高财务信息化处理的速度、准确度和安全性。通过完善相关制度和规章制度，推动财务管理自动化、标准化和规范化，避免程序漏洞导致财务风险，提高管理效率和质量。

4.强化组织管理和反馈机制

为了更好地提高管理水平，必须依靠严格的组织管理和有效的反馈机制。公司应进一步加强部门间的协调和沟通，形成工作同步、信息共享的良好局面。同时，还应建立起相应的激励机制和检测机制，及时发现和纠正问题，避免不良行为的发生，从而确保财务管理工作的全面落实。在此过程中，各级领导和管理人员要发挥模范带头作用，引领、促进高校财务管理工作的有序推进。

二、分工协作原则

高校财务管理是一项庞大的工程，涉及预算编制、经费拨付、资产管理等多个方面。要想实现高效率和高质量的财务管理，必须采用分工协作原则，将各项任务合理划分和分配，使得每个部门都能够按照自己的职责领域专门负责，确保财务管理工作的顺利进行。

在具体实践中，分工协作原则需要遵循以下几点：

（一）加强培训和学习

加强培训和学习，是高校财务管理工作的重要基础之一，它涉及财务人员职业素养、专业技能和团队协作等多个方面，对于提升财务管理效率和质量，推动高校财务管理工作的发展都具有重要意义。

1.持续学习新知识和新技能

高校财务管理人员需要不断学习新知识和新技能，以适应财务管理工作的需要。随着时代的变迁和社会需求的变化，财务管理领域也在不断创新和发展，因此，财务管理人员必须保持更新观念，勇于接受新事物，掌握先进理念和最新技术，不断提升自身的专业水平和工作能力。可以通过参加各种培训、研讨会和论坛等方式来增强自己的知识储备，在实践中应用新知识和新技能，为高校财务管理工作创新发展提供支持。

2.积极参与团队协作，提高团队协作能力

团队协作是高校财务管理工作的重要组成部分。高校财务管理人员应当积极参与分工协作，按照规定的标准和程序，各司其职，共同推进工作的顺利进行。在协作过程中，应当遵循分工协作原则，保证任务完成的质量和效率。同时，团队协作也是提高团队协作能力的一个重要手段，可以通过相互交流、学习和分享经验来增强合作意识和有效沟通能力，提升团队的整体绩效水平。

3.注重个人素养和职业道德

高校财务管理人员必须注重个人素养和职业道德，根据职业操守和行规开展工作。职业道德不仅是高校财务管理人员应当具备的基本素质，也是建立良好工作形象和企业信誉的重要组成部分。因此，在平时工作中，高校财务管理人员应当依据相关法律法规和职业操守开展工作，做到廉洁自律，防止出现违反规章制度或涉嫌违法违纪情况。只有这样才能塑造良好的职业形象和品牌。

（二）精细化分工

1.科学界定财务管理工作

要做好精细化分工，首先要确立清晰明确的财务管理工作界定。这需要全面研究和了解高校财务管理的相关法律法规和政策，把握高校财务管理工作的目标、任务和策略等。在此基础上，结合实际工作需求和输入输出资源，分类别、分组别、分层别建立适度细化的任务型模式框架。

2.科学制定分工方案

在确定了财务管理工作内容后，还需要制定详细的分工方案，明确每个部门或人员的工作职责和任务内容。针对不同的工作任务，可以通过专业性和复杂性两个方面来进行分工。具体地说，对于业务较为简单、操作流程规范、循序渐进的工作，可以通过制定标准化操作流程和规范化工作流程来实现精细化分工；对于复杂、专业性较强、需借助专业技术支持的工作，则需要根据不同专业领域、业务相似度、处理速度等因素，将人员分派到相应的部门或机构中去，充分发挥各自的优势，提高效率、减少风险。

3.建立层级质量检测机制

在具体实施过程中，需要建立一套完善的质量检测机制。主要是在每个岗位上设立岗位描述和三级问责制，对每一个环节进行全面检查和评估，确保财务管理工作的进展、质量、堵点问题能够得到及时的解决与推进。同时，要强化对质量监测机器的反馈机制，通过总结查找相关问题的原因，并为调整和改进提供有力的支撑。

4.开展充分通信和沟通

最后，也是很重要的一点就是通过加强沟通交流，促进各职能部门之间的协调配合。这可以通过定期召开协商会议、信息交换、互动学习、工作经验分享等方式来实现。在实践中，不少管理类问题的解决都需要各部门之间的相互协作和协调配合，这也是取得精细化分工成效的重要保障。

（三）加强沟通协作

1.建立规范的会议制度

高校财务管理部门可以定期召开工作会议，让各个职能部门之间进行交流和信息共享，全面掌握每个部门的工作进展情况和问题状况，及时解决和协调各个部门之间的问题。同时，在会议中应当注重将工作情况进行汇报，讨论并确认相关工作计划并明确落实责任人，以确保所有工作均能够有序推进。

2.开展信息交流和共享

高校财务管理部门还可以通过各种途径互相交流和共享信息，包括电子邮件、微信群和专业网站等多种形式。在信息交流和共享中，部门之间应当建立一个信息反馈机制，及时收集并处理各个部门的问题，并对问题进行跟踪和解决，确保信息能够及时传递、快速反馈和有效处理。

3.积极开展问题解决

在高校财务管理工作中，涉及的问题种类很多，需要各个职能部门之间密切合作，共同努力解决。如果出现问题，应当立即采取措施，积极寻找解决方法，通过协商解决矛盾纠纷，避免因工作矛盾而影响高校的整体形象和声誉。

4.规范问题沟通渠道

高校财务管理部门应当建立规范的问题沟通渠道，明确问题处理流程和事项分担，制定具体的问题反馈机制和处理流程。在处理过程中，应当注重理性分析和讨论，并做好资料记录，使所有问题得以公正、公开和有据可查。

（四）优化流程

1.全面梳理流程

为了优化高校财务管理的工作流程，首先需要对现有流程进行全面的梳理和分析，确保每一个环节都得到清晰的说明和规范。在这个过程中，需要考虑各种情况下的工作流程和处理方式，同时确保每一个岗位都有明确的职责范围和操作指南，使高校财务管理工作可以更加简单明了。

2.使用信息化手段

高校财务管理工作中可以采用信息化手段来优化流程，比如使用电子审批系统、财务软件系统等，帮助快速自动化完成一些重复性工作，提高办事效率。例如，拨款审批、报账审核、合同签订等工作都可以通过电子审批系统来完成。这样可以减少人工审核和操作，加快审批速度，同时还能够减少出错率。

3.规范操作流程

在高校财务管理中，为了优化流程，需要建立起一套完整的标准操作流程，保证整个管理过程的标准化、流程化和数据信息化。从各项工作流程设计、操作流程的执行以及流程效果的监控，都要做到科学合理，并不断进行完善。在规范操作流程时，应当注重对标准操作流程的推广和普及，确保全体员工都能够遵守标准操作规程，减少流程漏洞。

4.加强知识管理和培训

高校财务管理中，需要加强知识管理和培训，使所有岗位上的员工都具备必要的专业技能和知识储备，有利于提高工作效率和工作质量。通过开展定期的培训和学习，能够使员工的专业素养得到提高，并学会运用新技术、新方法来解决实际问题。

三、科学决策原则

高校财务管理的科学决策原则是指在对于重大财务事项和决策进行分析和讨论时，需要采用理性、科学的方式去考虑各种因素的影响和作用。这样才能够确保所做出的财务决策具有可行性和安全性，符合高校长远发展的要求。

具体而言，高校财务管理工作中，科学决策原则需要遵循以下几点：

（一）定期收集信息

1.定期收集市场信息

高校财务管理需要定期收集市场信息，了解国家和地区经济形势、行业政策和相关法律法规等，同时掌握行业内部的竞争格局、主要竞争对手的发展战略和市场份额等。这样可以帮助高校财务管理部门及时调整投资方向、制定营销策略，使高校财务管理工作更加符合市场需求和变化，提高资金运用效率和风险控制能力。

2.做好内部人员、设施和资产方面信息的收集

高校财务管理部门还需要做好内部人员、设施和资产方面信息的收集，包括教职员工情况、学生人数以及各类设施和资产的使用情况等。这些信息有利于高校财务管理部门对经费使用和分配进行调整和改进。另外，通过开展内部问卷调查、访谈等方式也可以及时掌握员工对财务管理工作的意见和建议，在工作中不断完善和提高。

3.加强信息整合和分析

对于收集到的各类信息，高校财务管理部门需要进行整合和分析，识别出影响到高校财务管理工作的主要因素，并制定相应的应对策略。同时还需要充分考虑各种风险因素，对风险进行前瞻性分析，以便做出更好的财务决策。

4.建立信息管理系统

为了有效地管理和利用收集到的各类信息，高校财务管理部门需要建立健全的信息管理系统。该系统可包括信息采集、存储、整理、分析、传递和反馈等方面功能，将各个环节的工作流程串联起来，实现信息的无缝衔接和信息共享，从而提高高校财务管理工作的效率和准确性。同时，该系统还能够为决策者提供科学、准确、快速的信息支持，帮助其做出正确的决策。

（二）深入分析问题

深入分析问题是在讨论和决策重大财务事项时必不可少的步骤。这个过程需要对问题进行全面、科学的掌握，力求排除干扰因素和负面影响，以准确地

了解问题的本质和核心。同时，还需要运用定量和定性的方法进行分析和评估，从而提供更加客观和可靠的结果。

深入分析问题的第一步是确定问题的本质和核心。这个过程需要对问题进行仔细的审视和理解，以便能够找出所有可能的因素和影响因素。例如，在决策公司是否要进一步扩张业务时，需要首先考虑到市场需求、竞争情况、资金流动状况等多个因素。只有对这些因素有一个充分的了解，才能够准确地判断公司是否适合拓展业务，并且是在何种情况下进行扩张。

深入分析问题需要排除干扰因素和负面影响。这个过程可能需要消除对该问题的主观偏见和刻板印象，以及与问题无关的因素。例如，在决定是否投资某个项目时，需要对该项目的风险、回报等进行评估，而不是被投资者的个人魅力或者其他无关因素所左右。同时，还需要注意在讨论过程中不能受到一些非专业人士或者竞争对手的干扰和诋毁，以免影响最终结果。

深入分析问题需要运用定量和定性的方法进行分析和评估。这个过程有助于提供更加客观和可靠的结果，避免主观偏见和刻板印象的影响。例如，在评估公司财务状况时，需要运用相关的财务指标和数据进行分析，并与市场、行业等进行比较，以便尽可能全面和准确地了解公司的实际情况。

深入分析问题需要尽可能多地收集信息和意见。这个过程需要倾听所有相关的专家、员工和利益相关者的意见和建议，并综合考虑他们的观点。在做出决策前，需要对这些意见和建议仔细地进行反复确认和核实，以确保最终的决策方案是全面、公正、科学的。

深入分析问题是重大财务事项和决策过程中必不可少的步骤。通过掌握问题的本质和核心，排除干扰因素和负面影响，并运用定量和定性的方法进行分析和评估，可以得出更加客观、准确、全面的结果，为最终决策提供有力的参考依据。

（三）制定可行性方案

高校财务管理是一个复杂而又关键的机构，其决策不仅涉及学校经济状况，还需要考虑其他因素如人力、物力、财力等方面。制定可行性方案成了高校财务管理决策的关键步骤。

在制定可行性方案之前，必须充分收集和了解有关信息，包括对当地和国内外经济政策、市场状况以及潜在竞争对手的了解，以帮助确定最终方案所面临的可能性及风险情况。同时，高校财务管理需要对学校自身的资源状况进行全面评估，包括人力、物力、财力、信誉度、技术水平等方面，以便正确地评估和权衡可行性方案。

高校财务管理应该选择合适的方案，并做出必要的调整，确保符合学校的需求和发展目标。建立成熟的财务规划方法，通过模拟和预测，研究各种方案的可能性和可行性，找出最优解并制定执行方案。

高校财务管理应该充分考虑教育本质，合理配置学校资源、增强学校竞争力，在维持教育资金运行安全的前提下，开发新的经济增长点。同时，要寻找资金、技术和市场整合等方面的共识，弥补不足。

高校财务管理应该注重沟通协调，与多方利益相关者合作，尤其是与内部各部门和外部企业、政府之间积极沟通和协调。这正是确定可行性方案时至关重要的一步。在所有决策过程中，必须有透明的数据来源和充足的沟通方式。

高校财务管理需要对制定好的方案进行监控和评估，以便根据实际执行情况及时纠正偏差，取得更好的预期效果。为有效监督和评估大学财务决策，必须设置相应的风险管理程序。只有这样，才能保证高校财务管理体系的健康稳定发展。

（四）注重专业咨询

在高校财务管理中，涉及许多关键的决策和重大的财务事项，需要加强专业化的咨询和意见反馈。这种咨询一般由经验丰富、专业性较强的财务顾问或者财务咨询公司提供。

高校财务咨询服务可以提供以下几个方面的帮助：

提供市场研究和分析服务。高校财务咨询服务可以帮助学校评估市场环境和竞争情况，以便更好地定位和发展高校财务战略。同时，他们还可以提供行业报告和趋势分析，帮助学校制定有针对性的财务计划。

提供风险管理和规划方案服务。高校财务咨询服务可以帮助学校评估各种可能的风险，并提供合适的风险管理方案。他们还可以提供长期规划建议，以便更好地预测未来的财务需求和挑战。

为高校提供专业的税务建议和会计服务。高校财务咨询服务可以为高校提供符合法律要求的税务建议和合规性会计服务，以确保高校符合相关的法律法规。

提供融资和投资咨询服务。高校财务咨询服务可以帮助高校寻找资金来源，并提供最佳融资策略的建议。此外，他们还可以为高校提供有关投资方案和并购交易的专业意见。

（五）定期评估调整

定期评估调整是财务管理中至关重要的一环，它意味着对过去一段时间内的决策与实施进程进行总结和审查，并进行必要的改进和调整。这种评估和调整是保证高校财务管理健康稳定发展的必要手段。

评估调整需要制定合理的时间表。时间表可以根据不同项目或周期来设置。例如，对于短期财务活动，可以设置每个月、季度或半年进行一次评估；对于长期财务计划，则可以每年进行一次评估。无论评估周期如何，都需要确保执行反馈机制顺畅并及时反映反馈结果。

评估调整必须依据具体情况制定合适的标准和流程。评估应以确保财务目标的达成为标准，同时还需考虑在实施过程中出现的问题和问题的解决方案。评估流程需要严谨而规范，在具体实施中，可以通过多种手段进行，如文档审核、任务跟踪、会议讨论等。

评估调整需要充分利用信息技术工具。信息技术能够为评估提供强有力的支持，使评估过程更加高效和准确。例如，可以利用数据分析工具来处理财务数据，从而洞悉盈利点和风险点。此外，还可以使用协同办公平台或项目管理软件，以便更好地跟踪任务执行情况、协调团队合作。

评估调整应该注重有效性和可操作性。评估不仅要确定问题和缺陷，还要为制定改进方案提供支持。基于评估结果，应及时制定相应的改进措施并实施，同时要注意与各部门之间的沟通和协调。评估的目标是被认为是最正确、最安全的解决方案，所以要确保能够得到各方的认可，并能够顺利地在实践中推行。

四、公开透明原则

公开透明原则是高校财务管理中的重要原则之一，它体现了责任和信任的双向交流，有助于提高财务管理的公正性、透明度和可靠性。公开透明原则与高校财务管理的各个方面紧密相关，需要实施全方位的措施来保证其有效运转。

（一）建立完备的财务报告和公示渠道

建立完备的财务报告和公示渠道是高校财务管理的重要组成部分。以公开透明为原则，需要充分关注财务信息的可靠性和透明性，从而确保学校的财务状况和发展趋势能够及时地向社会公开。

要建立完备的财务报告制度。财务报告应该覆盖高校各个方面，包括收入、支出、资产、负债、预算等内容，并且要包括具体的数据和详细的解释说明。科学合理规划财务数据的分类，定期发布澄清和阐述财务数据的摘要，以便于外界对财务数据更好地理解和评估。通过建立完备的财务报告制度，可以增强学校财务状况的真实性和透明性，提升外界对学校的信心。

要建立有效的公示渠道。公示渠道应覆盖高校各个领域，包括预算、账目、合同、资产等信息，使得相关信息得以及时、准确地向社会公开。应当在学校网站、媒体平台等互联网环境下进行公示，并以多种形式提供便利渠道供公众查询。同时，还应当及时回应公众对财务报告和公示内容的疑问和建议。

要加强财务监督机制的建立。为了确保财务信息的真实可靠，需要建立完善的财务监督机制，例如设立独立的审计、评估和监管部门，以检查、审核和监督财务管理工作的运行情况。另外，学校内部也应设立相应的监督部门或委员会，加强对财务情况的监督和管理。这样可以有效地预防和发现问题，并且及时采取纠正措施，防止损失扩大化。

要建立健全的反馈机制和投诉处理程序。公众对高校财务信息的关注程度日益增强，在遇到相关问题或存在疑虑时，他们应该有权利得到及时回应和公正处理。因此，需要建立健全的反馈机制和投诉处理程序，使得公众可以随时联系学校相关部门进行咨询和投诉。

（二）利用现代信息技术手段

利用现代信息技术手段是提高高校财务管理效率和透明度的重要途径之

一。现代信息技术手段如互联网、云计算、大数据等可帮助高校实现财务信息的精细化、系统化管理和公示，从而提高对高校财务状况和财务管理的透明度和可信度。

互联网成为广泛运用的平台，借此平台分享和发布财务信息能让社会公众实时获得准确信息。高校应该建立具备实时传送财务信息功能的网络平台，并确保财务信息的完善和准确性。通过这种方式，学校可以及时沟通与合作，获取实时的市场资料并快速做出反应，更好地把握市场机遇和应对风险。

云计算成为高校财务管理的重要工具。通过云计算，高校可以实现财务管理的自动化、信息化和集成化。例如，学校可以利用云计算技术开发一个共享数据库，将各部门的财务数据集中管理，并通过统一的接口进行数据交换，以提高财务信息的共享和处理效率，并且有效杜绝去年同期发生的重复填报数据情况。此外，云计算还可以为学校提供灵活性和安全性，并能有效降低技术成本。

大数据技术有助于分析财务数据并提供预测和解决方案。高校利用现代信息技术手段进行财务管理时，往往会产生海量的财务数据。通过大规模地采集、存储、挖掘和分析财务数据，高校可以快速了解整体财务状况，发现问题和机遇，并快速做出决策。例如，通过大数据技术，可以对学费结构、学生消费等财务数据进行实时监测，以识别风险点并制定改进措施。

还需加强对信息安全的保护。随着互联网与现代信息技术的发展，高校面临着更多的安全风险，例如数据泄露、黑客攻击等。因此，高校需要建立全面的信息安全管理体系，包括加密技术应用、物理访问控制、网络权限管理等。这样可以确保财务信息不会遭受危害，并向社会公众提供更安全可信的财务信息服务。

（三）借助社交媒体平台

利用社交媒体平台是高校提高财务透明度的重要途径之一。高校可以通过在微博、微信等社交媒体平台上发布财务信息，以及推出专题内容如资产管理、预算分析等吸引公众关注，增加公开透明程度和公众对高校财务的认知和理解。

社交媒体平台是高校与公众进行互动和交流的重要渠道之一。高校可以通过微博、微信等社交媒体平台与公众进行直接沟通，并及时回应公众提出的问题和疑虑。此外，社交媒体平台还可以为高校提供一个展示自己形象和信息的窗口，方便公众了解高校的发展状况。

社交媒体平台可以扩大高校财务信息的传播范围。通过社交媒体平台，高校可以将自己的财务信息向更广泛的受众传播，并且可以选择特定的人群来接收信息。例如，针对学生和家长，高校可以发布有关学费结构和教材费用的信息；针对企业和投资者，高校可以发布科研项目成果和技术创新之类的信息。这样可以实现财务信息的有针对性广而告之，增加公众对高校的认知度和关注度。

社交媒体平台可以提供动态的财务数据更新。随着互联网技术的不断发展，社交媒体已经成了快速更新与传播信息的有力渠道。通过社交媒体平台，高校可以及时地发布财务数据更新，并且可以利用数据可视化工具展示数据变化趋势，让公众更直观地了解高校财务状况。

需要注意加强社交媒体平台管理。虽然社交媒体平台能够帮助高校扩大信息传播和吸引公众关注，但也可能存在一些安全风险和管理难题。高校应该建立相应的社交媒体管理机制和规范，如设立专门的管理部门、制定相关政策和规定、加强信息审核和监管等，以确保财务信息的真实性、准确性和安全性。

（四）借助第三方评估机构

借助第三方评估机构是高校提高财务透明度的重要途径之一。独立的第三方评估机构能够对高校的财务情况进行全面客观的评估，从而有效地排除主观因素的干扰，提高财务管理的公正性和透明度。

第三方评估机构具有专业性和客观性的优势。评估机构通常由经验丰富的专家组成，他们对财务管理、审计等领域拥有较为深刻的理解和了解。评估机构会根据国家相关法律法规，以及行业标准和最佳实践，利用独立的评估方法和工具，对高校财务情况进行全面客观的评估。这样可以确保高校财务信息不仅通过自身的披露得到证实，还能够得到第三方权威机构的认证或者否定。

第三方评估机构可以为高校提供更广泛的清晰化意见。评估机构不仅会对高校的财务状况进行评估，还会针对存在的问题和风险提出相应的建议和改进措施。这些措施的实施能够进一步提高财务状况的透明度和公开性。评估机构也会向高校提供最新的市场信息、行业趋势和最佳实践等建议，帮助高校更好地实现财务目标。

第三方评估机构可以为高校提供更多样化的客观数据支持。评估机构不仅可以对高校本身的财务情况进行评估，还可以将高校的财务信息与同类高校、行业标准进行对比分析，从而更加客观地反映高校的财务状况和绩效。这样可以让公众了解到高校相应行业中的地位和水平，并且增强公众对高校财务信息的信任和认可。

需要注意科学地选择第三方评估机构。由于市面上存在着各种评估机构，高校在选择评估机构时需要进行科学准确的判断。首先，要选择具有资质证书和声誉保障的评估机构；其次，要根据评估机构的专业领域和经验水平选择相应的机构；最后，要在评估前和评估过程中与评估机构建立沟通渠道，确保正确理解和执行评估标准和流程。

五、依法合规原则

依法合规原则是指高校财务管理需要按照国家相关的法律法规进行运作，并执行相关的财务制度和政策。这个原则的主要目的是保护高校的合法权益，确保财务管理工作的正常运转。

（一）依法合规意义

高校财务管理涉及大量的资金流动和各项经济活动，必须遵守国家有关财务管理的规定和要求。只有依法合规开展财务管理工作，才能够保证财务管理工作的正常运转和公正透明。

依法合规可以帮助高校做好预算管理。高校是一种公共机构，财务预算和执行必须符合相关法律法规的要求和程序。依据国家有关规定制定、履行、审计预算，保证加强对财务的监督管理，维护高校财政安全。严格控制预算内外收支，加强会计核算和监督，提高各类经费使用效益，使各项学校经费得到合理、有效的利用。

依法合规可以保证财务信息的真实性。高校财务信息公开不仅是一种社会责任，也是高校自我管理的需要。此时，一个严谨的财务公开与透明系统就显得非常重要。高校需严格按照上级主管部门的要求进行信息发布，并按照法律法规的规定进行信息审核、确认、报送、公告等程序，确保公开信息的真实性，防止虚假信息和欺骗性信息的存在。

依法合规可以保证高校财务风险的有效控制。财务风险是指有可能发生但尚未发生的因疏忽、错误、进拍或不可抗力等原因而造成的损失。只有严格遵守相关法律法规及内部管理规章制度，建立完善的内部控制体系，才能对各种风险进行有效的防范和控制，确保高校资产安全。例如，建立预算控制机制、会计核算制度、审计监督制度等一系列制度，从而有效压缩各类财务风险出现的概率。

依法合规可以提升高校形象和社会信誉度。高校作为重要的公共机构，应该依照国家法律、行政法规和有关规定的要求运行，切实加强财务管理工作。在这个过程中，遵守法律法规、加强内部控制、防范财务风险以及推动透明化公开化，都会使高校获得更好的声誉，提高师生和社会公众的认可度和接受度，进而有助于吸引更多的人才和社会资金。

（二）科学规范财务活动

科学规范财务活动，是实现高校依法合规的重要手段之一。高校作为重要的公共机构，必须对财务管理的各个环节进行科学规范，确保所有行动符合标准和程序，从而保证财务管理工作的正常落地和公正透明。

在预算方面，高校应制定科学合理的预算计划，并做好预算执行和监督管理。具体来说，高校需要制定年度预算计划、审批程序、补充预算等规章制度，采用先进的财务管理信息系统，依据相关法律法规和内部规章制度进行预算编制、预算执行和预算管理。同时，还应加强对预算执行进度和效果的监督，及时发现并纠正预算执行中的问题和错误。

在审计方面，高校应建立完善的审计制度和程序，做好审计监督管理工作。具体来说，高校应通过选择专业性强、资格认证齐全的审计机构进行审计工作，严格执行审计流程和程序，依据相关法律法规和内部规章制度进行审计操作，对财务信息的真实性、准确性和完整性进行审计监督，及时发现并纠正审计中的问题和错误。

在资产管理方面，高校应建立科学合理的资产管理机制，做好资产采购、管理、保管、处置等一系列工作。具体来说，高校应制定科学合理的资产管理制度和安全管理制度，并健全资产管理信息化系统。在资产采购过程中，严格遵守采购程序和标准，确保采购行为的公开透明和公平竞争；在资产管理过程中，实施分类管理和动态管理，加强资产使用效益的监督管理，防止资产流失、浪费和损坏；在资产处置过程中，依据相关法律法规和内部规章制度，进行行动程序，确保资产出售与转移的合规性和安全性。

高校还应加强对财务活动的定量分析和预测。通过制定科学合理的财务指标体系和财务报告，及时掌握各类财务数据和数据趋势，提供有力的数据支持和决策依据，帮助高校更好地实现财务目标和风险控制。

（三）强化内部控制

强化内部控制是高校财务管理中不可或缺的一环。通过建立健全的内部审核机制和监督机制，可以及时发现问题、纠正错误，从源头上加强依法合规的力度，确保财务管理工作的正常落地和公正透明。

高校应建立完善的内部审核制度。内部审核是指由高校内部人员对财务活动进行独立审查和监管，以发现可能存在的问题和漏洞。具体来说，高校应设立专门的内部审核机构，确立内部审核的职责、权限和程序，采用先进的审核方法和技术手段，全面审查财务活动的合规性和准确性，及时发现问题并提出改进措施。同时，还要强化对内部审核机构的监督和评价，提高内部审核的有效性和可靠性，保证其顺利实施。

高校应建立综合监督机制。综合监督是指由高校各级监督机构对财务活动进行综合监督和管理，防止非法行为的滋生和发展。具体来说，高校应设立独立的监察机构，加强对财务管理工作的监督和审查，切实发挥监督职能作用。同时，还应加强内部监察和外部监察的协调与配合，形成全面覆盖、有机衔接的监督机制，确保监督工作的高效性和准确性。

高校还应重视员工培训和教育工作,提高员工的法律意识和职业道德水平。具体来说,高校应加强法律法规教育和职业道德教育,强化员工依法合规的意识和责任感,降低各种侵权行为的发生概率。另外,还应加强对财务管理专业知识的培训和更新,提高员工的专业素养和能力水平,提高财务管理工作的质量和效益。

（四）严格执行相关制度和政策

严格执行相关制度和政策是高校财务管理中的重要举措。通过正确引导和规范,可以有效地控制财务风险,确保高校财务活动的合法性、公正性和透明性。

高校需要充分了解并严格执行国家有关的财务制度和政策。具体来说,高校应认真学习和领会《中华人民共和国预算法》《中央和国家机关会计准则》等法律法规和有关政策文件,明确财务管理工作的基本原则和内部流程,按照规定的程序和标准开展财务管理工作。同时,还需要及时关注国家最新出台的财务制度和政策,做好对制度和政策的解读和应用,确保财务管理工作不断符合国家最新的规范和要求。

高校需要建立健全的内部制度和流程,保证实施国家财务制度和政策的有效性。具体来说,高校应根据自身特点和发展需求,制定科学合理的内部规章制度和各项管理制度,确立工作职责和权限,明确财务管理流程和工作程序,建立标准化的管理体系,有效控制财务风险。同时,还应加强内部监督与审查,及时发现和纠正问题和错误,确保内部制度和流程的顺利实施。

高校还应注重组织和开展相关培训和宣传工作,提高全体员工的依法意识与素养,确保严格执行财务制度和政策的落地。具体来说,高校应定期组织各类培训活动,包括但不限于法律法规、财务制度和政策等内容的学习和交流;同时,还应加强对流程和标准操作的指导与培训,提高员工的岗位素质和操作技能。此外,高校还应通过各种形式的宣传活动,提高大众对财务制度和政策的认知度和理解度,增强广大师生和社会各界公众的依法合规意识和责任感。

第三节　高校财务管理职责划分的具体内容

一、领导班子职责

领导班子是高校财务管理的决策层，主要职责包括制定财务管理方针、政策和战略，为高校的财务管理工作提供指导和支持。具体包括：

（一）确定财务管理的方针、政策和战略

确定财务管理的方针、政策和战略是高校财务管理中的首要任务。高校作为公共机构，必须根据自身实际情况和国家相关政策，明确财务管理的发展方向和目标，制定合理有效的财务管理措施，努力推动财务管理工作的规范化、现代化和专业化。

高校应根据自身实际情况，结合国家当前和未来的经济形势及金融政策，制定财务管理的发展方向。具体来说，高校需要深入分析当前运行环境下的财务状况，清楚认识到存在的问题和缺陷，并对财务管理的未来发展趋势做出科学准确的预测和判断。在此基础上，高校应确定适合自身特点和优势的财务管理方向，提出契合实际的财务目标，以便更好地指引整个财务管理工作的规划和执行。

高校需要制定相应的财务管理政策和战略，从而保证财务管理工作的开展符合规律和要求。具体来说，高校应选取与自身定位和需求相一致的政策和战略方案，既要满足自身发展的需求，也要符合国家相关政策和法规的规定。根据这些政策和战略，高校可以制定出适当的财务管理流程和标准操作，并加强对各项管理措施的执行力度。

高校应明确并落实管理措施，提高财务管理档次。具体来说，高校应根据确定的财务管理方针、政策和战略，制定操作细则和行动计划，逐步引导经费的使用向科研和人才支持等方面倾斜，合理规划财务预算，制定风险管控机制等。同时，还应该加强对财务管理工作的监督和评估，建立相应的考核机制，不断推进财务管理工作的规范化、信息化、专业化和事业化。

（二）落实预算管理和内控制度建设

落实预算管理和内控制度建设是高校财务管理中的重要内容。通过制定年度预算和落实内部控制制度，可以保证经费的合理使用，并确保内部管理流程的规范化、科学化和有效性。

高校应依照预算管理制度，制定年度预算并进行内部评审。具体来说，高校应根据工作需求和财务情况，制定出全年经费使用计划，并参考历史数据和发展趋势，对各项开支进行科学预测和分析。同时，还应加强预算编制过程中的内部协调与沟通，确保预算的合理性和可操作性。在预算编制完成后，高校还应进行内部评审，对预算的可行性和合理性进行检查和审核，及时修正和完善预算方案，确保预算的准确性和完整性。

高校需要对内控制度进行评估和改进。具体来说，高校应对内部管理流程和制度进行全面评估和分析，发现存在的问题和漏洞，提出改进和优化方法。同时，还应加强对内部控制制度的宣传和普及，让员工充分了解公司内部管理流程和制度，提升员工的内部控制意识和能力。此外，还应建立健全内部控制监督机制，对各项管理流程和程序进行监督和监控，确保内部管理流程的规范化、科学化和有效性。

高校应采用信息化手段加强预算管理和内部控制制度建设。具体来说，高校可以运用先进的信息技术来优化预算编制流程和实施情况的跟踪与评估。同时，还可以利用信息化平台实现内部审计和财务监管的自动化，提高工作效率和准确性。此外，高校还可以通过人工智能等技术手段，及时发现和纠正管理中存在的问题，提高内部管理流程和制度的创新性和先进性。

（三）推动财务信息化与数字化

推动财务信息化与数字化是高校财务管理现代化的重要方向之一，通过利用现代信息技术手段，实现各部门之间数据共享、流程协同，提高财务管理效率和精度。

高校应建立完善的财务信息化系统。具体来说，高校应通过引进先进的财务管理软件和设备，建立统一的、集成化的财务信息化系统。该系统应包括预算编制、会计核算、内部控制、资产管理等多个功能模块，并能够与其他信息系统实现无缝集成，做到数据共享和流程协同。通过这样的方式，高校可以实现全面有效的财务数据的采集、分析和综合运用，提高财务决策的科学性和准确性。

高校需要加强信息技术人才队伍建设。信息技术人才是推进财务信息化与数字化的重要保障。高校应积极引进优秀的信息技术人才，同时加强内部培训与交流，提高员工的信息技术素养和能力。此外，高校还应建立相应的激励机制，吸引和鼓励信息技术人才的加入。

高校需要积极创新财务信息化与数字化方式和手段。具体来说，高校可以利用人工智能、大数据等技术手段，提升财务管理的精度和效率。例如，利用大数据技术对财务数据进行分析，发现问题和风险，并及时采取相应措施；利用人工智能技术分析经费使用情况，预测经费支出规律，进一步提高财务决策的科学性和精度。此外，高校还应积极探索财务信息共享平台建设，实现财务信息的公开和透明，推动财务工作的开放性和民主化。

二、财务部门职责

财务部门是高校财务管理中最核心的部门之一。主要职责包括：

（一）编制年度预算并执行监督

编制年度预算并执行监督是高校财务管理中的重要内容。通过制定合理的年度预算和执行监督，可以保证经费的合理使用和稳健管理。

在编制年度预算时，高校应依据自身发展需求和预算制度的相关规定，清晰明确各项经费支出的目标和任务，合理安排资金使用计划。具体来说，高校应对各项支出进行科学测算和分析，适时调整开支项目的优先级和比例，确保各项支出在总预算内均衡合理。此外，高校还应注意参考历史数据、市场环境等因素，更好地预测未来财务状况，并针对特殊情况制定相应的应急预案。

对于执行监督方面，高校需要建立相应的监督机制，并进行严格的跟踪和检查。具体来说，高校应加强对预算执行情况的监督，对各部门及时跟进执行情况，确保各项支出符合预算分配，实现经费的合理使用和安全性。同时，高校还应定期对预算执行结果进行评估，发现问题和不足，采取有效措施予以改进。此外，还应增强对部门间协同工作的监督与管理，确保支出流程的规范和合理，防止出现不必要的浪费和滥用情况。

高校需要注重信息化手段在预算执行监督中的运用。具体来说，高校可以通过先进的信息技术手段实现对经费使用情况的实时监控和分析，发现问题并及时跟踪解决。例如，利用大数据技术对财务数据进行分析，发现问题和风险，并及时采取相应措施；利用人工智能技术分析经费使用情况，预测经费支出规律，进一步提高财务决策的科学性和精度。同时，还可以通过信息化手段建立预算执行的动态管理系统，实现对预算执行各环节的全面监管和跟踪。

（二）日常收支管理和风险控制

日常收支管理和风险控制是高校财务管理中的重要内容。通过建立完备的财务档案，规范收付管理流程，防范和纠正财务风险，可以保障资金的安全性和稳健管理。

在日常收支管理方面，高校需要严格遵守相关制度和规定，确保各项开支都有明细、凭证，并进行规范记账。具体来说，高校应加强对各个部门的经费管理，建立科学合理的经费使用制度，对各项开支进行科学分析和评估，避免重复开支或不必要的支出。同时，还应加强对经费收入的办理和记录，确保经费记录真实可靠，而且与实际情况相符。

在风险控制方面，高校需要建立完备的财务档案，并及时进行分类整理和归档。具体来说，高校应定期清理和整理财务档案，将各项票据、发票等重要凭证按照分类进行存放，以便于日后查询和审计。同时，还应建立严格的财务审查机制，以确保财务数据的可靠性和准确性。在风险控制方面，高校还应加强风险预警和防范机制的建设，及时发现和纠正潜在的财务风险，并采取相应措施予以解决。

在日常收支管理和风险控制方面，高校需要注重信息化手段的运用。具体来说，高校可以通过利用先进的信息技术手段进行财务数据的采集、整理和处理，实现对财务数据的自动化管理，提高工作效率和准确性。同时，还可以通过建立财务信息共享平台，实现财务信息公开透明，推动财务工作的民主化和规范化。

（三）管理财产和固定资产

管理财产和固定资产是高校财务管理中的重要内容。通过负责高校资产管理及固定资产的记录、清点、验收、评估等工作，可以确保高校财产的安全、完整和准确。

在管理财产方面，高校需要加强对日常物品的管理和维护，建立科学合理的物品使用制度，并开展相关培训，提高员工的物品使用意识和管理能力。具体来说，高校应将各类物品进行分类管理，并建立相应档案，包括采购票据、使用记录、维修情况、报废处理等信息，并逐步实现数字化管理。此外，还应建立物品借用流程，确保借用者遵守规定、认真使用、保管良好。

在固定资产管理方面，高校需要加强对固定资产的管理和监督，确保固定资产的安全和有效利用。具体来说，高校应制定科学合理的固定资产管理制度，并对各项工作进行严格监督和检查。在固定资产的采购、验收、保管、使用、评估、处置等各个环节都应按照有关的规定和程序进行操作，并做好相应的记录和归档工作。此外，还应加强固定资产的巡查和维修，及时发现和解决各类问题，确保固定资产的正常运行。

在管理财产和固定资产方面，高校需要注重信息化手段的运用。具体来说，高校可以通过先进的信息技术手段实现对资产管理和固定资产管理的自动化和数字化，提高工作效率和准确性。同时，还可以建立相关的信息平台，方便员工查询和管理各类物品和固定资产的使用情况，并对违规行为进行监督和处理。

三、审计部门职责

审计部门是高校财务监管和风险控制的专业机构，主要职责包括：

（一）对财务活动进行审计检查

对高校财务活动进行审计检查是保障高校财务管理的正常运行和规范化发展的重要手段之一。通过审计检查，可以及早发现、纠正和预防各种风险和问题，提高财务决策和管理的科学性和准确性。

在进行财务审计检查时，需要以国家有关法律法规为基础，并遵守职业操守和审计标准。具体来说，审计人员应在审计过程中严格按照相关法律法规和技术标准进行操作，确保审计结果真实可靠。同时，还应注重落实审计报告的整改和推进工作，并跟踪监督改进成效。

在财务审计检查的过程中，需要针对不同的财务活动开展不同的审计项目和工作内容。具体来说，高校财务审计检查的主要工作内容包括财务会计核算、支出管理、收入管理、资产管理、内部控制等方面。在每个方面，审计人员都需要进行详细的数据分析和调查，以便于更好地评估财务状况和经济效益。

在财务审计检查的过程中，需要重视审计报告的编制和发布工作。具体来说，审计人员应根据调查结果和实际情况，撰写详细的审计报告，并在报告中阐明财务状况、经济效益和内部控制情况等方面的问题及建议。同时，还要注意向高校相关领导和管理部门及时反馈审计结果，以促进问题的解决和改进。

（二）发现问题并提出改进建议

高校的财务管理在现代社会中扮演着至关重要的角色，随着信息技术的发展和透明度的提高，对财务管理的监管也越来越严格。然而，审计过程中却常常会暴露出一些问题和缺陷，这些问题可能会影响高校的形象和声誉，更可能会造成资金浪费和管理混乱。因此，在审计中及时发现问题并提出改进建议是非常必要的，下面将针对高校审计中存在的问题进行分析和整理，并提出相应的整改建议。

高校财务管理制度不够完善。许多高校的财务管理制度都没有与时俱进地更新，缺少科学性和系统性。在实际的工作中，很难制定出具体可行的措施来满足各个部门的需求。对此，建议高校应当重新制定财务管理制度，包括完善各项规章制度、加强制度执行力度等方面。同时，为了保证各个部门之间的信息共享和沟通，应当建立统一的信息平台，通过信息化手段实时监控和反馈财务状况，并及时采取措施，减少管理的漏洞。

高校财务流程不够规范和透明。许多高校的财务流程存在着重复劳动、缺乏审核和严格执行等问题。这种情况容易导致费用冗余、风险增加、业务操作不当等问题。为了解决这些问题，建议高校应该建立完善的财务工作流程，提高财务管理水平和工作效率。具体建议包括：合理分配人力资源，实现科学化的人员配置，加强内部培训，提高工作人员的专业素质和业务能力；制定详细的财务计划，严格执行预算管理，避免资金的滥用和浪费；透明化财务流程，加强财务监管，确保各项财务工作按规定程序进行，并及时追踪和反馈工作进展。

高校资产管理不规范。随着高校规模的扩大和技术的进步，许多高校的资产管理工作显得越来越复杂，而且往往会出现管理混乱、违规操作等问题。因此，建议高校应该制定完善的资产管理制度和流程，明确职责和权限，加强资产的跟踪和监管，并及时修复和更新设备。具体的改进建议包括：建立完善的资产登记和领用制度，并严格执行；加强资产管理和维护的科学化和专业化，通过信息化手段可视化管理工作，减少人员操作环节，提高工作效率；加强安全保障措施，防止资产损失。

（三）防范经济犯罪行为

高校财务管理工作在保证学校正常运转中起着重要的支撑和保障作用，但这也意味着它会成为不法分子实施经济犯罪行为的主要目标。针对这种情况，高校需要采取有效措施，加强对财务系统的监督和管理，防范各种经济犯罪行为的发生。

1.建立健全内部控制体系

内部控制是预防经济犯罪的第一道防线。高校需要建立健全的内部控制体系，包括完善的制度、详细的操作流程、专业的人员配置等方面。同时，还应提高教职工和学生的财务知识和风险意识，并加强对财务系统的日常管理和审核工作，及时发现异常情况，并采取措施防范和化解潜在的安全隐患。

2.加强信息化技术应用

信息化技术的应用有助于提升高校财务管理水平，同时也能够有效地防范经济犯罪行为。具体来说，高校需要加强信息系统的建设，确保各项财务操作的实时性和准确性；同时进行数据备份和恢复，防止出现数据丢失或意外删除等情况；还可以建立自动化的检测机制和风险提示系统，及时发现异常行为和潜在安全隐患。

3.加强对内部人员的监督和管理

高校需要对包括财务相关人员在内的所有教职工进行背景调查，并建立相应的人员档案，记录其经济状况及生活习惯。并及时发现违规情况，采取相应的措施加以处理。同时还应加强对教职工的培训和引导，提高职业道德和法律意识，使其能够更好地遵守与执行法律法规和规章制度。

4.建立多层次监管机制

建立多层次的监管机制是预防经济犯罪的重要措施之一。高校需要从学校领导到各级财务管理人员，建立起多层次的审计、检查、审核和监管体系，确保财务管理工作的透明度和公正性。此外，高校还应定期进行第三方审计，并充分利用各种科技手段，发挥社会监督的作用，加强舆情监测和风险预警，并及时采取相应措施，避免涉嫌经济犯罪问题的出现。

四、会计核算部门职责

会计核算部门是高校财务管理的重要组成部分，主要职责包括：

（一）日常会计核算

高校财务日常会计核算是指对高校各项经济业务进行记录、汇总、分类、核算和报告的过程。其目的是及时准确地了解高校各项经济业务的情况，提供可靠的财务信息支持高校管理决策。

在财务制度和相关规定下，高校财务会计核算的具体操作和处理包括以下几个方面：

1.科目设置和分类

高校需要根据国家的有关法律法规，以及自身实际情况，建立符合高校特点的会计科目和账户体系，科目应该能够准确反映高校各项收入、支出、资产和负债等情况，并且要与国家统计口径和各级监管部门的要求相符合。同时，在科目设置过程中，还要考虑到高校不同类别的经费适用范围和管理要求，进行科目的分类和编制。

2.凭证填制和审核

高校的每一笔经济业务都必须有详细的记账凭证作为依据，而记账凭证的填制和审核则需要遵循一定的程序和规定。凭证填制要求必须真实、准确、完整，包括凭证字号、会计科目、金额、摘要等内容；对于重要的经济业务或金额较大的业务必须由专人审核，确保凭证填制的正确性和合规性。

3.账务处理和报表汇总

高校财务管理部门需要按照国家有关财务规定和高校的内部管理要求，对每笔经济业务进行记录、汇总、分类和核算。同时，还需要及时编制和提交财务报表，如每月财务报表、年度财务报表等，以便监管部门或高校领导及时了解高校财务状况。

4.会计档案管理

为统一管理、保障会计资料的安全可靠和查询使用的方便，高校应当建立规范的会计档案管理体系。会计档案应当包括各类会计凭证、账簿、报表等财务资料，并应当按照时间顺序或者分类存放，以确保会计档案的完整、准确和可追溯性。

（二）编制财务报表和报告

财务报表和报告是企业向外部公示其财务状况和经营情况的重要手段。根据国家有关财务报告规定，每个企业都需要按照一定的标准和方法编制年度财务报表及相关各项报告，并进行外部公示。在这个过程中，企业需要遵循一些基本原则和规范，来保证报表和报告的真实性、准确性和完整性。

企业需要依照会计法规定，按照"货币计量"原则和"收支两条线"原则，对其财务活动进行记录和归纳，形成会计账簿和财务报表。其中，会计账簿主要用于内部管理和监督，而财务报表则是向外部公示企业财务状况和经营情况的主要工具。

企业需要按照财务报告准则的要求，对财务报表进行编制和披露。财务报告准则包括了会计制度、会计政策、财务报表格式和内容等方面的规定，企业需要根据自身的实际情况和行业特点，选择合适的会计政策和方法来计量和处理各项账务。同时，在编制财务报表时，企业还需要考虑各种会计核算和财务分析的要求，如资产负债表、利润表、现金流量表等。

企业在编制财务报告时，需要保证其真实性、准确性和完整性。这就要求企业严格按照相关规定和标准，进行数据采集、分类、核对和调整，确保财务报表反映了企业实际的经营情况和财务状况。同时，企业还需要注意财务报表的合理化处理和解释说明，以便读者理解和评价财务报表信息。

企业在编制财务报告后，需要对外部公示，并接受审计机构的审计。这是确保财务报表真实性、合规性和可靠性的重要环节。审计机构根据审计标准和程序，对财务报表进行审计并出具审计报告，从而为企业的财务报表提供权威的验证和认证。

（三）参与编制预算和决策

高校作为国家级的重要教育机构，其发展规划和财务决策具有重要意义。在这一过程中，参与编制预算和决策是一项关键性的工作任务。因此，高校需要建立健全的管理机制，通过有效地协调各方利益关系、提高预算编制和决策的科学性，推动高校向着更加良好、稳定的方向发展。

参与编制预算是高校管理者的一项必要职责。高校的预算编制需要以高校的发展战略和规划为依据，针对高校的实际情况，综合分析历史数据和目前趋势，全面考虑各种因素，进而制定出科学合理的预算，为高校的日常运行提供资金保障。此外，预算编制不是单纯的数字工作，还涉及各类专业知识，比如会计、财务、投资、经济等领域的知识，因此高校管理者需要通过学习和实践充实自己的专业知识，增强对预算编制的把握能力。

在财务决策中提供专业意见和建议也是高校管理者的一项重要职责。财务决策需要充分考虑高校的发展定位、战略目标和资金状况等各种因素，才能做出符合高校的长远利益和战略规划的决策。在这个过程中，高校管理者需要具备专业的金融知识和投资理念，掌握相关的法规政策和市场动态，对风险进行分析评估，为高校的财务决策提供科学的参考意见和建议。

高校管理者需要与领导班子密切合作，协同工作，做出科学决策。高校的发展规划和财务决策往往涉及多个部门、多个层面的利益关系，如果不加以协调和沟通，就会出现信息不畅、意见不一、效率低下等问题。因此，高校管理者需要与领导班子紧密配合，开展有效的沟通和协商，推进各项工作得以顺利运行。

五、资金管理部门职责

资金管理部门是高校资金运作的主管部门，主要职责包括：

（一）对内外经济环境进行分析和研判

高校作为一种特殊的组织形式，其经济环境受到众多因素的影响，包括了国家宏观政策、行业发展趋势、市场供求状况等方面。因此，对内外经济环境进行分析和研判，开展市场调研和风险评估，是高校资金运作的重要前提。

针对国家宏观政策，高校需要了解并分析其对高校教育产业的影响。目前，国家正逐步推进高等教育"大众化"、"产业化"等发展战略，高校作为教育主体，面临着新的发展机遇和挑战。高校需要关注政策制定背景、政策实施效果和政策变化趋势等信息，分析国家政策对高校经济环境的影响，为高校资金运作提供科学依据。

针对行业发展趋势，高校需要了解并分析其未来走向。随着社会和经济的不断发展，高校的作用和地位也在发生变化。高校需要关注行业整体趋势、竞争格局、市场需求等因素，了解高校教育产业的未来走向和发展潜力，为高校资金运作提供市场参考。

针对市场供求状况，高校需要进行市场调研和风险评估。市场调研有助于高校了解市场需求、竞争状况和市场价格等信息，明确自身市场定位和经营方向；风险评估则有助于高校对当前和未来面临的风险进行分析和评估，制定应对策略，保障高校资金运作的安全和有效性。

针对内外经济环境进行分析和研判需要高校建立一个完善的信息收集和分析系统。高校可以通过不同渠道获取各类信息，如政策法规、行业新闻、市场调研报告等，将这些信息收集整合并进行分析和研判，形成高校的内外经济环境分析报告，为高校的资金运作提供具体的决策支持和参考。

（二）提高资金使用效率和安全性

高校作为教育培训的重要场所，其资金使用、投资和融资等方面工作显得尤为重要。提高资金使用效率和安全性是高校财务管理的核心目标，也是高校发展的保障。

提高资金使用效率需要做好预算管理工作。高校应该在预算编制过程中充分考虑各项支出的必要性和合理性，确保资金的用途明确、支出计划详细。同时，要严格执行预算制度，遵守相关法律法规，防止资金的浪费和滥用。此外，高校还可以采用信息化手段，比如建立预算管理平台、实行电子审批等方式，提高预算管理效率。

加强对资金投资和融资的监管。高校应当在资金投资和融资方面注重风险控制，确保资金的安全。在投资决策时，应当严格遵守相关法律法规，并基于项目风险评估结果进行投资。在融资方面，则需要通过多渠道融资、优化融资结构等方式降低融资成本和风险。同时，高校应加强对资金投资和融资的监督和评估，及时发现问题并采取措施予以解决。

建立健全的内部控制体系。高校应当建立健全的规章制度和内部控制制度，明确职责分工、权限设置、审批流程等，落实人员监管、物资管理、财务管理等方面的控制要求。同时，要加强对内部控制的检查和评估，及时发现并纠正不足之处，保障内部控制的有效性和可靠性。

高校应注重信息公开和透明度。通过定期发布财务报告和预算执行情况、信息公开公告等方式，向社会各界公开高校的财务状况和运作情况，增加公众的信任和支持。

（三）协调银行业务和资本市场操作

高校需要协调银行业务和资本市场操作，以保障资产增值和财务收益的最大化。具体而言，可以从以下三个方面展开工作。

加强与银行机构之间的沟通合作。高校与各家银行机构之间的业务往来涉及资金日常运营、融资、投资等方面，因此需要建立稳定的合作关系。高校应了解各家银行机构的产品和服务，针对自身实际需求选择合适的银行机构，并建立长期稳定的业务合作关系。同时，还需要建立完善的信息交流渠道，及时了解银行行业新闻、政策变化等信息，掌握行业发展动态和相关法律法规，保证高校与银行机构之间业务往来的顺利进行。

开展资本市场操作。高校在积累了一定的资金后，可考虑将部分资金用于参与股票、债券等资本市场产品交易。高校可以通过委托专业机构进行操作，也可以组建自己的专业团队进行交易。不论是采用何种方式，都需要建立风控机制，确保资金的安全性和稳健性。此外，高校还应该了解各种资本市场产品的特点和交易规则，根据市场状况及时调整交易策略，以获得稳定的财务收益。

加强对银行业务和资本市场操作的监管。高校需建立完善的内部控制体系和监管机制，严格遵守有关法律法规和政策规定，避免违规操作和风险产生。高校应指定专人负责银行业务和资本市场操作的管理和监督，加强操作过程的审计工作，及时发现问题并采取措施解决，以保障高校资产和财务安全。

第三章　高校财务管理存在的问题和原因分析

第一节　高校财务管理存在的主要问题

一、财务信息化建设相对滞后

（一）缺少"互联互通"的理念

传统的财务管理系统往往采用封闭式架构，各个业务模块之间相对独立，无法实现信息的互通共享。如今随着信息化的快速发展，财务管理需要跨越组织边界进行协作，并且需要与其他系统进行数据共享和交换。因此，缺少"互联互通"的理念会给财务管理带来一系列问题。

信息不完整和不准确是一个严重的问题。传统的财务管理系统中，各个模块之间没有连接，导致各个部门之间不能共享数据。这会导致信息不完整和不准确，使得决策者在做出决策时缺乏全部信息，增加了决策的风险。如果财务管理系统能够实现"互联互通"，不同的业务模块就可以共享数据，使得信息更加完整和准确，提高决策的精度和效率。

缺乏"互联互通"会导致财务工作效率低下。财务管理需要跨部门协作，因此，缺少数据交换和共享机制，将导致部门之间的沟通变得十分困难，反复核实数据和讨论事项，增加了工作压力和工作时间。如果财务管理系统能够实现"互联互通"，各个部门的数据就可以实时共享和交换，提高了沟通效率和工作效率。

缺少"互联互通"还会影响到对组织决策的支持。财务管理是企业战略发展的关键组成部分，为组织的高层领导者提供重要信息，帮助他们制定正确的决策。如果财务管理系统不能实现与其他系统互联互通，那么相关的数据将无法整合到一个统一的平台上进行处理和分析，使得对决策的支持变得更为困难。

建立起一个具有"互联互通"理念的财务管理系统对于财务管理而言至关重要。首先，在技术上，应使用现代化的技术架构，采用开放的标准和接口，便于实现系统之间的数据交换和共享；其次，在组织上，需要加强部门之间的协作和沟通，推进全员参与的文化，培养具有跨部门领导能力的人才；最后，在管理上，需要对新的工具和技术进行定期培训，提高员工使用新系统和技术的能力。

（二）对于财务信息化建设重视不够

财务信息化建设在高校中的重要性越来越被人们所认识，但是在实际操作中，仍然存在一些问题。其中一个突出问题就是缺乏对财务信息化建设的重视。

由于一些高校并没有意识到财务信息化建设的重要性，导致投入有限。很多高校对财务信息化建设未能给予足够的关注和投入，在技术、人员、经费等方面均不够充分，影响了信息系统的建设和开发。财务信息化建设需要实现各个模块之间数据的共享和集成，因此需要大量的资金支持。如果高校缺乏对财务信息化建设的重视，那么就会出现经费短缺的情况，阻碍信息化建设的推进。

财务管理人员对计算机使用不够熟练，导致信息化应用不到位。尽管计算机技术在财务管理中具有优势，但是一些财务管理人员对计算机应用还不够熟练，无法充分利用信息技术提高工作效率，导致信息化应用不到位，系统运行效率低下。这也说明在推广财务信息化建设过程中，需要加强对于财务管理人员的培训和学习，提高技术素养。

高校内部各自为政，缺乏统一规划和标准。由于高校本身的特殊性质、管理体制和文化背景等方面的限制，难以达成统一的理念和标准，导致各高校信息化建设存在着"各自为政"的局面，确立相互不同的业务流程和工作习惯，增加了财务人员的学习成本和协作难度。如果缺乏统一的规划和标准，就会给财务信息化建设带来很大的困难，影响信息化建设的推进和效果。

要解决财务信息化建设重视不够的问题，需要从多个方面入手。首先，在组织上，高校应该明确财务信息化建设的战略地位和重要性，加强领导层对财务信息化的重视，并投入足够的资源支持信息化建设。其次，在技术上，应加强对财务管理人员的培训和学习，提高技术素养，增强他们对计算机应用的熟练程度。最后，在管理上，应制定统一的标准和规范，协调各高校之间的信息化建设，加强沟通交流，避免"各自为政"。

（三）高校财务信息化建设存在安全风险

高校财务信息化建设作为现代管理手段的重要组成部分，已经成为高校财务管理的必然趋势。随着信息技术的不断发展，高校财务信息化建设正变得越来越复杂和庞大，管理起来也越来越困难，同时也带来了一定的风险和挑战。

在财务信息化建设过程中，对于网络安全问题的忽视是导致出现安全风险的主要原因之一。高校的财务信息系统是一个非常庞大、复杂的系统，它涉及包括账务处理、财务报表编制、资金管理、预算管理等多个方面，其中涉及大量的财务数据和交易。因此，财务信息系统的网络安全至关重要。

对于高校而言，如果财务信息化系统遭遇黑客攻击，则可能会造成巨大的经济损失，并且严重影响高校日常的财务工作的正常运行。因此，在财务信息化建设方面，高校需要更加重视信息化建设的重要性，注重财务信息化系统的安全、完整性和可靠性。

在系统集成时充分考虑各部门之间的业务互通关系，强化数据管理体系的连通性。这样可以避免由于数据管理体系不完整，导致信息泄露和经济损失的风险。

高校还需要进一步完善财务信息化管理制度，建立科学有效的风险控制机制。这包括完善财务安全管理规定，加强财务信息系统的安全普及教育，提高员工对网络安全的意识和技能。同时，在日常的运营过程中，建立起严格的监管机制，对敏感信息进行密级管理，确保每一位操作人员都有严格的权限控制和访问审计机制。这将有利于提升高校财务信息化建设水平，保障财务工作的稳定运行，为高校可持续发展创造良好的信息化环境。

二、预算管理不规范

（一）高校预算编制过程缺乏客观性和严谨性

高校预算编制过程是高校经费管理的关键环节之一，其应该具备客观性和严谨性。然而，在实际操作中，很多高校在编制预算时，存在一定的问题，比如预算金额不准确、超支现象严重等情况。

针对高校预算编制中存在的问题，造成这些问题的原因是多方面的。一方面，由于缺乏对各项因素的全面考虑，导致所得到的预算金额可能并不准确。例如，对于学校教学人员的工资水平、学生数量、教学设施等因素是否充分考虑，都会影响到预算编制的准确性。另一方面，则可能是预算编制人员对相关信息了解不够全面，或者缺乏经验，难以评估高校日常运营的费用和项目开支的具体情况。

高校预算编制过程中，也需要进一步提升其客观性和严谨性。具体来说，可以从以下几个方面入手。一方面，需要建立起有效的预算编制流程和标准，确保每一个预算环节的公正性和准确性。二方面，要加强对预算编制人员以及预算审核人员的培训和管理，提升其专业素养和工作能力。三方面，还要加强与高校各部门之间的沟通协调，了解每个部门的实际需求情况，以便为其提供更准确和合理的预算方案。

需要注意的是，高校预算编制是一个复杂且关键的过程，需要各方的共同努力才能取得预期的效果。高校应该注重标准化和规范化管理，加强对预算的监督和管理。同时，也需要不断提升高校财务管理水平，通过探索新的模式和方法，做到预算编制的客观性和严谨性，确保高校日常的运营和发展。

（二）高校预算编制前期调研不足，信息搜集不全面

高校预算编制过程中，前期调研和信息搜集的不足是导致预算偏差的一个重要原因之一。在编制预算前，应该充分了解市场需求和内部管理情况，针对实际需求进行合理的规划和安排。然而，有些高校在这方面做得不够充分，或者只注重某些细节而忽略其他重要信息，导致预算编制时出现明显的偏差。

高校在预算编制前期需要进行详细的市场调查，了解市场需求和各类资源价格变化趋势，同时也需要打通学校内部的各个部门之间沟通协调渠道，真正了解其业务需求和运营情况。而现实中，有些高校为了追求速度，忽视了这些前期工作，直接使用历史数据、估计值等来编制预算，这使得预算缺乏准确性和完整性。

在信息搜集方面，很多高校也存在不足。例如，在采购、设备更新等方面，高校往往依赖于厂商宣传材料，而没有充分了解自身实际需求和资源限制，导致预算编制时出现偏差。同时，在学校内部各个部门之间的沟通协调上，也存在诸多困难。由于各个部门之间信息共享不足、沟通不畅，很难做到集思广益，使得预算编制过程中缺乏全面性和准确性。

（三）高校预算管理流程不规范

高等教育机构是培养人才和推动社会发展的重要组成部分，在这个过程中，财务管理和预算使用的重要性不言而喻。然而，在现实生活中，许多高校对于预算管理的流程并不规范，缺乏有效的监督和管理机制，导致预算执行出现了超支或不足的问题，进而影响了整个学校的正常运行。这是一个十分严重的问题，需要引起高校和管理部门的高度重视。

高校预算管理流程不规范的根本原因在于缺乏对预算管理的重视和有效的管理措施。高校对于预算的编制和执行往往只是形式上的，没有真正将其纳入到机构的长期规划和管理体系中。缺乏有效的管理机制和监督制约，很容易让一些职能部门、官员或个人擅自决策，导致预算计划的失控和错误。

高校预算管理流程不规范还存在一些具体问题，比如预算用途不清晰、科学建设不足等。在预算编制阶段，往往没有为各项支出列出明确的用途和指标，导致各项支出之间无法相互衔接。在预算执行阶段，由于缺乏科学规划和管理，一些科研项目的建设难以进行，而另一些不必要的支出却得到了大量的投入。

高校预算管理流程不规范会对高校的财务状况造成很大影响，这将进一步影响学校的教育教学、科学研究和社会服务等方面的整体水平。超支或不足的情况，都可能会导致实验室设施、师生福利待遇等方面的损失。而过度依赖外部资金的高校，可能面临着更加严重的财政风险，这对整个高校的可持续发展都是有害的。

（四）高校在预算编制和管理方面还存在审批程序不清晰、责任缺失等问题

高校的财务预算编制和管理是重要的管理工作，它关系到高校的经济发展和各项工作的开展。但是，在预算编制和管理方面，往往存在着审批程序不清

晰、责任缺失等问题，给高校的财务管理带来了一定的风险和挑战。

对于涉及预算的重大决策，需要对审批流程进行规范。这是因为在高校的预算编制和管理中，有许多复杂的细节和烦琐的手续，如果没有严格的审批程序，就容易出现漏洞和纰漏。因此，高校应当建立健全完善的审批流程，将各个环节紧密衔接起来，确保整个预算编制和管理过程的顺畅和有效。

明确各部门的职责和责任也是必要的。这是因为在高校的预算编制和管理中，各个部门之间的协调配合非常重要，如果各部门之间没有明确的职责和责任，就会导致工作混乱，甚至出现重复劳动或者遗漏事项的情况。因此，高校应当明确各部门的职责和责任，确保各个部门协调配合，共同推进预算编制和管理工作。

防止出现不必要的事故和错误也是非常重要的。在预算编制和管理中，往往存在着一些突发事件或者出人意料的情况，这就需要高校制定相应的应急预案，以应对各种可能出现的风险和挑战。同时，高校还应该建立健全的内部控制机制，加强对各项财务活动的监督和管理，避免出现不必要的风险和错误。

保证财务管理的稳定性和可持续性也是重要的。高校的预算编制和管理工作应该顺应时代潮流，不断创新和改进，不断提高预算编制和管理的水平和质量。同时，高校还应该注重财务管理的稳定性和可持续性，保持财务预算的平衡和稳定，为高校的可持续发展提供坚实的财务支撑。

三、支出审批流程不清晰

（一）缺乏明确的支出审批流程会导致资金使用不规范

高等教育机构在进行日常的经费管理中，要确保支出有规可循、有序合理。然而，在一些高校中，缺乏明确的支出审批流程，可能会导致资金使用不规范。这是因为在没有专门的审批部门或者审批人员来处理各种支出事项时，高校往往难以对支出进行全面监管和控制，从而引发资金使用混乱的问题。

缺乏审批流程容易导致资金使用不规范。在高校中，每个学院或者部门都需要有相应的支出预算，在使用经费时需要经过相应的审批程序。然而，在一些高校中，由于缺乏专门的审批部门或者审批人员，各个学院或部门之间的审批标准和程序往往存在差异，这可能会导致资金使用的不规范和混乱。例如，某个学院可能会未经审批就私自支出经费，也可能不按照预算计划执行支出，这可能会造成经费的浪费和滥用，从而影响高校的财务状况和声誉。

缺乏审批流程可能会导致资金错用或滥用。在没有审批流程的情况下，某些学院或部门可能会私自调整支出计划，导致财务状况出现偏差。例如，某个学院可能会将经费用于与其专业不相关的事项，或是将经费用于工作日常开销等无关紧要的方面，这样就会浪费高校宝贵的财力资源，降低高校的财务管理水平和效率。

缺乏明确的审批流程还会导致高校的资金使用变得非常复杂和困难。在缺乏审批流程的情况下，高校往往需要花费大量的时间和精力来进行协调和沟通，以便对支出进行核准和确认。这不仅浪费了高校宝贵的人力资源，而且也会延缓各种支出的处理速度，从而影响高校的正常运营。

（二）高校财务部门存在着违规审批等行为

高校财务部门是资金支出的监管机构，而违规审批等不规范行为则可能给高校的经济管理带来不良影响。随着高校管理体系的不断完善和人们对高校财务管理工作的重视，一些财务部门存在着一些不规范的审批行为，例如"过关审批"等行为。

"过关审批"行为是高校财务部门出现审批问题常见的表现之一。在"过关审批"过程中，一些财务部门为了节省时间和工作量，会对某些支出事项进行轻描淡写地审批，没有严格按照程序进行审批，或直接跳过某些环节，从而留下了审批漏洞，给资金使用带来了很大的风险。

一些财务部门在日常工作中缺乏足够的专业知识，处理审批申请不到位、不够仔细。这种现象导致了资金流入某些不合理的项目或领域，增加了高校的投资风险，可能使得资金被滥用或者浪费。因此，高校财务部门需要更好地加强对财务管理和审批人员的专业培训，提升审批人员的专业素养、责任感和能力水平。

由于高校财务部门需要处理大量烦琐的工作，有些时候可能会忽略一些细节或者存在过度依赖对方部门的情况。这种现象极易引发审批问题，错过重要的支出事项，甚至导致不必要的经济损失。因此，高校财务部门应该设立更加明确的审批程序，并进行分级授权，明确各级审批人员的职责和权限，有效避免违规行为的发生。

四、缺少风险控制机制

（一）缺乏风险控制机制容易导致高校的资金管理失控

随着高校规模不断扩大，管理难度也随之增加。面对海量的财务事项和复杂的资金流动，高校需要建立完整的财务管理体系和内部控制机制来确保资金的有效管理和使用。

高校需要建立一套完善的风险控制机制。这个机制应该包括风险评估、风险防范和风险处置三个环节。在风险评估环节，高校应该识别出潜在的经济风险因素，并进行评估和排查。在风险防范环节，高校应该采取一系列预防措施，比如制定明确的经费使用规定、实行多级审批制度等，以避免经费的滥用和流失。在风险处置环节，高校应该及时响应风险事件，并采取相应的应对措施。

高校应该建立完善的经费管理体系。这个管理体系应该包括经费预算和执行、经费核算和监督等环节。经费预算和执行环节是指高校根据自身实际情况和发展需要，制定年度经费预算计划，并按照预算计划执行，确保经费使用符合预期效果。经费核算和监督环节则是指高校建立一套有效的财务监控机制，对经费的流动过程进行全面监督和控制，及时发现和纠正违规行为。

高校还应该加强内部控制机制，防范内部失误和欺诈行为。内部控制机制包括内部审计、内部监督和内部检查等内容。其中，内部审计是指高校内部专业的审计人员按照一定程序和标准，对高校经费使用情况进行审计和评估；内部监督是指高校内部管理人员对经费使用情况进行持续的监督和管理；内部检查是指高校内部各部门按照约定，相互之间进行对账核实，以保证经费的正确性和真实性。

（二）缺乏风险控制机制也会降低高校的投资收益率

高校作为一个特殊的组织机构，通常具有相对稳定的资金来源和较强的财务实力。这使得高校可以通过投资多种资产来获得更好的收益率，并支持学校的教学、科研等方面的发展。但是，投资也带来了一定的风险，如果高校在投资过程中缺乏有效的风险控制机制，则可能会导致投资损失，甚至影响到学校的正常运转。

缺乏风险控制机制将增加高校的投资风险。投资是一种风险与回报之间的权衡，而高校的投资风险不仅包括市场风险、信用风险、流动性风险等一系列可能的风险因素，还可能涉及政策风险、监管风险等更为复杂的问题。如果高校缺乏有效的风险控制机制，无法准确识别和量化风险来源，也就无法及时采取相应的风险管理措施，从而导致投资亏损的风险加大。

缺乏风险控制机制将影响高校的投资收益率。高校作为一个公共机构，其资金来源主要包括政府拨款和学费收入等稳定性较高的渠道。因此，高校在进行投资决策时，需要考虑到资金的长期可持续性及实现资源配置、价值增长等方面的目标。如果缺乏有效的风险控制机制，则很容易在投资中犯错或者走偏，从而使投资收益率下降。

高校必须建立起一套完整的投资管理体系，以确保投资的可行性和有效性。投资管理体系应该包括对风险的识别、量化和管理，建立统一的投资决策流程和投资监督机制，以及建立适合高校特点的投资组合策略和预算规划等。投资管理体系需要建立在充分了解高校自身情况和特点的基础之上，才能更好地适应高校的需求和实际情况。

（三）缺乏风险控制机制也容易影响高校的声誉和社会形象

高校在现代社会中担任着非常重要的角色，不仅仅是为学生提供教育和培训服务，还需要积极参与到社会工作、文化传承等方面，成为社会发展和进步的重要力量。因此，高校的声誉和形象非常重要，而缺乏风险控制机制往往容易影响高校的声誉和社会形象。

缺乏风险控制机制容易使高校财务状态恶化。随着社会经济的变化和竞争环境的加剧，高校的财务风险也越来越大。如果高校缺乏有效的财务管理体系和风险控制机制，就容易遭受财务损失，甚至出现破产倒闭的情况。例如，一些高校在招生、投资、经营等方面存在过度冒险和不合理行为，导致严重亏损和财务危机，给高校带来了巨大的损失和负担。这些问题不仅影响了高校的财政收入和支出，也会影响学生和家长对高校的信任和选择，并且影响高校的声誉和形象。

缺乏风险控制机制容易引发社会质疑和不信任。在当今社会，公众对高校的期望越来越高，除了提供教育服务，高校还应积极承担社会责任，参与到社会、文化传承等方面的工作中去。而如果高校在财务管理上存在问题，如涉嫌虚假宣传、违规招生、经济不透明等行为，就会引起社会的广泛关注和质疑，甚至出现抵制和谴责的情况。这样一来，高校的声誉和形象就遭受了严重的损失，不仅会影响学校的招生和财政收入，也会影响学校的发展和建设。

五、不合理的收费标准

（一）部分高校收费过高

高校的收费问题是一个长期存在的热点话题。部分高校收费过高，不仅让家庭经济困难的学生难以承受，而且也可能损害高校的公信力。事实上，高校收费涉及很多因素，如教育资源投入、人员成本、设施建设等，需要在保证教育质量的同时更好地维护学生和家长的利益。

一些高校将各种杂费、附加费等列入学费中收取，导致学生家庭负担极大。这些杂费和附加费通常是在学生报名或者入学之后才被告知，有的甚至并不明确，给学生和家长带来了诸多不便。尤其是对于家庭经济困难的学生来说，这种额外负担往往会影响他们的学习和生活，甚至可能妨碍他们完成学业。因此，高校应该重视这些杂费和附加费的收取方式，提高透明度和规范性，避免损害学生和家长的利益。

在一些地区，高校甚至会要求学生交纳额外的"捐款"，这种要求无疑是违背公平原则的。高校作为一个公共机构，应该承担社会责任和义务，而不是将负担转嫁给学生和家长，这也可能破坏学校的形象和信誉。因此，高校应该确保自身的财政来源合法、透明和规范，遵循市场经济规律和公平竞争原则，以实现可持续发展。

高校应该注重优化财务管理，提高资源利用效率和财务透明度。高校收费涉及教育资源投入、人员成本、设施建设等多个方面，需要在各方面充分考虑，确保教育质量的同时也满足学生和家长的合理需求。此外，高校还应加强内部管理，建立健全的制度体系和监管机制，防止收费违规行为，加强资金使用和审核监督，从而更好地维护学生权益和高校声誉。

高校收费过高的问题已经引起了广泛关注，高校应当认真对待这一问题，遵循公平、公正、透明的原则，建立完善的收费制度，减轻学生和家长的负担，提高高校声誉和公信力。通过优化财务管理，实现高效使用资源和资金，促进高校可持续发展。

（二）部分高校的收费项目不透明

高校的收费项目是否透明是一个非常重要的问题，涉及学生和家长的权益保护以及高校形象和信誉的维护。然而，部分高校的收费项目存在不透明的情况，这往往会给学生和家长带来诸多不便。

有些专业需要实习或者实践操作，但是学校并没有明确说明相关费用。实习或实践是一些专业教育中必不可少的环节，但是这些活动所产生的费用却十分难以确定，很多时候学校也无法预测所有的花费。然而，在缺乏透明度的情况下，学校往往将这些费用全部转嫁给学生，这使得许多家庭难以承受实习或实践活动的费用，并可能拖延学生的毕业时间。因此，高校应该加强与企业、社会的合作，争取更多的赞助和支持，降低学生和家庭承受的负担，并为学生提供更好的实习或实践环境和条件。

有些学校甚至将教材销售作为必要项，向学生收取较高的价格，但是并没有提供书籍的正规渠道，也没有义务进行价格公示。这种行为往往会损害学生和家长的利益，导致学生在购买教材方面花费更多的钱。因此，高校应该选择正规渠道购买教材，并按照规定公开价格信息，让学生和家长有权利了解教材价格情况，并对学生进行必要的教育和指导，让他们理性消费。

高校应该注重加强内部管理，建立健全的制度体系和监管机制，防止收费不透明带来的问题。通过建立严格的管理制度和完善的监测机制，确保收费的合法性、透明性和规范性，提高学校的管理水平和财务透明度，减少不当收费的问题，在保证优良教育质量的同时为学生和家长切实地维护权益。

（三）部分高校收费的科学性不足

高等教育是一个国家发展的重要组成部分，并且直接影响着社会的进步和发展。然而，随着社会经济的发展和高校数量的增加，高校收费成了一个备受关注的问题。尽管高校收取的学费和杂费已经受到了国家相关法规的规范，但仍存在一些高校收费的科学性不足的现象。

高校在招生时对于不同的专业、考试项目以及地区有不同的招生标准，但是收费却是一样的，这使得高校所获得的费用并没有与所提供的服务或者资源相匹配。例如，在某些高校中，艺术类专业需要进行面试和创作考试，而其他专业则只需要进行笔试。然而，他们所交的学费却是一样的。这种现象使得学生感觉自己花了冤枉钱，同时也让高校失去了一些优秀的学生。

一些高校在收取学杂费等方面存在不必要的重叠，这种情况也导致了学费的不合理性。例如，在一些高校中，学生需要缴纳课程资料费、实验费、教材费等，然而这些费用并没有得到充分的利用，在实际教学过程中并没有提供足够的服务。而且，在一些高校中，学生还需要缴纳一些不必要的杂费，例如体育馆使用费、考场维护费等，这些费用实际上由于没有被充分使用而造成了浪费。

一些高校没有合理利用财政补助等非学杂费经费，这直接影响了高校教育的公平性和效率。例如，在某些地方，政府会给予高校一定的补助，以用于教学设施的购置和升级。但是，有些高校并没有充分利用这些资金，使得基础设施得不到完善。这种情况使得那些所处在相对较差的地区或者条件较差的家庭的学生面临更大的困难，同时也降低了高校的整体竞争力。

高校收费的科学性问题需要引起足够的重视。高校应该采取措施来保证收费的合理性，并且明确各项费用的具体用途。同时，政府也应该加强对高校收费的监管，促进高校教育公平和效率的提高。

六、财务管理人员素质较低

（一）缺乏必要的专业知识和技能

财务管理是企业管理中非常重要的一个环节，它关系到企业的盈亏、资金流转和财务决策等方面。然而，目前很多高校的财务管理岗位对专业背景和资格证书等要求不够明确，导致了招聘标准不统一，造成了人才素质参差不齐的现象。有些财务管理人员仅具备基本的会计和财务知识，缺少现代企业管理、市场分析和财务风险管理等方面的知识，这使得他们难以适应产业发展变化和企业财务管理需要。

财务管理人员缺乏现代企业管理知识。当前，企业管理已经进入了一个全新的时代，传统的财务管理已经不能满足现代企业的需求。企业需要具备更加综合的管理能力，例如人力资源管理、战略规划、市场营销等。然而，很多财务管理人员只具备传统的会计和财务知识，缺少综合的管理视野，这使得他们在未来的工作中无法适应快速变化的市场需求。

财务管理人员缺乏市场分析和风险管理方面的知识。当前，企业需要具备对市场的深入了解和把握，才能够在激烈的市场竞争中获得优势。同时，由于财务管理直接关系到企业的资金流转和财务决策等关键环节，因此需要财务管理人员具备一定的风险管理能力。然而，很多财务管理人员缺乏这些方面的知识，导致他们难以在实际工作中为企业提供有效的支持。

高校财务管理人才培养应该注重实践能力。高校学生在学习财务管理专业时，除了理论知识外，还应注重实践能力的培养。通过参与实践项目、实地调研等形式，让学生更好地掌握实际工作中所需的技能和能力，提高学生的职业素养和适应能力。

高校应该加强对财务管理专业的教育与培养，使得财务管理人才具备现代企业管理、市场分析和风险管理等方面的知识，同时也需要注重实践能力的培养。只有这样，才能够培养出具有高素质和实践能力的财务管理人才，为企业的发展提供有力支持。

（二）管理能力不足

当前，高校财务管理部门的规模较小，管理层次不够完善，缺乏科学合理的管理制度和有效的层级管控机制，导致了很多财务管理人员在工作中缺乏独立思考、判断和决策的能力，无法迅速应对复杂的财务管理环境和风险。这种情况主要是由于以下几个方面的原因。

高校财务管理部门的规模较小。由于大多数高校的规模不太大，因此其财务管理部门也相对较小。这就意味着，财务管理人员需要兼顾很多方面的工作，时间和精力都比较有限，缺乏专业性的人员来进行系统、全面和深入的管理和分析。

管理层次不够完善。当前，大多数高校的财务管理部门只有一个主管领导，没有较为清晰的职责分工和明确的管理层级，难以形成有效的层级管控机制。这就使得管理难以追溯和监督，管理决策的科学性和公正性不足。

缺乏科学合理的管理制度。由于高校财务管理部门的规模较小，对于管理制度和流程的制定和实施也缺乏足够的重视。这就导致了财务管理人员缺少系统性和标准化工作指引、流程规范和节奏掌握等方面的支持和指导。

财务管理人员的培训和学习不够及时。由于财务管理涉及许多专业知识和技能，需要与时俱进地进行培训和学习，而一些高校的财务管理部门在这个方面的投入和重视程度不够，使得财务管理人员缺乏更好的知识储备和职业素养。

高校财务管理部门需要加强管理水平的提升。首先，应该建立科学合理的管理制度和层级管控机制，确保决策和管理的科学性和公正性；其次，需要提高财务管理人员的独立思考、判断和决策能力，注重知识更新和培训；最后，应该明确职责分工，实现全员参与，建立更加完善和有效的管理机制，推动高校财务管理工作的发展。

（三）审批制度不严格

当前，高校财务管理中存在着一些审批流程不规范、程序不严格的问题，这是由于缺乏科学完善、制度化的财务管理机制和标准化的操作流程。一些管理人员在处理财务事务时，容易产生主观意识和不当行为，导致资金管理风险加大。这种情况主要是由以下几个方面原因所致。

高校财务管理中审批流程不够规范。在现实工作中，一些高校财务管理部门的审批流程不够清晰、明确，甚至存在烦琐复杂、耗时耗力的情况。这就使得一些审批过程变得模糊和难以监管，从而导致了一些不当行为和违规行为的发生。

高校财务管理中程序不够严格。在现实工作中，一些管理人员对于相关的审批程序和规定理解不够深入，或者没有完整地执行相关的程序，这就导致了一些不合理和不透明的结果。例如，有些领导会直接干预财务管理事项，而没有充分地听取和征求下属的意见和建议。

财务管理人员缺乏相关法律法规方面的知识。在现实工作中，有些财务管理人员对于有关资金管理、审批流程和程序等方面相关的法律法规不够熟悉，这就容易导致他们在执行相应职责时出现偏差、违规或错误。

一些高校缺少相应的监管机制。当前，部分高校缺乏相应的监管机制，没有有效的内部控制和自我管理机制，这就使得一些财务管理漏洞无法得到及时发现和纠正。

高校财务管理中存在着审批流程不规范、程序不严格的问题。为了解决这些问题，高校应该建立一套科学合理的财务管理机制和标准化的操作流程，并且加强对管理人员的培训，提高他们的职业素养和法律法规意识，同时还需要加强内部控制机制，建立更加完善的监管机制，保障高校的财务管理工作正常运转。

（四）监管责任不到位

当前，很多高校缺乏有效的管理体制和监督机制，这就导致了一些财务管理人员忽视管理规定或者"走过场"，从而破坏财务管理秩序。这种情况主要是由以下几个方面的原因所致。

高校监管责任不到位。在现实工作中，一些高校对于财务管理部门的监督和管理没有落实到位，缺少有效的监管机制和检查手段，难以发现和纠正管理中的问题和漏洞。同时，高校领导和相关部门也往往无法及时处理财务管理事件，导致问题长期积压和滋生。

存在部分财务管理人员行为不当的现象。在现实工作中，一些财务管理人员为了自身利益或者其他原因，可能会破坏财务管理秩序，打乱财务管理体系和流程，并且可能给企业带来重大损失。

高校缺乏科学完善、制度化的财务管理机制和标准化的操作流程。在现实工作中，一些高校财务管理部门存在审批流程、程序不规范的问题，缺乏相应的内部控制和自我管理机制，容易出现财务管理漏洞和违规行为。

由于高校的多样性和特殊性，存在部分领导对于学校财务产生干扰和压力的情况。这就使得财务管理人员在执行职责时必须考虑到政治、利益等复杂因素，从而破坏了财务管理秩序。

高校应该加重监管责任，建立有效的管理体制和监督机制，针对财务管理中的问题，加强内部控制和自我管理机制。同时，也应该注重培训财务管理人员的专业素养和公正意识，建立敬畏法律、遵守规定的意识，并且强化风险防范意识，及时发现问题并进行整改。只有这样，才能保障高校财务管理工作的正常运转，防止财务管理中出现舞弊、挪用资金等违规和不当行为。

第二节　高校财务管理问题产生的原因

一、制度不健全

当前，在高校的财务管理中，存在很多制度不健全的问题。这主要表现在以下几个方面：

缺乏科学合理、制度化的财务管理机制。由于高校规模和特殊性等原因，一些高校缺少完备的财务管理制度和标准化的操作流程，无法为财务管理人员提供充分的指引和支持。

制度执行不力或者没有得到有效落实。有时候即使制定了合适的财务管理制度，也可能存在财务管理人员对该制度理解不深刻、执行不到位等问题，使得制度并没有发挥应有的约束力。

财务监督和管理层次不足。由于高校财务管理部门总体规模相对较小，同时又受到其他部门的干扰或者财务管理人员缺乏足够的专业知识，因此，严格监管工作常常难以得到有力的推进和执行。

处罚措施不严格或者执行力度不够。在现实工作中，一些财务管理人员往往能够利用制度漏洞承担极低甚至没有责任，导致违规现象容易被重复出现。此外，在处置违规违纪行为时，一些高校存在宽松的惩戒手段或者没有得到有效执行的问题。

为了解决这些问题，高校应该加强财务管理制度的完善和改进。具体来说，需要从以下几个方面入手：

一是建立科学合理、制度化的财务管理机制和标准化的操作流程。通过详细制定财务管理规章制度，包括争议解决机制、违法违规责任问题等，让财务管理人员有明确的标准化操作指引和执行要求。

二是严格落实各项财务监督和管理制度。不仅要对制度条款进一步明确解释，还要对执行结果进行逐级审核和考核，并对具体问题做出及时反馈，避免监管层次低下导致的盲区。

三是加强处罚措施的完善和执行力度。在制定处罚措施时，应当量化管理、分类管理，促使其真正起到惩戒效果。同时应当根据情节轻重、违规程度等多个因素来评估和确定相应的惩戒力度。

四是鼓励全体财务管理人员加强自身能力的提升，深入学习和了解相关法律、法规和财务管理理论，不断提高对财务管理制度和流程的执行力度，确保高校财务管理工作的科学有序运转。

二、管理体系不合理

当前，一些高校的财务管理体系不够完善，监管责任层层传递不到位，导致资金管理出现安全漏洞，这种情况主要表现在以下几个方面：

高校缺乏科学合理、制度化的财务管理机制和标准化的操作流程。由于高校具有多样性和特殊性等原因，一些高校缺少完备的财务管理制度，从而难以为财务管理人员提供统一的指引和支持。

高校缺乏有效的管理体制和内部控制机制。由于财务管理部门规模相对较小，同时受到其他部门的干扰或者财务管理人员缺乏足够的专业知识，因此，严格监管工作常常难以得到有效的落实。

高校缺少有效的监督机制。事实上，即使制定了合适的财务管理制度，也可能存在财务管理人员对该制度理解不深刻、执行不到位等问题，使得制度并没有发挥应有的约束力。而在高校中，对于财务管理事件的严格检查和程序审查，往往无法及时执行。

一些高校领导对财务管理事宜不够重视。由于资金管理可能涉及高层权力、利益和政治等复杂因素，一些高校领导仅关注宏观指标或者表面年华，而忽略了内部风险和管理漏洞的发生。

为了解决这些问题，高校应该加强管理体系和监督机制的完善和改进。具体来说，需要从以下几个方面入手：

一是建立科学合理、制度化的财务管理机制和标准化的操作流程。这就要求高校把规章制度执行落实到位，让财务管理人员有明确的规则，也让相关部门、干部群众知道底线以及违规后会受到的惩罚。

二是加强财务管理的内部控制和自我管理机制，并将其融入整个财务管理体系之中。应当建立科学合理、有效可行的内部控制系统，确保财务管理工作符合法律法规和职业道德，同时也要完备相应的风险防范机制，避免因漏洞产生财务风险。

三是建立严格的监管机制，对财务管理部门和财务管理人员的行为进行监督。这需要建立耳目一新的检查机制，从纪委、财务管理部门等多个角度对财务管理工作进行逐级审核和考核，并对具体问题做出及时反馈，防止事故的发生。

四是应当加强领导干部对于财务管理事宜的关注和重视。领导干部应当认真履行自己的职责，加重监管责任，建立有效的监管机制，向财务管理人员传达正确的价值观和思想，让大家都积极投入到规范化、现代化的高校财务管理工作当中。

三、人员素质不高

当前，一些高校财务管理人员的素质普遍存在不足的问题，缺乏必要的专业知识和技能，无法胜任财务管理领域的工作。这种情况主要表现在以下几个方面：

有一些财务管理人员的证书水平较低。尽管对于财务管理人员的基本职业资格要求已经比较严格，然而，在实际工作中，仍然存在一些人持有虚假证书、没有接受过系统的培训和考核等情况。

缺乏实际操作经验。由于财务管理工作需要具备扎实的理论知识和丰富的实践经验，但是，在一些高校，快速的招聘和转换产生的新人往往缺乏足够的实际操作经验，从而导致财务管理工作难以开展。

缺乏良好的沟通交流与协调能力。财务管理人员在执行职责时需要与上下游部门开展沟通协调，同时还需要与各方面合作共同完成任务。但在一些高校中，财务管理人员缺少良好的沟通交流与协调能力，限制了财务管理工作的进展。

缺乏风险防控意识。在高校的财务管理中，需要具备较强的风险防控能力，但是在实际工作中，有些人缺乏对于风险的认知和分析能力，导致对于潜在风险的预判不足。

为了解决这些问题，高校应该采取以下几个方面的措施：

一是加强财务管理人员的职业教育培训。应该注重建立科学规范、全面系统的职业教育体系，制定相应的培训课程和考核标准，推动财务管理人员持续提高自身的专业水平和技能素质，并定期开展知识普及活动，提高工作效率和质量。

二是健全人才培养机制。除了职业教育培训，还需要建立起更为完善的人才培养机制，选拔优秀人才培养出一个有良好专业素质和精神品质高的财务团队，使财务工作能够真正地得到有效保障。

三是引导与推动财务管理部门提高风险防范意识。在内部控制体系和相关制度加强构建的基础上，结合培训、岗位分析以及工作实践经验等方面，引导财务管理人员提高风险防范意识，并落实到具体操作中。

四是应该注重财务管理人员团队的协作和交流，加强沟通，增强对各类业务的了解和掌握。同时也需要进一步开展丰富多彩的文化活动，加强团队凝聚力和向心力，提高工作效率和质量，为高校的财务管理工作保驾护航。

四、没有形成科学的管理思想

当前，有一些高校的财务管理中缺乏科学的管理思想，对财务管理缺乏有效的理论指导和实践经验。这种情况主要表现在以下几个方面：

对于高校财务管理中存在的问题没有形成系统化的认识。高校财务管理是一个复杂的体系，但一些高校对财务管理中存在的问题没有进行深入的研究分析，也没有形成具有科学性、系统性、规范性的管理思想。

缺乏前瞻性的管理思想。随着信息技术和管理模式的不断变化，高校财务管理需要不断适应新的环境和挑战，但在实际工作中，还存在一些高校没有及时引进新的理念和方法，导致管理思路过于落后，无法满足高校财务管理的实际需求。

缺乏创新性的管理思想。财务管理需要不断地寻找最合适最有效的管理措施，在实际工作中，高校财务管理人员没有形成创新性的思维方式和方法，很难从制度上完善管理，从而影响了财务管理工作的质量。

缺乏自我修正的管理思想。高校财务管理是一个动态的过程，需要不断地进行调整和修正，在实际工作中，有些高校缺乏主动反思之前的经验，也没有形成追求卓越、持续改进的管理思想。

为了解决这些问题，高校应该采取以下几个方面的措施：

一是强化管理理念和方法的学习与研究。这需要高校财务管理部门加大对于现有规章制度的学习和了解，并结合实际情况适时引入国内外先进的管理理念和技术，从而不断优化高校财务管理的模式和方法。

二是注重培育创新性和开放性的管理思想。高校应该为培养具备创新能力和团队协作精神的财务管理人才提供更多的机会和平台，并鼓励财务管理人员在工作中勇于尝试新的思路和方法，推动高校财务管理得到改善与提升。

三是强调自我评估和改进意识。高校需要建立完备的财务管理评估机制，定期对财务管理工作进行全面的自我评估，从而对过去的管理工作进行总结和反思，并能够及时发现问题，追求不断完善和提升。

四是高校应该加强财务管理部门与其他部门之间的沟通与交流，推动校内各部门共同开展合作与创新，不断拓展高校财务管理的管理思路和方法，为高校的发展做出更大的贡献。

五、外部环境影响

当前，高校财务管理问题受到外部环境的影响较为明显，如宏观经济形势、政策法规的变化等因素。这些因素对于高校的财务管理工作产生了一定的影响，表现在以下几个方面：

首先，宏观经济形势波动导致高校财务风险增加。随着经济发展不稳定性和不确定性增加，高校财务管理面临的风险也相应增加，如资金周转困难、投资亏损、经费收缩等问题。这对高校财务管理人员提出了更高的要求。

其次，政策法规的变化给高校财务管理带来不确定性。国家对高校的财务管理制度不断进行调整和完善，这就需要高校财务管理人员密切关注最新政策法规的变化，及时调整管理策略和方法，以保证财务管理工作正常开展。

再次，外部竞争压力增大使得高校财务管理面临更多的挑战。高校财务管理的成本管理、项目审批等方面与其他高校之间存在激烈竞争，这就对高校财务管理人员提出了更高的要求，需要不断探索和创新，保证高校财务管理工作的有效性和高效性。

为了解决这些问题，高校应该采取以下措施：

一是加强内部管理，提高财务管理效率。高校应该建立健全财务管理制度、优化财务流程、完善内部控制体系，从而确保财务管理工作的安全可靠、高效合理。

二是加强与外界的沟通协调。高校应该及时了解国家政策法规的变化和最新财务管理制度，结合高校实际情况进行调整和适应，并积极与社会各界沟通合作，充分利用市场机制和社会资源，推进高校财务管理的协调发展。

三是加强学习创新，提高财务管理水平和能力。高校财务管理人员应该加强学习，及时了解国内外先进的管理理念和技术，增强自身素质和能力，打造一支高素质的财务管理团队。

四是高校财务管理部门还应该关注风险管理，通过风险评估、预测和规避等方式，强化风险防控意识，保障高校财务管理的安全稳健。

在不断变化的外部环境下，高校财务管理人员应该积极适应变化，创新工作方法，提高自身素质和能力，并且加强内部管理，及时了解政策法规变化，从而保证高校财务管理工作的顺利开展，为高校发展注入更多活力。

第四章　高校财务管理改革的基本原则和目标

第一节　高校财务管理改革的基本原则

一、合理性原则

高校财务管理是一项极其重要的工作，它涉及高校的发展和运行。合理性原则是高校财务管理改革中必须遵循的基本原则之一。在高校财务管理工作中，注重合理性可以有效地配置资源，确保高效运转，实现财务目标的有效达成。

高校财务管理应该注重合理配置资源。高等教育机构是国家和社会托付的非常重要的公共资源，如何对这些资源进行合理的调配和利用，成为高校财务管理工作中的一项重要任务。合理配置资源可以提高利用率，减少浪费，从而降低成本，提高效益。高校财务管理部门应该根据各项财务指标和高校的具体情况进行综合考虑，科学分配预算，统筹管理各方面资源，优化资源结构，提高资源利用效率，支撑高校发展。

高校财务管理工作应该做到资金使用规范、透明。规范与透明是高校财务管理的两个关键词。规范使用资金可以保证高校财务管理的合理性，防止财务违规行为的发生。透明使用资金可以增强高校内部监督力度和外界社会信任度，提高高校的声誉和形象。因此，在高校财务管理中，应该建立健全规范的资金使用程序，加强相关规章制度制定和执行力度，实行资金审核、审批、监督等制约措施。

高校财务管理还需要注重资源优化调配。高校财务管理工作的目标不仅是保证运转稳定，而更要考虑资源的投入产出效益问题。资源优化调配在高校财务管理中占据非常重要的地位，它需要高校财务管理人员对数据进行深度挖掘，了解各项预算支出的具体情况，找到有用的消费习惯，并在数据分析结果的基础上进行专业预测，从而提出更合理化的支出计划，使财政资源得到最大化的利用。

高校财务管理工作还需突出风险管理。风险防范与管控是高校财务管理工作的重要环节。高等教育机构涉及的财务内容繁多，面临的风险与挑战也层出不穷。高校财务管理部门应该充分认识风险管理的必要性，从制度、技术、人员等方面着手，加强合规性建设，提升内部管控水平。

高校财务管理工作还要注重效益导向原则，切实提高经济效益。在高校财务管理中，应当把提高经济效益作为最终目标和根本出发点。可以通过推行精细化管理、提高运营效率等措施，才能真正体现效益导向原则的落地和实现。

高校财务管理工作处于一个不断发展变革的时期，需要坚持合理性原则以及其他基本原则，进行全面的改革和创新，才能够保障高校财务管理工作的规范与健康。在这个过程中，还需要不断优化制度、提升服务水平、加强监督力度等方面的工作。

在实践中，高校财务管理人员需要牢固树立合理性原则，并积极探索适合高校特点的财务管理模式。首先，要在资源配置上注重科学性，切忌盲目攀比和投资，要以长远发展为导向，结合自身实际，统筹考虑各项支出以及收益问题，合理优化各方面资源。其次，在财务数据公开透明方面，可通过建设财务管理信息系统、完善审批流程、开展互动交流、披露费用标准、公示报表等方式，进一步提高财务信息公开透明度。

高校财务管理人员还应注意完善内部管理，强化预算编制和执行，制定财务监督机制，严格控制各项支出，防止财务纠纷和风险，确保高校安全稳健运营。同时，还需加强对财务管理人员的培训与管理，提升其专业素质和工作能力，做好团队建设和人才引进工作，为高校财务管理的可持续发展打下坚实基础。

高校财务管理应注重合理配置资源，规范使用资金，提高效益，优化调配，防范风险，确保高效运行。只有积极探索适合高校特点的财务管理模式，不断加强内部监督和外部监管，才能更好地推动财务管理的现代化，支撑高校持续稳定的发展。

二、安全性原则

安全性原则是高校财务管理改革中的基本原则之一。在高校财务管理工作中，注重安全性可以有效地保护资金和其他财务资源不受到遭受损失和侵犯，确保高效运转。因此，在高校财务管理中，完善安全防范体系，确保资金的安全运作十分必要。

高校财务管理应该完善内部控制机制，从源头上保障资金的安全。这需要建立健全的财务规章制度，明确责任和权限，规范操作流程，加强内部审计监督，严格执行各项财务制度和程序。同时，应当对财务管理人员进行定期的培训和考核，并及时更新财务管理技术和信息安全技术，切实提高内部人员的素质和能力，降低内部操作风险。

高校财务管理应该提高信息安全水平，防止信息泄露和攻击。随着信息化程度的不断提高，高校财务信息系统安全成了不可忽视的问题。因此，在高校财务管理中，需要制定相关安全制度和技术规范，加强网络安全管理，防止黑客攻击和病毒侵害。同时，应加强密码管理，加密重要信息，提升信息安全保障能力。

在资金运作过程中，高校财务管理也需要注重支付安全，确保资金流向的有效监督和控制。因此，高校财务管理部门应当建立健全资金支付的审核、审批、预警等机制，严格执行各项付款制度和程序。对于重大或敏感付款申请，需进行严格监管和审批，确保其合法性和合理性，避免出现资金流失、危害校园资金安全的情况。

高校财务管理还需要加强外部监管，增强对外部风险的识别和把控。外部风险主要包括经济环境风险、市场风险、汇率风险等。高校财务管理部门应当对外部环境变化保持敏锐观察，及时调整策略，防范外部风险对高校财务运作造成的潜在威胁。

高校财务管理还需注重应急预案的制定和实施，以应对突发事件。突发事件可能是自然灾害、信息安全问题或人为破坏等，因此需要建立健全的应急预案和救援队伍，并进行定期演练和培训，提高应对各种紧急情况的应变能力。

在高校财务管理中，注重安全性原则，完善安全防范体系，是保障高校财务运营顺畅、稳定的必要措施。只有采取切实可行的措施，有效管控内外部风险，加强内部管理，才能保证高校财务安全始终处于可控状态，为高校的发展提供坚实的经济支撑。

三、依法原则

依法原则是高校财务管理的基本原则之一。在高校财务管理工作中，注重依法原则可以确保财务活动的合法性、规范性和透明度。因此，在高校财务管理中，应依照国家财经法规，建立健全财务管理制度和规章，并进行严格执行和监督。

高校财务管理部门应该全面了解并遵守各项有关财务管理法规和政策，确保高校财务管理工作符合国家法律法规和管理要求。例如，《中华人民共和国预算法》《会计法》《国有资产法》等与财务管理相关的法律法规，以及国家教育部、财政部的相关指导意见和规定。对于高校财务管理中出现的具体问题，应当遵守法律法规，合理处理，确保财务管理的规范性和合法性。

高校财务管理部门应建立健全相应的财务管理制度和规章，明确各项财务管理程序，防止财务活动中出现不规范行为和违法行为。制度包括预算编制与管理制度、财务报表制度、内部控制制度、资金管理制度等，规章包括会计核算规定、财务制度与程序规定、审计监督规定、内部审计规定等。高校财务管理部门应加强对各项制度和规章的宣传，以确保全体工作人员认识到制度的重要性和必要性。

高校财务管理部门应严格执行财务管理制度和规章，建立健全流程标准化、程序标准化、文书标准化、数据标准化的财务管理机制，将各项制度和规章执行情况纳入日常考核范畴，并加强定期审计，发现存在的问题及时进行整改和完善。在实际操作中，高校财务管理部门应整合现代信息技术优势，不断提升自身的数字化能力，在制度执行过程中通过数据分析和信息化手段实现财务管理的精准化和高效化。

高校财务管理部门应当建立健全监督机制和责任追究机制，确保财务管理的规范性和合法性。监督机制主要包括内外部监督机制。内部监督主要是指高校内部财务管理部门的自我监督和互相监督，包括内部审计、内部控制等。外部监督主要是指政府监管部门、社会机构和公众对高校财务管理的监督和检查。责任追究机制是指为了防止出现不符合法律法规和制度的行为，在违反规定的情况下，对相关责任人进行相应的惩处。

注重依法原则是高校财务管理改革中必须遵循的基本原则之一。在高校财务管理工作中，应依照国家财经法规，建立健全财务管理制度和规章，并进行严格执行和监督。高校财务管理部门要加强对各项制度和规章的宣传和贯彻执行情况的考核，不断优化制度和规章内容，提升财务管理效能，为高校的发展提供有力的财务支持。

四、创新性原则

创新性原则是高校财务管理改革中的基本原则之一。随着时代的变迁，高校作为社会发展的推动力和人才培养的主要场所，其财务管理也应不断与时俱进、探索创新，以适应社会和高校发展的需要。在高校财务管理中，大胆创新，探索新的机制和方式，提高运行效率和质量十分必要。

高校财务管理需要加强信息化建设，推动数字化转型。借助现代信息技术手段，将财务管理流程及各项业务数字化、自动化、智能化，提升财务管理效率和精度。例如，建设财务管理信息系统，实现财务数据的实时处理和统计分析，自动生成财务报表，减少重复工作量和人为错误；同时进行财务审核电子化，实现快速审批和更好的信息安全保障，提高了财务管理的效率和可控性。

高校财务管理需要探索多元化的资金筹措方式。传统的资金筹措方式包括贷款、募捐、科研项目经费等，但这些方式受限于投入和回报比例不平衡等问题。因此，高校可以尝试推行公私合作、PPP 等模式，拓宽资金来源渠道，多方面融资，更好地解决资金紧缺和项目建设难的问题。同时，高校财务管理需要积极发掘内部资源，挖掘富余的资产价值，进一步提升资金利用效率。

高校财务管理还需注重风险管理创新。由于外部环境变化异常，风险已成为高校财务管理过程中的常态，因此，高校财务管理应当探索新的风险管理方式和机制，不断提升风险识别、评估、防范和处置能力，确保高校财务运行的安全性和稳定性。例如，建立健全内部风险控制与预警机制，加强对外部环境和市场状况的监测，及时调整投资方向和资金流向，避免风险扩散和困境滚雪球。

高校财务管理还需要注重机构制度创新。在高校财务管理中，要以"以客户为中心"为核心理念，建立创新型的资源配置和管理机制，厘清部门职责和权利界限，优化高校财务管理流程与组织架构，促进高校科学、有效、有序、便捷地开展财务管理工作。

创新性原则是高校财务管理工作中不可或缺的一部分。高校财务管理需要大胆探索创新，突破传统认知，推陈出新，实现高校财务管理方式、技术、端口的革新，建立健全多元化的财务管理模式，提升运行效率和质量，为高校的发展提供有力的支持。只有关注基础理论和实践问题，大力培养高素质财务管理人才，加大信息化建设、多元化资金筹措、风险管理创新以及机构制度创新的力度，才能不断加强高校财务管理改革，为高校事业和全面发展做出更大的贡献。

五、公开透明原则

公开透明原则是高校财务管理改革的重要方向之一。高校作为公共机构，其财务管理应该确保信息公开与透明，推进高校治理的阳光化和科学化，增加社会监督和信任度。为此，高校财务管理部门需要建立健全的公开透明制度，并落实到具体工作中。

高校财务管理部门应制定透明公开规定和操作细则，明确公开内容、方式、程序和责任等，以便公众能够及时、准确地了解高校财务管理情况。例如，应当公开高校年度预算、各项收支情况、资产负债表、利润表、财务审计报告等相关信息，同时还应当公开高校财务管理部门人员名单、职责分工等信息，为公众提供全面、真实、可靠的财务数据和管理情况。

高校财务管理部门应当主动开展信息公开和舆情回应工作，及时回应公众关切并提出合理反馈。例如，可以通过高校官方网站、微信公众号、财务管理专栏等渠道，向公众传递有关财务管理的重要信息，及时解答公众疑问，并对热点事件进行科学、公正的解释和说明。同时，高校财务管理部门应当注意传播方式和语言的规范合理性，不得误导公众，否则可能会打消公众对高校财务管理的信任感。

高校财务管理部门应建立健全公开透明的内部管理制度，促进内部管理的科学化和规范化。例如，应当明确部门职责分工和运行流程，提高工作效率和难度；制定严格的考核评估机制，充分激发员工积极性和创造性；落实内部沟通渠道，有效保障内部信息交流和共享，提高管理协同性和整体执行力。

高校财务管理部门应加强社会监督与参与，以推进财务公开透明化。例如，可以通过设立专门咨询委员会、邀请第三方机构审计或评估等方式，吸引社会各界关注财务管理工作并对其进行监督和参与。另外，高校财务管理部门还应主动接受社会各界的意见和建议，依据舆情反馈情况及时调整工作方向，并加强与公众的交流和互动。

公开透明原则是高校财务管理改革的重要方向之一。高校财务管理部门需要建立健全公开透明制度，落实到具体工作中；积极推行信息公开和舆情回应工作，促进公众对高校财务管理的信任和支持；加强内部管理与社会监督参与，为高校财务管理的科学化、规范化发展创造良好环境。只有坚持公开透明原则，确保财务管理的公正性和公开性，才能推动高校财务管理改革不断深入，提升高校综合竞争力和信誉度。

六、效益导向原则

效益导向原则是高校财务管理改革的重要方向之一。高校作为国家重要的公共服务机构，其财务管理应以实现收支平衡和整体效益为目标，按照自负盈亏原则运营，提高高校整体经济效益。

高校财务管理部门需要制定有效的收支管理措施，以确保高校各项收支平衡，避免不必要的浪费，保障投资的合理性和优先级。例如，建立健全科学的预算编制、审批和执行机制，加强经费监管和使用情况的统计分析，增强财务管理在决策中的参考价值和操作指导力。此外，高校财务管理部门还应借鉴市场化思维和手段，推动资源配置的市场化、规范化过程，使资源更好地流动和匹配，促进高校整体效益的提升。

高校财务管理部门需要加大收入获取的创新力度，开拓财政收入渠道，增加自主创收能力。除了传统的教育经费补助和科研项目支持等，高校还应积极寻求外部资金来源，拓展收入渠道。例如，建立高校与企业的合作模式，开展产学研合作、技术转让等项目，实现双方共赢；积极拓展高校自身品牌和教育资源优势，扩大教育培训市场，增加学费收入；探索高校所拥有的专利、商标等知识产权变现方式，增加自主创收能力。

高校财务管理部门还应以科学效益为导向，提高高校经济效益的能力。因此，高校财务管理部门需要注重高校整体效益的评估、监督和提升，促进财务管理成为推动高校整体效益提升的重要力量。例如，通过建立全面、多元的效益评估机制，对高校各项经济活动进行定量、细致的分析和评估，发现潜在问题并及时解决；同时，以财务管理的科学性和效率为出发点，推进高校教育理念的更新和课程体系改革，提高教育质量和学生就业竞争力，从而进一步提高高校整体效益，确保高校经济运行的长期稳定和发展。

高校财务管理部门应当加强内外联动，将效益导向理念落实到具体工作中。例如，高校财务管理部门需要加强与各部门、学院、学生会等的沟通和协调，充分了解高校各方面需求，提供量身定制的财务服务；同时，借助政府支持和社会资源优势，积极推进教育信息化建设、科研成果转化等项目，提高高校整体经济效益和社会影响力。

效益导向原则是高校财务管理改革工作的重要方向之一。高校财务管理部门需要以实现收支平衡和整体效益为目标，按照自负盈亏原则运营，提高高校整体经济效益。高校财务管理部门需要制定有效的收支管理措施，建立科学预算编制、审批和执行机制，探索资源配置市场化、规范化等方式，实现高校各项收支平衡；同时，加大收入获取创新力度，拓展财政收入渠道，实现高校自主创收能力增强；注重高校整体效益的评估、监督和提升，通过多元的效益评估机制和教育理念更新、课程体系改革等方式，提高高校整体效益；加强内外联动，通过沟通和协调、科研成果转化等方式，提高高校整体经济效益和社会影响力。只有坚持效益导向原则，将效益导向理念落实到具体工作中，才能推动高校财务管理改革不断深入，促进高校可持续发展。

第二节　高校财务管理改革的总体目标

一、建立健全财务管理体系

建立健全财务管理体系是高校财务管理改革的重中之重，是保障高校财务管理规范运作的基础。高校财务管理体系应包括制定财务管理制度、强化内部控制、完善风险管理等多个方面。

高校财务管理部门应当制定财务管理制度，明确各项财务管理工作的具体流程和操作标准，提高整个财务管理工作的科学性和规范性。例如，可以建立高校财务管理手册，明确财务管理工作的目标、组织架构、职责分工、工作流程等内容，并实行标准化操作；还可以配套制定高校财务管理规章制度，如会计制度、资产管理制度、预算管理制度、审计制度等，保障高校财务管理工作有据可查、有法可依。

高校财务管理部门应加强内部控制，设计和实施有效的内部控制措施，防范和遏制财务风险。例如，可以建立对会计核算、财务报告、预算编制、经费使用等关键环节进行监督与检查的内部控制机制，明确职责和流程；加强对高校各项财务活动的管理和监督，对高风险、重要领域进行重点监控；还可以设置内部审计机构，配合管理层开展内部审计工作，提升财务管理的透明度和制度性。

高校财务管理部门还应完善风险管理，遵循风险可控原则，在保障高校规范运转和效益提升之间找到平衡点。例如，可以针对高校财务管理中存在的风险进行分类、量化、评估，并制定相应的应对策略和防范措施。在高校投资决策方面，应通过科学的风险管理手段，确保高校在保证收益的同时，尽可能减少风险损失；在高校预算编制与执行过程中，应设立风险管理岗位，及时调整预算计划并落实风险预防措施。

高校财务管理部门需要注重财务数据精准、流程规范、操作透明三个方面，通过信息技术手段等方式，提升高校财务管理的现代化水平。例如，可以建立高校财务管理信息系统，实现财务数据的自动化处理、统计分析和监控管理；制定财务流程规范，规范全流程的运作方式，强调规范操作的必要性和重要性；加强对财务流程的公开透明，及时向社会公示高校各项收支情况、经费使用情况等信息，推进高校治理阳光化和科学化。

建立健全财务管理体系是高校财务管理改革工作中的重要一环。高校财务管理部门需要制定财务管理制度、强化内部控制、完善风险管理等多个方面工作，提升财务管理现代化水平和科学性，保障高校财务管理规范运作的可持续发展。只有在财务管理体系建设中注重内部流程优化和管理创新，提高内部管理效率，严格执行各项规章制度，强力防控财务风险，才能保障高校经济、财务运行平稳，推动高校可持续发展。

二、推进财务管理现代化

推进财务管理现代化是高校财务管理改革的重要方向之一，是实现高校财务管理科学、规范和高效的必由之路。高校财务管理部门应借助现代信息技术手段，推动高校财务管理信息化、智能化、数字化，提高工作效率和水平。

在高校财务管理中加强信息化建设，推动高校财务管理信息化水平的提升，以准确、可靠、快速为原则，提高业务处理效率和数据管理精度。例如，搭建财务信息系统，实现在线申请报销、经费监管等功能，使财务信息流和物流相结合，实现流程自动化；建立基于大数据分析的经费预警、风险控制等模型，对高校各项财务活动进行辅助决策和提供全面的支持，优化财务管理流程，避免人为误差和纰漏。

在高校财务管理中推广智能化技术，提高财务管理水平，如人工智能、大数据、云计算等，利用智慧技术来解决传统方式所难以解决的问题，可以有效地发挥资源价值和经济效益。例如，人工智能可以帮助高校财务管理部门更快速、准确的处理期末数据和报表；大数据可以对高校的预算、收支状况进行精准的跟踪分析，发现问题，提出建议；云计算则可以降低 IT 成本，实现信息共享与交流，增加管理的透明度。

在高校财务管理中推动数字化转型，加快数字技术的应用，使财务管理变得更加数字化、系统化，有利于准确记录和监控财务状况。例如，可以构建财务数字化平台，利用数字技术对各种财务信息进行整合和输出，呈现财务数据分析结果，提供财务决策参考；搭建数字化会计核算系统，全面自动化财务处理流程，优化财务运营模式，提升财务管理效率和准确度；还可以引入区块链技术，加强高校的资产管理和过程控制，确保财务信息安全稳定。

在高校财务管理中提升信息素养，推进数字化转型的深入推行。高校财务管理部门不仅要注重数字化工具的开发和运用，还需要提高管理人员的信息素养，树立数字化转型的意识，培育形成良好的信息化、数字化习惯。例如，可以组织工作坊和学习班等形式，加强财务管理人员的专业培训，提高其对数字化、网络化技术及应用的了解与运用；建立数字化转型团队，把握前沿技术发展趋势，加强与金融、科研、工程等部门的协同，以实现知识、资源的共享，从而加强高校财务管理水平。

推进财务管理现代化是高校财务管理改革的重要方向之一。高校财务管理部门应积极借助现代信息技术手段，推动财务管理信息化、智能化、数字化，提升工作效率和水平。在实践过程中，高校财务管理部门需要注重系统建设和技术创新，同时加强信息素养的培养和管理人员的专业知识储备，以推动数字化转型和提升高校财务管理水平。

三、促进财务管理与高校发展相适应

促进财务管理与高校发展相适应，是高校财务管理的重点任务之一。在支持高校发展和提高运行效率方面，高校财务管理部门需要加强与高校各部门的协同配合，优化资源配置，实现高校经费的合理使用和管理。

高校财务管理部门需要深刻认识到财务管理建设与高校发展的密切关系。财务管理不仅是内控机制、审计及财务监管等日常工作，更要把握财政政策变化趋势，以支撑和推动高校各项事业健康发展。高校财务管理部门应根据高校战略规划，制定相应的财务战略规划，对各项经费的分配予以考虑，确保能够为高校科学发展发挥积极作用。

高校财务管理部门应加强与高校各部门的协同配合。财务是高校发展的重要支撑保障，但也是整个高校系统性和综合性问题，高校财务管理部门只有与高校其他部门协同配合，打破部间的信息壁垒，把财务管理工作真正融入高校发展战略和实践中，才能更好地发挥财务管理对高校发展的支撑作用。例如，在高校战略规划编制过程中，应加大财务部门的参与和调配力度，根据战略规划，提出经费需求预测、预算编制等建议；在科学研究项目申报过程中，财务部门应积极协调和支持各部门，确保资源的合理配置和经费的规范使用。

高校财务管理部门应优化资源配置，提高资金使用效益。为了实现高校财务管理与高校发展相适应，需要重视财务成本的控制及配置。高校财务管理部门可以通过精准评估和风险分析，加强对高校不同领域经费的监管和支持，优化经费的使用结构，实现财务管理控制和运营的稳健性。例如，在资金使用方面，财务部门应加强对耗能设备的审核，更好地掌握校内设施情况，优化设施使用计划，实现节约能源、提高高校能效的目标。在资源整合方面，应加强对高校资源进行分配和管理，把学生、教师、行政机构等的资源优势充分整合，确保经费使用达到最优化。

高校财务管理部门需注重经费管理流程创新，以推动高校财务管理与高校发展相适应。通过优化流程，简化手续，提高效率，可以实现高校经费使用的科学化、规范化和信息化。例如，在预算编制过程中，财务部门应采用科学、公正、透明的方法，建立健全的预算编制审核流程，确保预算的准确可靠；在财务审计方面，应企业内部审计工作与外部审计衔接，加强对高校各项经费的监督和审计，优化财务管理工作流程，发现并解决问题，促进高校财务管理的透明化和规范化。

促进财务管理与高校发展相适应，是高校财务管理部门需要深刻认识和实践的重要任务。高校财务管理部门应加强与其他部门的协同配合，注重优化资源配置，实现经费结构的合理调配，同时还需注重提高财务管理流程的科学性和信息化，以推动高校财务管理的持续发展和高效运行。

四、提高高校财务管理水平和效率

提高高校财务管理水平和效率是高校财务管理工作的重要任务之一。高校财务管理部门需要不断提高管理人员的专业素养、管理水平和综合能力，加强对高校各类资金的监督和管理，确保高校财务管理安全、稳定、高效、规范。

高校财务管理部门应注重人才队伍建设，确保管理人员具备较高的专业素质和综合能力。财务管理工作需要高度专业化和技术化，高校财务管理部门要培养多元化的财务管理人才，不断提升他们的学习能力、创新能力、综合分析能力以及跨部门的沟通和协作能力。例如，可以组织财务管理岗位的培训和知识更新，注重实战经验积累和案例研究，帮助管理人员掌握最新的财务管理理念和技术，并将之落地实施。

高校财务管理部门应加强风险管理，完善财务管理流程和机制。高校财务管理部门需要通过进行风险评估，防范和控制各类风险，确保高校的资金安全和稳定。例如，在预算编制、经费审核、收支管理等各项财务活动中，财务管理部门应加强对流程的规范管控，建立与科学的内控机制和审计制度，严格执行各项规章制度，防止财务管理中的违规行为和损失发生。

高校财务管理部门需要优化财务管理工作流程，提高效率。在解决现实问题方面，高校财务管理部门需要将传统财务管理模式转向以信息技术为核心的新型财务管理模式，通过引入大数据分析、云计算、人工智能等新技术，实现财务数据自动化处理、在线管理、精细监控，提高工作效率和管理水平。例如，可以建立一体化管理信息系统，整合各项业务，有助于自动化处理各类财务数据，提高工作效率和管理精度；以及推广电子签名、网络支付等便捷的财务管理方式，减轻管理人员的工作量，提高企业整体运营效率和管理水平。

高校财务管理部门需要开展财务管理创新，不断改进和完善工作方式和手段。高校财务管理部门需要不断更新自身的知识结构和技术能力，加强对行业发展趋势的了解，积极推进创新项目，以推动整个财务管理体系的升级和发展。例如，可以开展财务教育培训、学术交流会等活动，增强部门内外的信息交流，提高财务管理部门的专业素养和综合素质；通过建立公益性基金、合理使用资金保障科研成果转化、优化投资结构等措施，用财务管理的智慧推动高校的科学发展。

高校财务管理部门需要不断提高管理人员的专业素质和综合能力，加强对高校各类资金的监督和管理，通过改进流程、引入新技术、推行财务管理创新等方式，提高高校财务管理水平和效率。在全面落实财务内控机制、优化经费使用结构、严格审计监督等方面，高校财务管理部门需要注重方法创新、技术创新和思维创新，以确保高校财务管理体系的科学性、规范性和精细化，为高校发展提供有力保障。

第三节 高校财务管理改革的阶段性目标

一、基础阶段

高校财务管理制度、内部控制以及财务信息化是构建高校财务管理基础的关键要素。在建立财务管理制度、完善内部控制，提高财务信息化水平和专业素养方面，高校财务管理部门需要深入实践，不断进行总结和更新，不断提升自身的规范性、透明性和精细化。

高校财务管理部门需要建立完善的财务管理制度，包括规章制度、工作流程和标准操作规程等，以确保财务管理活动的规范性和有效性。财务管理制度的建立需要强调法律法规的遵守和实际情况的应用，同时勇于创新，与时俱进，以满足高校经济运行和管理需求。例如，在预算编制、资金管理、财务审计等方面，制定相应的规章制度，规范各项财务管理活动，确保教学、科研、管理等多方面的经费渠道流畅，实现经费使用的高效化和科学化。

高校财务管理部门需要注重内部控制建设，形成稳健的风险控制机制和效益评估体系。内部控制是财务管理的重要保障，其主要目的是识别、评价和应对财务管理中的各种风险和问题。高校财务管理部门应该建立科学的内部控制流程，并实施创新的监管方法，如建立科学的档案管理制度、完善收支、报账等操作规程，以确保高校资金使用的合法性、安全性和规范性。在此基础上，高校财务管理部门还需要深入开展内部审计和风险评估工作，定期组织内部审计检查、考核和跟踪，促进财务管理工作的持续优化和改进。

高校财务管理部门需要注重提高信息化水平和专业素养，使之成为财务管理现代化的有力支撑。随着信息技术的快速发展，高校财务管理信息化水平的提升势在必行。高校财务管理部门应不断引入最新的技术手段和管理理念，在预算编制、经费审批、财务分析、会计核算等业务领域推广财务管理信息化系统，提高财务数据的自动化处理水平和精准度，提高财务管理流程的科学性和高效性。同时，还需要加强对实际经济运行和管理问题的了解和分析，提升部门内员工的专业素养和技术管理能力。

基于高校财务管理制度、内部控制和财务信息化的建设是构建高校财务管理基础的关键要素。在实践过程中，高校财务管理部门应注重法律与实际并重，注重创新和实践相结合，不断完善和提升自身的财务管理能力和综合素质，以支持高校发展和服务教学、科研及社会需求。

二、提质阶段

在高校财务管理的提质阶段，推进基于数据分析的预算管理和强化成本管控是非常重要的一部分。通过这些措施，可以实现高校财务的透明性、科学性和高效性，有效地提高经费的使用效益，促进高校发展。

推进基于数据分析的预算管理是高校财务管理提质的关键因素之一。数据分析技术能够帮助高校财务管理部门快速把握经济运行趋势，挖掘最优的财务资源配置方案，同时也能更加精确地制定预算计划。在数据分析的基础上，高校财务管理部门可以制订出更加准确的预算方案，对每一个项目进行更加科学细致的评估和分析，从而更好地满足高校的需求，并且有效地将财务资金合理地分配到各个领域。为此，高校财务管理部门应该引入最新的大数据分析技术，以便能够分析所收集到的财务数据，挖掘经济运行趋势和规律，提高预算管理的科学性和精度。

强化成本管控是实现效益最大化的重要手段。成本管控能够帮助高校财务管理部门实时掌握各项经济运行中所出现的成本问题，从而及时采取应对措施，使得预算计划和经费支出得到更好的执行。例如，可以制定"两控一优"政策，即强化项目的进度管控和资金使用管控，同时加强对资源利用效率的优化提升。

在实践中，高校财务管理部门应该引入先进的成本控制方法，采用先进的财务数据分析工具，针对经费支出情况做出相应调整和优化，确保经费使用效益最大化。

高校财务管理部门还需要加强内部审计工作，不断完善财务监督机制，减少财务风险并发现问题、解决问题。在这个过程中，高校财务管理部门应该注重信息化建设和电子化管理，通过引入先进的财务管理系统或者其他相关技术，提升审计内容的范围和深度，严格按照操作规程开展审计活动，避免干扰社会公平竞争的行为，确保财务管理部门的公正、透明和高效。

在高校财务管理提质阶段，推进基于数据分析的预算管理、强化成本管控以及加强内部审计工作是关键的措施。这些措施有助于高校财务管理部门更加深入地了解经济运行趋势，精确地制定财务预算，做出最优的资源配置，有效地保障高校各项经费的合理使用，实现高校财务管理的高效化和精细化，为高校发展提供支撑。

三、协同阶段

在高校财务管理的协同阶段，加强与高校各部门的协作协调，做好预算编制、审核、执行等工作，并提高信息公开透明度是非常重要的。通过这些措施，高校财务管理部门可以更加高效地运转，实现高校各项经费的合理使用和节约，同时也能够更好地建立高校财务管理体系，促进高校发展。

加强与高校各部门的协作协调是实现高校财务管理协调的重要手段。高校财务管理部门需要与教学部门、科研部门、行政部门以及其他相关职能部门紧密协作，共同制定财务管理规划和预算方案，并且互相沟通、协商和磋商，确保预算计划得到有效的落实和执行。为此，高校财务管理部门应该优化工作流程，引入先进的信息化技术，建立高效的沟通机制，提高协作协调的质量和效率。

做好预算编制、审核、执行等工作是提高高校财务管理协同的核心措施。在预算编制方面，高校财务管理部门需要综合考虑学习科研、教学管理等领域的需求，制定出高品质、高效率的预算方案。在审核方面，高校财务管理部门需要严格遵守相关法律和规章制度，加强内部审计工作，确保各项经费的使用符合财务纪律和规范。在执行方面，高校财务管理部门需要落实"两控一优"政策，加强资金使用管控、进度管控以及效率提升，提高财务经济效益和社会效益。同时，在这个过程中，高校财务管理部门还应该加强与各部门的沟通和协调，共同解决各种经费使用问题。

高校财务管理部门需要提高信息公开透明度，便于社会监督和建立公正、透明的财务管理机制。通过信息公开透明度的提高，可以让各方面了解高校财务管理情况，并对其进行监督和评估，从而有效地促进财务管理的改进和提高。在具体操作中，高校财务管理部门应该完善信息公开渠道，例如建立网站或者其他媒介，公布财务预算、经费使用、审计结果等相关信息，满足社会对财务管理的知情权和监督权。同时，高校财务管理部门还应该提高政府监督能力，在政府的指导下，建立透明的财务管理机制，做到"有得人看、有问必答"。

协同阶段的高校财务管理需要加强与高校各部门的协作协调，做好预算编制、审核、执行等工作，并提高信息公开透明度。通过这些措施，可以实现高校财务管理体系的完善和优化，促进高校发展，为教学科研和管理服务。

四、创新阶段

在高校财务管理的创新阶段，探索创新机制，借助互联网技术手段，提高财务管理的智能化程度是非常重要的。通过这些措施，可以实现高校财务管理工作的高效率、准确性和透明度，为高校发展注入新动力。

探索创新机制是高校财务管理创新的重要前提。高校财务管理部门需要在原有的管理模式基础上，尝试推行一些新的管理方式和方法，为高校财务管理注入新的元素和活力。例如，可以引入新的管理理念，采用全员参与的管理模式，打破各部门之间的壁垒，构建起各个职能部门整体协作、共同进步的良好氛围。还可以探索新的财务管理方式和方法，如人工智能、区块链、大数据等技术手段，以帮助高校财务管理部门更加高效地管理财务，提高经费使用效益和质量。此外，高校财务管理部门还应该积极开展创新创业工作，鼓励职工思考创新问题，开拓新的领域和方向，为高校管理注入新的理念和文化。

借助互联网技术手段是提高高校财务管理智能化程度的重要方法。互联网技术可以帮助高校财务管理部门实现信息共享和协作，在经费管理、流程控制等方面提高智能化程度。例如，可以利用云计算技术进行数据存储和处理，通过人工智能技术自动完成某些财务操作，如自动对账、自动分类等，提高财务管理效率和准确性。还可以采用电子化管理方式，建设财务管理平台，实现财务信息的集中管理和共享。这些技术手段不仅提高了财务管理的效率，也有助于提高财务管理的信息化程度和透明度。在实践中，高校财务管理部门应该积极探索新的互联网技术手段，加大技术投入，促进高校财务管理的智能化发展。

高校财务管理部门应该不断优化"三公"经费使用制度，并加强财务监督检查工作，切实保障各项经费使用合法、合规、合理。在优化"三公"经费使用制度方面，高校财务管理部门可以加强对经费使用的限额、公示、核发、销账等各个环节的监管，严格按照规程和政策要求，确保经费使用符合相关法律、法规和规章制度。同时，在加强财务监督检查工作方面，高校财务管理部门应该结合互联网技术手段，提高财务数据共享和透明度，建立财务账务实时监控系统，为实现全员参与、全过程监督提供有力支撑。

创新阶段的高校财务管理需要探索创新机制，借助互联网技术手段，提高财务管理的智能化程度，并优化"三公"经费使用制度，加强财务监督检查工作。这些措施有助于推动高校财务管理的现代化和智能化发展，提升高校的核心竞争力和影响力。

五、推进阶段

在高校财务管理的推进阶段，聚焦财务管理核心任务，强化内部管控和风险治理是非常重要的。通过这些措施，可以提高高校财务管理的效率和准确性，同时也可以规避各种经费使用风险，为高校财务管理的可持续发展提供有力保障。

聚焦财务管理核心任务是高校财务管理推进的重要前提。高校财务管理部门需要明确财务管理的核心任务，突出学习科研、教学管理等领域对经费的需求，充分考虑经费使用的优先级和紧迫性，制定出高品质、高效率的工作计划。

同时，高校财务管理部门还应该把握学校发展战略，将财务管理与学校整体发展相结合，为实现高校整体目标服务。例如，针对学校建设发展需要，确定资金投入方向；针对学校特色产业发展，加强财务管理支持等。总之，在聚焦财务管理核心任务的基础上，高校财务管理部门可以更好地满足高校各项需求，促进高校的快速发展。

强化内部管控和风险治理是提高高校财务管理效率和准确性的重要手段。内部管控主要包括内部信用管理、账务核对、资金流向监督等方面，通过明确职责、加强制度、完善审核、防范风险等措施，建立健全内部管控机制。针对经费使用风险治理，高校财务管理部门需要制定相应的风险控制措施，实现对经费使用环节的全过程控制和监管，防止违规行为发生，防范失误和疏漏。例如，可以建立健全财务审计制度，制定严格的预算控制和执行标准，对各项支出进行限额控制，对学术会议、公务接待等方面进行详细规范和严格审定，以保证资金使用合法、合规、合理。

高校财务管理部门应该注重推动可持续发展，在保障学校正常运营的同时，保证自身长期发展。在实践中，高校财务管理部门应该充分利用先进技术和方法，不断优化经费使用管理，提高经费使用效益。例如，可以采用现代化的财务管理模式，拥抱互联网技术，以信息化、智能化、数字化等新型科技手段为支撑，优化现有经费管理流程和体系，以增加管理效率、提升质量、保证会计核算准确性和完整性为目标，不断推动高校财务管理的可持续发展。

在高校财务管理的推进阶段，聚焦财务管理核心任务，强化内部管控和风险治理，并注重推动可持续发展，是十分必要的。通过这些措施，高校财务管理部门可以实现对经费使用的合理安排和管理，规避各种经费使用风险和不当行为，为高校的可持续发展提供有力支撑。

第五章　高校财务报表制度的规范化建设

第一节　高校财务报表制度的意义和作用

一、高校财务报表制度的概念

（一）高校财务报表的定义

高校财务报表是高等院校在日常经济活动中编制的反映其财务状况、操作结果及现金流量变动情况的一个重要财务信息披露形式，能够直观地呈现出高校的这些基本信息和详细数据。它包括了高校财务状况、经营成果和现金流量等方面，是高校内外部管理所需的一份必不可少的报告。

高校财务报表的编制需要遵循一定的核算方法和制度，这些制度包括财政预算、会计核算和审计监督等方面。高校需要按照规定的统一标准来进行编制，以达到信息真实、准确、完整的目的。同时，高校财务报表也需要注意与企业的财务报表之间的区别，因为高校并非商业机构，存在着许多与企业不同的特点，如高校拥有的资产负债结构相对稳定、收入主要来源于政府财政拨款、存在教育事业发展基金等。

高校财务报表主要分为三个部分，即资产负债表、利润表和现金流量表。其中，资产负债表反映了高校在特定时期内的资产、负债和权益状况。它是反映高校财务状况最主要的报表，能够展示出高校经营过程中所拥有的各种资源和债务情况，对管理层和外部利益相关者具有很强的信息价值。利润表则反映了高校在特定时间内的收入、成本和费用等情况，能够展示高校运营业绩和经济效益，是高校经营活动情况的重要体现。现金流量表则反映了高校在特定时间内现金流入和流出的情况，包括经营、投资和筹资方面的现金流量，是衡量高校现金资产管理能力的一个重要工具。

　　高校财务报表制度还应包括其他附加性财务报告，如教育事业发展基金的资产负债表，这些报表可以完整地展示高校财务状况和业务活动情况。高校财务报表制度中，除了内部管理之外还涉及民间基金会、政府和社会公众等外部利益相关方的需求，因此，报表的编制应该保证信息的透明度和精确性，对于外部利益相关方来说是更具有参考价值的财务报告。

　　高校财务报表不仅是管理层了解高校经济活动的一个重要方式和手段，也是高校向政府、社会公众和捐赠者等外部各方提供财务信息的重要途径。通过展现高校的经营成果和财务状况，高校财务报表还能够反映出高校的财务监督情况和发展潜力，促进高校的可持续发展。当然，为了使高校财务报表更加规范化和准确，需要建立完善的高校财务报表制度，从而保证高校财务信息的真实性和准确性。高校财务报表制度主要包括以下几个方面：

　　财政预算：这是高校财务管理中最基本的制度，它规定了高校在下一年度内各项收支的预算数额、用途和来源。它不仅是高校财务管理和决策的依据，也是高校财务报表编制过程中不可忽略的重要资料。高校需要根据财政预算制度，科学合理地设计编制财务报表。

　　会计核算制度：高校会计核算制度是财务报表编制的基础，是保证高校财务信息真实性的关键措施。会计核算制度将承担编制相关报表的主体，负责整个过程中的数据汇总、分析、编制等环节，并通过财务报表披露出来。

　　审计监督制度：高校财务报表的审计工作是对高校财务报表的真实性和合法性进行全面检查、评估、审核的有效机制，也是保障高校财务报表准确无误的必要手段。审计监督制度包括财务报表审计、财务行政管理审计、公共资源和环境保护审计等，能够全面检验高校财务报表制度的有效性和可靠性。

　　财务报告制度：高校需要按照制定的财务报告制度要求进行编制、审核、公布高校财务报表，以便于内外部各方了解高校财务状况和经济活动情况。高校财务报告应该在规定时间内向社会公开，采取适当方式发布财务报告，如发布在高校官方网站上，或公示在学生活动中心等场所，以方便各方查询和参考。

　　通过高校财务报表制度，高等院校能够更好地了解自身的经济状况、财务状况和现金流量等情况，有助于高校实施科学合理的经济决策并进一步提高其财务管理和风控水平。同时，对于外界而言，高校财务报表也是一个非常重要的信息来源，可以帮助政府、捐赠者和公众等外部利益相关方全面了解高校的经济与财务情况，并为其做出决策和投资提供参考依据。因此，高校应该认真贯彻落实高校财务报表制度，保证财务信息的真实性、透明度和准确性。

（二）高校财务报表制度的含义

高校财务报表制度是高等院校在财务管理过程中实施的一系列规章制度，包括了预算编制、会计核算、财务报告和审计监督等多个方面。这些制度对高校财务管理具有重要的意义，不仅可以确保财务信息的真实性和准确性，也能够为高校提供更加有效的管理手段和决策支持。

高校财务报表制度主要包括了预算编制方面。根据国家法律法规和政府的相关规定，高校需要按照一定的程序和标准制定年度预算，以指导高校日常的经济活动，并通过预算的执行情况来反映高校的财务状况和运营情况。预算编制过程中，高校需要结合自身实际情况，合理确定各项收入和支出的数额，并合理分配资源，提高资金使用效率和经济效益。

高校财务报表制度还包括了会计核算方面。高校需要按照国家和地方政府的会计准则进行会计核算，对各项经济业务进行记账和分类汇总，并及时准确地编制各类财务报表。会计核算过程中，高校需要建立健全内部控制体系和防范风险机制，保证财务数据的准确性、完整性和及时性。

高校财务报表制度还包括了财务报告方面。通过编制资产负债表、利润表、现金流量表等多种形式的财务报表，高校能够及时向政府、捐赠者和公众等各方披露自身的经济状况和财务情况，为外界对高校的投资、合作和支持提供依据，增强高校的社会形象和信誉度。

高校财务报表制度还包括了审计监督方面。高校需要定期接受政府或第三方机构的审计，审核财务报表的真实性和合法性。通过审计监督机制，高校能够加强内部管理和风险控制，规范财务管理行为，提高财务工作的透明度和规范性。

高校财务报表制度是高等院校在财务管理中重要的组成部分，能够保障高校财务信息的真实性和准确性，为高校提供更加有效的管理手段和决策支持。

高校应该在制定和执行财务报表制度时，充分考虑实际情况和各方的需求，不断完善制度内容和执行细则，从而提升整个财务管理水平和服务质量。

（三）高校财务报表制度的构成要素

高校财务报表制度是指高等院校在财务管理过程中遵循的一系列规章制度，其中最为重要的就是高校财务报表。财务报表主要由资产负债表、利润表和现金流量表三部分构成，此外，财政预算表也是财务报表制度的一个重要组成部分。以下将详细介绍这四个要素。

资产负债表：资产负债表是一份反映高校特定时间点上的资产、负债和权益状况的财务报表。该报表通常按照所涉及的项目划分为两个部分：资产与负债。资产是指高校拥有的或有望从经营活动中获得的某种资源，包括长期资产、短期资产以及其他资产。而负债则是指高校所欠的债务、未来应付的费用、已收到但尚未交付的款项等，包括长期负债、短期负债以及其他负债。通过资产负债表的编制和分析，可以了解高校的资产配置情况、负债结构以及净资产的变化情况，提供基础信息供高校管理层做出决策。

利润表：利润表是一份反映高校特定时间段内收入、成本及费用状况的财务报表。通常按照所涉及的项目划分为三个部分：营业收入、营业成本和费用。其中，营业收入指高校在经营活动中取得的全部收益；营业成本则是指由于生产或提供服务而发生的各种成本，包括直接材料、人工和制造费用等；费用则是指非生产性成本，例如管理费用、销售费用、研究开发费用等。通过利润表的编制和分析，可以了解高校的经济效益和管理水平，为高校管理层的决策提供重要依据。

现金流量表：现金流量表是一份反映高校特定时间段内现金流入和流出情况的财务报表。该报表通常按照所涉及的项目划分为三个部分：经营活动现金流量、投资活动现金流量和筹资活动现金流量。经营活动现金流量包括高校主要业务收到的现金以及支付的现金；投资活动现金流量则包括高校投资活动的现金流入和流出情况；筹资活动现金流量则包括高校融资活动的现金流入和流出情况。通过现金流量表的编制和分析，可以全面了解高校的现金收支情况，为高校管理层提供更为精确的经营决策依据。

财政预算表：财政预算表是一份反映高校下一年度经济活动的预算计划和目标的财务报表。该报表通常按照所涉及的项目划分为两个部分：收入和支出。其中，收入方面包括国家拨款、自筹收入等各项收入；支出方面则包括各项支出，如人员工资、教学科研经费、设备购置和维护等。财政预算表是高校财务管理中的一个重要组成部分，它不仅是高校财务管理的基础，也是高校制定经营计划和目标的基础。通过编制和执行财政预算表，高校可以在预算计划和实际执行过程中及时发现和解决问题，提高财务管理的透明度和规范性，为高校的可持续发展打下坚实基础。

高校财务报表制度的构成要素包括资产负债表、利润表、现金流量表和财政预算表。这些财务报表不仅是高校财务管理和监督的重要手段，也是高校向外部提供财务信息的重要途径。高校应该加强对财务报表制度的制定和执行，提高财务报表的准确性和可靠性，为高校的健康发展提供可靠支持。

二、高校财务报表制度的意义

（一）统一高校财务管理标准

高校财务报表制度的最大意义之一是可以统一高校财务管理标准。高等教育机构作为国家重点支持的领域，其财务管理工作直接关系到国家和社会利益。而不同高校的经营特点、历史沿革以及管理水平参差不齐，导致财务管理的规范程度存在较大差异。通过建立高校财务报表制度，可以对高校开展财务管理和监督提出明确要求，规范高校财务管理行为，遵循国家法律法规和政府相关规定的考核指标，提高高校财务管理水平，保证财务信息的真实性和准确性。

具体来说，高校财务报表制度应该包括了预算编制、会计核算、财务报告和审计监督等方面的规章制度以及相关实施细则。通过制度的详细规定和执行细则，可以加强对预算编制、会计核算和财务报告等方面的有效监督，加强对违规行为的惩戒力度，推动高校财务管理制度化、规范化和标准化，促进高校财务管理水平的提升。同时，还可以提高高校内部员工对财务报表的认识和理解，加强财务管理人员能力的培养和提升，使得高校的财务管理具有更高的透明度和合法性。

（二）加强高校财务监管和监督能力

高校财务报表制度的另一个重要意义是可以加强高校财务监管和监督能力。随着高校经济活动的日益复杂和多样化，财务管理面临了越来越多的风险和挑战。高校应该通过健全财务报表制度，加强内部控制、防范风险和打击违规行为，确保财务管理行为的合法性和规范性。

在这个过程中，财务报表制度的审计监督是至关重要的一环。审计机构作为第三方独立的专业机构，主要负责对高校财务报表进行审计，并出具审计报告。审计报告通常分为无保留意见、保留意见、否定意见和无法表达意见四种形式，此外还可能会指出高校内部控制存在的问题，从而提出改进建议。高校可以通过审计报告了解自身财务管理状况，提高高校财务管理水平，防范和化解风险。

（三）提升高校财务信息透明度和公开度

高校财务报表制度的另一个意义是可以提升高校财务信息透明度和公开度。高等教育机构是公共事业单位，在使用政府拨款、接受社会捐助以及其他经济活动中扮演着重要角色。然而，过去高校财务信息普遍缺乏透明度和公开度，给外界对高校财务管理的评价和监督带来一定困难。通过建立高校财务报表制度，可以规范财务信息的披露范围、频次和方式。一方面，财务报表制度的要求和标准化可以促进高校自觉地公开财务信息，如资产负债表、利润表、现金流量表等，让外界了解其财务管理情况，增加透明度。另一方面，财务报表制度的实施需要各职能部门进行明确的监督，对违规行为进行惩戒和纠正，减少非法行为，提高高校财务管理的诚信度。

高校应该在财务报表制度中详细规定相关信息的披露要求，包括财务报表的发布时间、方式、内容以及披露级别等，并通过高校网站、校报等途径向社会公布财务信息，使得高校财务信息更加透明和公开，有效防范不当行为的发生，树立良好的声誉和品牌形象。

（四）促进高校财务管理水平提升

高校财务报表制度的一个重要意义是可以促进高校财务管理水平的提升。通过建立系统、规范和科学的财务报表制度，可以有效提高高校的财务管理水平和效率。首先通过财务报表制度的建立，高校能够更加全面地了解自身的经营状况和发展趋势，及时审视、调整运营模式和管理策略，进而提高经营效益。其次，由于财务报表制度中涉及会计准则、审核标准等方面的制定和实施，这可以帮助高校理清会计核算流程，规范财务管理，最终提高财务信息的可靠性。通过制度规定的内部控制程序，可以有效避免财务舞弊、虚假报告等问题，保证高校财务管理安全和规范。

三、高校财务报表制度的作用

（一）提供高校财务状况的真实、准确、完整的数据支持

高校财务报表制度的最重要作用之一是可以提供高校财务状况的真实、准确、完整的数据支持。作为高等教育机构，高校的经济活动涉及巨额财务收支，对于高校管理部门和相关利益方而言，了解高校财务状况情况至关重要。通过建立财务报表制度，高校能够把会计核算信息反映到资产负债表、利润表、现金流量表等财务报表中，提供真实、准确、完整、系统的财务信息，为高校内部管理和决策提供坚实的依据。

具体来说，资产负债表向外界展示高校的资产、负债以及所有者权益的状况，包括各类固定资产、应收账款、应付账款、预收款项等；利润表呈现高校在某一时期内的收入、成本以及利润或亏损等情况，为高校内部决策提供判断标准；现金流量表则记录了高校在特定时间段内的现金流入和流出情况，反映了高校现金管理状况、投资活动、融资活动等情况。这些财务报表能够准确地呈现高校财务状况，为高校内部管理和外部评价提供依据。

（二）为高校内部管理、外部监管提供有力的信息支撑

作为高校内部管理和外部监管的重要工具之一，高校财务报表制度还有一个重要作用是为高校内部管理、外部监管提供有力的信息支撑。高校管理层、政府、社会监督机构、承办单位以及合作伙伴需要依托财务报表进行对高校财务管理的监控和评估。

高校内部管理层可以借助财务报表检查预算执行情况是否合理，判断各项收支的趋势性和规律性，并通过加强内部控制体系，防止经费的浪费或不当使

用；而高校外部监管机构在监管过程中可以通过审计、考核等方式进行检测评估，促进高校财务管理与社会公众协调互动。

高校合作伙伴也需要依据高校财务报表，了解高校的经济状况和管理水平，作为跟踪合作进展和判断风险情况的依据。因此，高校应该根据具体运营情况建立相应的财务报表制度，让各方都能够更加清晰地了解到高校的财务情况。

（三）帮助高校管理层及时掌握财务状况并做出决策

高校管理层需要准确而及时的财务信息来支持其决策和管理，财务报表制度可以帮助高校管理层及时掌握财务状况并做出决策。通过财务报表，高校管理层能够更清晰地了解到高校的财务状况，包括资产、负债、收支等情况，从而对高校的经济活动进行有效的管理和调控。

举个例子，如果高校发现自己的资产负债表中的某些资产已过时或者变得毫无用处，而这些资产占用了大量的资源和经费，那么高校管理层就可以及时采取相应措施，如削减或转移这些资产，以达到节约经费和提高效率的目的；再比如，如果高校在某个学科领域有很大的投入但远不及其他学科领域的投入，而这个学科领域正是该高校重点发展的方向，那么管理层就可以考虑继续加大投入，以推进该学科领域的发展。

财务报表制度能够帮助高校管理层及时掌握财务状况并做出决策，让高校能够更加精准地把握经营状况，为高校内部管理提供指导性意义。

（四）提供高校财务管理的评价和监督指标

高校财务报表制度的作用之一是能够提供高校财务管理的评价和监督指标。随着高校经济活动规模和复杂性的不断提高，如何评估高校财务管理状况、规范经营行为，成了高校管理部门和相关机构关注的重点。

财务报表制度的建立可以为高校财务管理提供评价和监督指标，通过对高校财务报表进行定期审核和检查，从中找到问题和不足之处，继而采取相应措施改进和调整。比如，财务报表制度可以明确高校的收支情况、支出占比等重要数据，帮助高校内部梳理经费使用情况，保证学科专业发展的公正性和平衡性；又比如，财务报表制度可以规范高校内部财务管理流程，规避财务风险，防止违法违规行为的发生，加强对高校资金监管和风险控制。

高校财务报表制度的作用非常重要，它不仅提供了高校财务状况的真实、准确、完整的数据支持，为高校内部管理、外部监管提供了有力的信息支撑，还能够帮助高校管理层及时掌握财务状况并做出决策，并提供高校财务管理的评价和监督指标。因此，建立完善的财务报表制度是高校经济管理中必不可少的一环。

四、高校财务报表制度建设的必要性

（一）完善高校财务管理的法律法规制度体系

建立完善的高校财务报表制度，可以帮助高校完善财务管理的法律法规制度体系。随着我国经济和社会发展的不断深入，高校作为重要的公共服务机构，在经济运行和治理方面也受到了越来越多的关注和监管。为了保证高校财务管理的合规性、透明性和规范性，需要建立健全的法律法规制度体系，加强对高校财务管理过程中各方面的规范和监管。

高校财务报表制度的建立可以促进相关法律法规的落实，确保高校财务管理工作符合国家有关法律法规的规定。比如，对于高校的财务核算、报表编制、审计、披露等方面，应提出详细的规章制度和标准，明确责任主体及其职责，并通过建立报表制度来落实具体要求，进而推动整个高校财务管理的规范化和科学化发展。

（二）满足高校财务管理的信息化需求

高校财务管理信息化已成为当前普遍关注的问题。高校在经济运行和管理方面需要应用诸如 ERP、OA、财务软件等信息化工具进行辅助管理，以达到精确掌握财务状况、规范管理流程、提高管理效率的目的。而建立完善的高校财务报表制度可以满足高校财务管理的信息化需求。

财务报表制度应该明确不同财务数据的分类、编码、计量、核实、记录、汇总和报告要求，同时考虑到信息化环境下的数据交换、查询、发布、授权等方面的特殊处理。这样做可以帮助财务部门对账务数据进行有效的管理，并与其他部门的业务系统实现数据共享。高校通过建立财务报表制度，能够实现高效的财务管理，推进高校财务管理信息化水平的提升。

（三）加强高校财务监督和管理，防范财务风险

高校财务报表制度的建立还可以加强高校财务监督和管理，防范财务风险。财务风险是指在高校经济运作中，可能出现的财务损失或者额外的财务成本。高校财务风险主要包括政策风险、市场风险、信用风险、流动性风险等。

高校财务报表制度可以为高校内部管理提供依据，同时也可以作为外部监督和评估高校财务状况的重要工具。通过定期对财务报表的审核和检查，可以帮助高校发现潜在的财务风险点，并及时采取相应措施，以防范财务风险的发生。这样可以有效地提升高校财务管理水平，保证经济安全和稳定发展。

（四）推动高校财务管理透明度、公开度和规范化发展

高校财务报表制度的建立可以推动高校财务管理的透明度、公开度和规范化发展。高校作为公共服务机构，需要接受社会监督和公众检验。为了保证高校财务管理的透明度和公开度，需要建立健全的财务报表制度，让各方面清晰地看到高校财务状况和运营情况。

正是因为财务报表制度要求财务数据真实、准确、完整地反映高校的经济运行状况，所以这种制度安排可以促进高校财务管理的透明度和公开度。同时，报表制度还可以加强各级管理人员对财务管理标准的认知和理解，从而更好地梳理高校各项收支情况，规范经费使用流程，提高高校财务管理水平。

通过建立完善的财务报表制度，可以让高校财务管理具备更好的可持续性和稳定性，从而为高校的健康发展奠定良好的基础。与此同时，也能提高高校的竞争力和内部管理效率，为实现教育改革和产业升级创造更好的条件。

第二节 高校财务报表制度的构成和设计

一、高校财务资产负债表

（一）资产部分

资产是指拥有并具备经济价值的资源或权益，可以为高校创造未来收益。高校财务资产负债表中的资产部分包括流动资产、长期资产、投资资产和无形资产。

流动资产是指能够迅速转化为现金的资产。例如，银行存款、应收账款、库存物资等。这些资产通常在一个会计年度内被转换成现金，以支持高校的运营活动。其中，银行存款是高校流动资产的主要组成部分之一。高校可以将闲置资金存入银行，获取固定利率的收益，并且可以随时取出以满足日常开支。应收账款是高校从学生或企业处获得的待收费用。如果高校能够及时地催收并收回这些款项，则可以提高其流动性和经济效益。库存物资是高校购买的产品和物料，用于支持教学、科研和其他日常活动。高校需要控制好库存水平，以避免过量采购和库存积压导致的浪费和损失。

长期资产是指在未来超过一年的时间内可以为高校带来收益的资产。例如，固定资产、投资房地产、知识产权等。固定资产是指高校拥有并使用超过一年，并且价值较高的资产，如土地、建筑物、设备和机器等。高校需要进行定期维护和保养这些资产，以确保其正常运行和最大化使用寿命。投资房地产是高校投资于不同的房地产项目，以获取未来租金收益或房地产出售所获得的资本利得。知识产权是高校拥有的技术、专利和商标等无形资产，可以为高校带来知识产权转让费用和技术服务费用等收益。

投资资产是指高校投资于其他企业或机构的股份、债券和其他投资。这些投资都是为了获取未来的收益。高校在进行投资决策时需要注意风险管理和投资回报率。其中，股份投资通常是高风险、高回报的投资方式。债券投资相对较为保守，但回报率也相对较低。

无形资产是指由于高校对某些技术、专利或品牌所拥有的独占性，使其对外部做出竞争优势的资产。例如，高校拥有特定的商标或专利技术，可以在市场上取得竞争优势和更高的利润。此外，课程资源、师资力量和学生质量等也是高校无形资产的组成部分。这些无形资产不仅可以提升高校的品牌价值，还可以为高校带来可观的经济效益。

高校财务资产负债表中的资产部分包括流动资产、长期资产、投资资产和无形资产。高校应该根据自身经营情况和未来发展需求，合理配置各类资产，以实现最大限度的经济效益和社会价值。同时，高校应该建立科学、规范、有效的资产管理制度，加强资产的保护和利用，提高投资回报率。此外，高校还需要定期对各类资产进行评估和核算，及时发现和纠正存在的问题，并对未来发展做好规划和预测，以保证财务资产部分能够持续提供支撑和增长。

（二）负债和所有者权益部分

高校财务资产负债表中的负债和所有者权益部分是指高校对外部债务以及所有者对高校购买和持有的股份的权益。

流动负债是指在一个会计年度内需要偿还的短期债务，比如供应商欠款、应付工资等。供应商欠款是高校购买物品或接受服务而未付款项，需要在一定时间内偿还。应付工资是高校向员工支付的薪酬，也是一项流动负债。为了避免流动负债过高导致财务风险，高校应该控制好采购、人力资源投入等方面的成本和支出，同时尽量提高经营和管理效率。

长期负债是指在未来超过一年的时间内需要偿还的负债，比如银行贷款、债券等。银行贷款是高校获取必要资金的重要来源之一，但同时也会给高校带来一定压力。高校应该理性评估贷款额度和借款期限，根据自身情况采取合适的还款方式，确保财务稳定。债券是高校借款发行的一种形式，可以为高校提供长期资金支持，并且风险相对较低。高校在债券发行前，需要进行详细的财务规划和评估，以确保偿还能力。

所有者权益是指高校经营过程中为所有者获取的所有利润和资本。高校的股东和投资者可以通过持有股份来享有相关权益。所有者权益包括股本、公积金、留存收益等。其中，股本是指高校的控股权和股份总额，可以反映出高校的规模和实力。公积金是高校从经营活动中累积而成的资金，可以被用于分红、增资扩股等方面。留存收益是高校通过经营活动获得的未分配利润，可以作为未来发展的储备基金。

高校财务资产负债表中的负债和所有者权益部分主要包括流动负债、长期负债和所有者权益。高校应该合理控制负债水平，避免财务压力过大，同时加强所有者权益管理，提高投资回报率，确保未来发展的可持续性。高校还应该进行定期财务分析和评估，及时发现并解决问题，有效规避财务风险，为未来发展提供有力支撑。

（三）资产负债表的编制方法及要求

资产负债表是一种高校的财务报告，它反映了高校在一定时间内所拥有的各类资产及其来源，以及所欠负债和所有者权益的情况。资产负债表编制方法和要求对于高校管理、投资人以及其他相关方面来说都非常重要，以下是具体内容：

1.适用会计方法

资产负债表应使用适当的会计方法进行编制。目前，流行的会计方法包括成本法和公允价值法。成本法是指按照固定成本来计算资产的经济价值，不考虑市场波动和变化。而公允价值法则是用现实市场价格来计算财务资产的价值。针对不同的行业与企业类型，选取合适的会计方法可使资产负债表更准确地反映财务状况。

2.统一计量单位

资产负债表编制中，需要使用统一的计量单位，通常情况下采用人民币元为基础计量单位。所有高校在编制资产负债表时需要严格遵守规范，尽可能保持数据的准确性、易读性和比较性。这样有利于投资人、出借人和其他相关方面更好地了解到相应的财务状况，进行正确的决策和分析。

3.编制时点的确定

资产负债表编制时点是指财务报告期的结束日期。不同高校财务报告期可能有所差异，因此需要在编制资产负债表时将其确定为该财务报告期结束日期，并确保编制完成后不可更改。

4.资产负债表格式要求

在编制资产负债表时，要求格式清晰、明了，以便于读者进行各项数据的识别和比较。通常情况下，资产部分应列出流动资产、长期资产、投资资产、无形资产等内容，负债和所有者权益部分应列出流动负债、长期负债和所有者权益等内容。此外，必须遵循相关规章制度，为行业内和国家机关提供标准分类体系，以便于交流和比较。

5.定期更新

资产负债表必须按照一定周期进行更新和编制，以保证其时效性和准确性。

高校在经营过程中，出现重大变动和调整需要及时反映到资产负债表中，并及时向有关部门进行申报。这样可以帮助高校及时发现和解决问题，有效规避财务风险。

二、高校财务损益表

（一）收入部分

高校财务损益表中的收入部分是指在一个特定会计期间内，高校所获得的所有经济利益和收入。这些收入来源多种多样，包括学费、科研项目收入、公共服务收入和捐赠收入等。

1.学费收入

学费收入是高校最主要的收入来源之一。学费收入来自于高校教育培训项目，包括本科生、研究生和继续教育等各类学生。此外，还包括高校向学生提供的各项附加服务费用，如住宿费、食堂费等。高校需要制定合理、透明的学费收费标准，并严格执行，以确保学费收入的合法性、稳定性和可持续性。

2.科研项目收入

高校作为重要的科技创新基地，承担了大量的科研项目。科研项目收入是指高校依法承接的科研项目中所获得的经费收入，这些经费可以用于支持高校的科技创新，促进高校学术水平和实力的提升。高校需要积极开展科研合作和技术转移等活动，不断提高科研项目的吸引力和竞争力，提高科研项目收入的水平。

3.公共服务收入

高校作为综合性机构，不仅承担教育和科研任务，还向社会提供各种公共服务，如图书馆借阅、实验室使用等。公共服务收入是指高校提供的各项公共服务所收取的费用。高校需要根据市场规律制定合理的公共服务收费标准，并加强服务质量管理，以提高公共服务收入的自我增长能力。

4.捐赠收入

捐赠收入是指高校从其他组织或个人获得的捐款或赞助费用。这些资金可以用于支持学校课程开发、器材设备更新、教师培训等方面。高校需要积极开展捐赠工作，加强与社会各界沟通和联系，提高社会认知度和影响力，进一步推动发展。

（二）成本和费用部分

高校财务损益表中的成本和费用部分主要指高校在一个特定会计期间内所发生的所有成本和费用。这些成本和费用来源多种多样，包括教职员工工资和福利、学生教育支出、管理费用以及资产折旧和摊销等。

1.教职员工工资和福利

高校的人力资源是其最重要的资本之一，保障教职员工的薪酬水平和福利待遇具有非常重要的意义。高校财务损益表中应列明教职员工所获得的薪酬和相关福利，如五险一金、医疗保健等。同时，高校还需要关注教职员工的培训与发展，提升教职员工的综合素质和专业水平，以吸引更多优秀的人才参与高校的教育和科研事业。

2.学生教育支出

学生教育支出是高校运营过程中的必要支出。它包括高校为学生提供课程等教学活动所需的各种费用，如教材费、实验室使用费等。高校应该将这些学生教育支出作为重要的投资，确保课程质量和教学水平不断提高，同时加强对学生个性化需求的关注和支持，推动教育教学改革。

3.管理费用

管理费用是指为高校管理活动支出的各种费用。包括行政人员的薪酬、公共事务管理费用、办公设备折旧等。在管理费用的支出方面，高校需要采取有效措施，通过加强资源配置、流程优化、降低成本等方式，不断提高管理效率和经济效益。

4.资产折旧和摊销

资产折旧和摊销是指高校以每一个会计年度的比例来核算固定资产的价值减少，以及无形资产在一定期间内分摊到成本的费用。高校必须按照税法和财务会计制度的规定，对固定资产进行折旧处理，并在资产负债表中准确列明相关信息。同时，高校还需要注意及时更新固定资产账簿，及时调整折旧、摊销费用等，在资产运营过程中统计好资产价值和负债情况的准确性。

（三）损益表的编制方法及要求

高校财务损益表的编制方法和要求是保证财务数据真实性和准确性的重要环节，涉及高校的财务管理和决策。在编制损益表时，除了注意适用会计方法、统一计量单位、确定编制时点等方面的要求，还应注意以下几个方面：

1.成本和费用的正确归类

在编制损益表时，需要将所有成本和费用按照其性质和用途正确归类，不同项目之间不得混淆。例如，教职员工薪酬应该被划分为人力资源成本，而管理费用则应该被归类为管理活动成本。

2.收入和支出的真实反映

高校财务损益表中应真实反映高校在一个特定会计期间内所发生的全部收入和支出，避免任何不必要的偏差或误差。同时，需要注意是将所有经济利益和收入列入财务损益表，以充分展现高校当前的运行状况和财务状况。

3.定期更新

高校财务损益表应当按照规定期限进行更新和编制，以便于及时发现并纠正可能存在的问题，保证所提供的信息时效性和准确性。需要及时反映高校最新的财务数据和财务状况，做到及时更新、信息真实。

4.财务指标的分析和评估

在编制高校财务损益表时，需要同时提供一些财务指标，如净收入、毛利率等，以便于用户进行进一步的分析和评估。这些财务指标可以为高校制定管理决策提供基础和参考依据。

5.风险提示

高校财务损益表应当设置相关附注信息，对存在的风险进行适当提示和说明。例如，如果高校存在重大的经济风险或财务问题，需要引起足够的重视，并及时告知有关方面。

三、高校财务现金流量表

（一）经营活动现金流量

高校财务现金流量表中的经营活动现金流量主要指高校在一个特定会计期

间内与日常经营活动相关的现金流量变化，反映出了高校经营管理的质量和效益。具体包括以下几个方面：

1.销售商品、提供劳务收到的现金

高校向学生和其他客户销售商品或提供劳务所收到的现金，是经营活动中的重要组成部分。这些收入应当被及时记录和统计，并作为经营活动现金流量的重要来源之一。

2.支付给员工及供应商的现金

高校支付给教职员工和供应商的现金，如工资、采购费用等也是经营活动中的重要组成部分，这些支出应当被及时记录和统计，并作为经营活动现金流量的重要组成部分。

3.收到的其他经营活动现金

高校通过其他经营方式获得的现金流入也应该被记录和统计，例如学校出租场地和设备，从合作项目中获利等。

4.支付的其他经营活动现金

高校进行日常经营活动而支出的现金也需要被记录和统计,例如租赁场地、购置耗材等。这些支出也是经营活动中的重要组成部分，应当被反映在现金流量表中。

通过对高校财务现金流量表中的经营活动现金流量进行统计和分析，可以了解到高校日常经营活动的现金流入和流出情况，发现经营中存在的问题和瓶颈，及时采取措施进行调整和改进，提升高校的经济效益和管理水平。

（二）投资活动现金流量

高校财务现金流量表中的投资活动现金流量主要指高校在一个特定会计期间内与投资活动相关的现金流量变化,反映了高校的投资收益和投资风险情况。具体包括以下几个方面：

1.收回投资收到的现金

高校将已有的投资进行转让而获得的现金,是投资活动中的重要组成部分。这些现金流入应当被记录和统计，并作为投资活动现金流量的重要来源之一。

2.取得投资收益收到的现金

高校获得的投资利息和分红等收入所带来的现金流入，也是投资活动中的重要组成部分，应当被及时记录和统计。

3.购建固定资产、无形资产和其他长期资产支付的现金

高校为购买固定资产、无形资产或其他长期资产而支付的现金，也是投资活动中的重要组成部分，需要被及时记录和统计，并作为投资活动现金流量的重要组成部分。

4.其他投资活动支付的现金

除上述内容，高校进行其他投资活动而支出的现金，如资本性支出等，同时也应当被记录和统计。

通过对高校财务现金流量表中的投资活动现金流量进行统计和分析，可以了解到高校在投资方面的收益和支出情况，及时识别和评估正、负面影响，并根据这些情况采取相应的管理和经营策略。同时，也能够帮助高校更好地规划投资活动，提高投资效率和风险控制能力，进一步提升高校的财务管理水平和整体竞争力。

（三）筹资活动现金流量

高校财务现金流量表中的筹资活动现金流量主要指高校在一个特定会计期间内与筹资活动相关的现金流量变化，反映了高校在融资方面的能力和风险。具体包括以下几个方面：

1.吸收投资收到的现金

高校吸收投资者的投资所带来的现金流入，如股票发行、债券发行等，是筹资活动中的重要组成部分。这些收入应当被及时记录和统计，并作为筹资活动现金流量的重要来源之一。

2.借款收到的现金

高校从银行或其他金融机构所借入的现金流入也是筹资活动中的重要组成部分。这些现金流入应当被记录和统计，并作为筹资活动现金流量的重要来源之一。

3.偿还借款支付的现金

高校偿还银行或其他金融机构所借入的贷款所支付的现金流出，也是筹资活动中的重要组成部分。这些支出需要及时记录和统计，并作为筹资活动现金流量的重要组成部分。

4.分配股利、利润等支付的现金

高校向股东支付股息、分红等所需要支付的现金流出，也是筹资活动中的重要组成部分。这些支出需要被及时记录和统计，并作为筹资活动现金流量的重要组成部分。

通过对高校财务现金流量表中的筹资活动现金流量进行统计和分析，可以了解到高校在融资方面的情况，及时发现问题和风险，并采取相应的措施进行调整和改进。同时，还可以帮助高校更好地规划筹资活动，提高融资效率和风险控制能力，进一步提升高校的财务管理水平和整体竞争力。

（四）现金流量表的编制方法及要求

高校财务现金流量表作为反映高校经营状况和现金流量状况的重要工具，其编制方法和要求也是非常重要的。在进行现金流量表的编制时，需要注意以下几个方面：

1.按照规定分类和归集

高校财务现金流量表需要按照经营、投资和筹资三大活动分类和归集现金流量信息。这样可以更清晰地反映出各项活动对现金流量的影响，便于用户进行分析和评估。

2.具体说明各项活动

在现金流量表中需要具体说明各项活动所包含的具体内容，以避免用户混淆或误解。例如，在经营活动中需要明确销售商品、提供劳务收到的现金等内容。

3.含义清晰易懂

现金流量表的编制需遵循"简单易懂"的原则，并以常用的单位和语言来表述，让用户更容易理解。例如，金额的单位应采用本币元表示，而不是其他货币单位。

4.定期更新

高校财务现金流量表应当按照规定期限进行更新和编制，以便于及时发现并纠正可能存在的问题，保证所提供的信息时效性和准确性。通常情况下，现金流量表需要在每个月、季度、年度结束后进行编制和更新。

5.对比分析

同时提供多年度的现金流量表信息，便于用户进行对比分析，判断高校经营状况和现金流量情况的变化趋势。这样可以帮助用户更好地了解高校的经营情况，发现问题并采取相应的措施加以改进。

高校财务现金流量表的编制需遵循规范、规定和要求，并注意以上细节方面的要求，确保编制出具有较高可靠性、实用性和意义性的财务现金流量表，为高校管理和资金决策提供重要参考。

第二节　高校财务报表制度的实施和运用

一、高校财务报表制度的实施过程

（一）制定高校财务报表制度的方案和计划

在制定高校财务报表制度的方案和计划中，需要考虑以下几个方面：

1.现行法律法规

首先需要对现行法律法规进行了解，并参考其规定，以保证高校财务报表制度的合法性和有效性。例如，需要了解《企业会计准则》《公共机构会计制度》等相关法规要求，便于制定符合规定的财务报表制度。

2.高校实际情况

高校的规模、业务特点、组织结构等因素都会影响财务报表制度的制定。因此，在制定高校财务报表制度时，需要充分考虑高校的实际情况，针对高校特色和需求进行量身定制，确保实用性和可操作性。

3.行业标准

需要了解行业标准和其他学校的财务报表制度，以便于借鉴经验，制定适合本校的财务报表制度。这样可以帮助高校更好地了解行业标准和趋势，进一步提升高校的财务管理水平和整体竞争力。

4.内部管理体系

需要结合高校内部管理体系，对财务报表制度的功能、目的、流程等进行规范化设计。同时需要注意财务报表制度与其他管理制度相互协调和支持，确保高校内部管理体系的完整性和有效性。

5.实施措施

需要明确制定财务报表制度后的具体实施措施，包括培训、技术支持等方面的工作。这样可以确保财务报表制度的顺利实施和落地，提高员工的业务素质和操作水平，进一步加强高校财务管理的科学性和规范性。

（二）组建高校财务报表制度的实施工作小组

组建高校财务报表制度的实施工作小组，是确保财务报表制度能够顺利进行实施和落地的关键步骤。以下是建立该工作小组的相关方面：

1.人员构成

该小组应由高校财务、会计、信息等领域的专业人员组成。需要考虑到各岗位的职责分工，并招募相应专业背景的人员。同时，还需考虑到小组规模，确定出合适的人员数量，以确保工作有序推进。

2.领导机构

为了确保整个实施过程安排合理，需要由一位高层领导担任主管，如高校校长、领导团队中的一位财务领导等。该领导应对实施过程有充分的认识和理解，并具备较强的领导和协调能力，能够提供专业支持和指导，协调各方资源，推进工作的落地实施。

3.工作计划和时间表

在组建工作小组后，需要根据实际情况制定详细的工作计划和时间表。具体包括确定任务分配、实施步骤、工作重点、完成时间和目标等。这样可以更好地指导工作，统筹规划实施过程。

4.实施框架和流程

在制定高校财务报表制度的实施框架和流程时，需要在小组内部讨论确认。具体包括确定数据收集、数据分析和报表编制等步骤，建立相关流程和标准化操作规范。同时，还需规定数据安全保障措施，确保财务信息的安全性和保密性。

5.配置技术设备和软件支持

在组建工作小组后，还要考虑到配置相应的技术设备和软件支持。例如，需要提供数据库系统、ERP系统、会计软件等硬件和软件工具，以便于高校财务人员进行数据采集、分析和报表编制等工作。

6.培训和宣传

为了确保高校财务报表制度的顺利实施和落地，还需针对全体工作人员进行相应的培训和宣传工作。包括解释实施过程中的重点事项、培训工作人员掌握新的制度和流程、维护良好的工作氛围和高效沟通机制等。通过培训和宣传，进一步增强工作人员的理解和接受度，实现制度的全面推广。

组建高校财务报表制度的实施工作小组，就是为了确保整个实施过程能够有序、规范地进行。必须注重任务分配和人员配备，在领导下实施计划和流程，统筹整个工作，并提供培训和宣传措施以支持新的制度和流程的顺利推行。通过各项工作的有序开展，才能实现高效的财务管理和更加严格有效的财务管控。

（三）确定高校财务报表制度的构成要素和设计方案

在确定高校财务报表制度的构成要素和设计方案时，需要考虑以下几个方面：

1.财务报表的种类

首先需要选择合适的财务报表类型，通常包括资产负债表、利润表和现金流量表等三大类。在选择时，需要结合高校的实际情况和行业标准，选择符合高校特点的财务报表类型，并满足法律法规的要求。

2.财务报表的内容

高校财务报表的内容应做到明确且精细。主要包括每项需要呈现的财务指标、具体数值、单位、计算方式等。还应该分析并说明相关数据的变化趋势和原因，并且依据会计准则或法律法规进行分类编制。结合高校实际情况和行业标准，在设计财务报表的内容上需要进行适当调整。

3.财务报表编制的管理规定及流程

在制定高校财务报表制度时，必须规定具体的编制规定和流程，以保证报表编制的顺序、规范性和质量。其中需要明确责任划分、审核程序、审批机制、提交时间和频率等。建立有效的财务报表编制流程，能够保证财务报表的可靠性和准确性，避免出现重大差错。

4.财务报表的审计

高校财务报表的审计是非常必要且重要的。要制定相应的财务报表审计规定和流程，并明确审计责任方及其与编制部门之间的关系。审计人员需要对报表进行全面的审计，并对合规性、完整性、真实性和准确性提出建议或意见。财务报表的审计结果将对高校未来的财务决策产生积极的影响并提供保障。

在确定高校财务报表制度的构成要素和设计方案时，需要充分考虑以上几个方面，以确保财务报表的合法性、准确性和规范化。只有在财务报表制度的制定过程中，不断优化改进，才能适应高校财务管理的变化需求，促进高校财务工作的健康发展。

（四）开展人员培训和技术支持工作

在制定完高校财务报表制度之后,开展人员培训和技术支持工作至关重要。该工作可以提高相关工作人员的专业素养，了解制度操作流程和要求等方面知识与能力，加强对财务报表的理解和掌握，为财务管理提供有力保障。

以下是具体的人员培训和技术支持工作：

1.培训内容

针对高校不同职位的工作人员，需要分别进行相应的培训。主要包括以下方面：

（1）财务报表制度和规定的相关知识

介绍高校财务报表制度和规定，包括财务报表的种类、编制要求、审核程序、提交时间频率等。

（2）数据收集和处理的方法和标准

就如何搜集、处理和审核数据，以及如何规范化、标准化呈现数据进行详细的讲解，培训教师应当重点强调。

（3）制度使用的软件平台的基础操作

要向使用制度的人员介绍制度使用的软件平台，了解其基础操作和基本配置，并说明其他设备的网络连接方法、个人账号权限设置及数据存储机制等。

2.培训方式

为方便人员培训，可以采取多种形式。除了传统的面对面教学外，也可以借助信息化的手段进行网络线上教育和自学式教育。

（1）面对面教学

可以根据不同职位的员工进行分组，举行小型或大型集体培训班，或者通过有经验的师傅一对一地进行指导和培训。

（2）网络线上培训

通过网络直播、视频会议和在线教学平台等手段，开展网络线上培训。这种方式实现了时间和空间的灵活性，能够满足不同人群的学习需求。

（3）自学式教育

可以准备录制好的学习视频，具体内容包括知识点、操作流程等内容。并由相关技术人员进行辅导及答疑解惑，并针对在线测试和作业提供评估和管理功能。

3.技术支持

在进行工作人员培训的同时，需要加强技术支持，确保高校财务报表制度的顺利实施和落地。技术支持应做到以下三点：

（1）技术设备配置

需要为工作人员配备相应的技术设备，如计算机、网络设备等，并确保软硬件设备的稳定性和安全性。

（2）软件平台升级

制定完财务报表制度后，还需要根据实际需要进行系统升级和维护，以确保系统平台的稳定性和完整性。

（3）技术服务支持

针对工作人员在财务报表操作中出现的问题和难点，及时提供技术服务和支持，以保证提交的数据质量和准确性。

在开展人员培训和技术支持工作时，必须注重多种形式的培训方式和技术服务支持，考虑到不同职位工作人员的特点和需求，才能实现有效的培训目标。同时，还要注重培训效果的观察和评估，及时调整培训方案和方法，持续优化财务报表制度的人员培训和技术支持工作。只有这样，才能推动高校财务工作更好地发展。

还需要针对不同职位的工作人员进行不同层次、分类分级的培训，并做好培训材料的编写和更新工作，以确保培训内容合理、易懂、操作实用。同时，要加强对培训教师和技术服务人员的专业培训和考核，提高其水平和素质，为后续工作提供坚实的基础和支撑。

开展人员培训和技术支持工作是财务报表制度的重要环节之一，必须得到足够的重视和投入。只有通过有效的培训和技术支持，才能让财务工作人员更好地掌握操作技能、规范财务报表编制程序、增强团队协作意识，为高校财务管理提供更加强有力的保障。

（五）提交高校财务报表制度实施计划并得到批准

制定好高校财务报表制度实施计划，并获得批准，是推进制度实施的关键步骤。一个好的实施计划应该考虑到时间节点、执行顺序、人员分配、预算等因素，以确保系统实施的平稳和有效。

具体实施计划如下：

1.制定实施计划

在制定实施计划之前，首先需要专门的工作小组进行充分讨论和调查研究，了解当前高校财务现状，特别是财务报表编制流程中存在哪些问题和不足，以及存在哪些改进空间。根据研究结果，再结合相关法律法规和行业标准，制定出符合高校实际情况的实施计划。

2.考虑时间节点

实施计划应当针对所设定的时间节点进行详细规划。为了确保计划能够按时完成，需要对各项任务的执行时间、期限和次序进行明确和规范化。同时，在计划执行中还需不断调整和优化，适时加快或减缓某些任务的进展。

3.确定执行顺序

在制定高校财务报表制度的实施计划时，需要根据不同任务之间的依存关系和重要程度确定实施的顺序。了解到各个环节之间的优先级和互动，以确保财务报表制度能够得到有效落地和执行。

4.人员分配

制定好人员分配方案，明确每个岗位的职责和任务，并按照实施计划的时间节点进行安排和调度。为了更好地保证各项工作的顺利与效率，还需配备专业的培训讲师，为工作人员提供相关的培训和技术支持。

5.考虑预算

在制定实施计划时，还需要考虑到相应的预算。必须对计划中所涉及的人力、物力、财力等资源进行充分预算和安排，同时注重成本控制，从而使财务报表制度的实施更加经济、高效。

6.严格按计划推进

制定好高校财务报表制度实施计划后，应该严格按照计划推进工作。要建立相应的工作台账和追踪机制，确保实施过程中的信息流程畅通，问题层层发现，及时处理，从而达到财务报表制度的实时管理和监督。

7.反馈与调整

在实施计划中，还需要预留一定时间进行反馈与调整阶段。在这个阶段中，应该对实施计划中的不足之处、偏差、特殊需求等问题及时进行识别和分析，并结合实际情况进行针对性的调整和修改。

在制定高校财务报表制度实施计划时，必须充分考虑到时间节点、执行顺序、人员分配、预算等因素，建立完善的工作流程和质量标准，严格按照计划推进工作，确保财务报表制度的顺利实施和落地。同时，注重反馈与调整，及时对计划的不足之处进行纠正和完善，不断提高实施的质量和效率。

在实施计划中还需要充分考虑到各利益相关方的意见和建议，与相关部门和人员进行沟通协调，使制定出来的实施计划更符合财务管理要求和高校实际情况。同时，需要加强对实施过程中的风险评估和控制，确保实施的平稳、顺利、可持续性。

制定好高校财务报表制度实施计划，并获得批准，是推进制度实施的关键步骤。一个好的实施计划应该考虑到时间节点、执行顺序、人员分配、预算等因素，以确保系统实施的平稳和有效。我们应该严格按照计划推进工作，并注重反馈与调整。只有这样，才能够为高校财务报表制度提供有效的保障，助力高校财务管理水平的提升。

（六）逐步推进高校财务报表制度的实施

高校财务报表制度的实施是一个漫长而复杂的过程，需要全员共同努力，才能达到预期的目标。在得到批准后，我们需要逐步推进财务报表制度的实施，并按照实施计划完成以下几个方面的工作：

1.系统升级和数据迁移

为确保新的财务报表制度能够得到顺利实施，首先需要对原有的系统进行升级和改造。同时还需要将历史数据迁移到新系统中，以便于后续的操作和查询。系统升级与数据迁移是整个财务报表制度实施过程中的基础和关键，只有做好了这个环节，才能够保证整个系统流畅、稳定地运行。

2.实施培训计划

为了提高相关人员的工作水平和效率，需要实施完善的培训计划。在培训计划中，应该考虑到不同岗位和不同层次的人员所需培训的内容和形式，兼顾理论学习和实际操作，并利用各种方式，如现场讲解、视频培训等进行培训。通过培训，可以帮助工作人员更快、更好地掌握新制度，提高工作效率和水平。

3.逐步推行新制度

在完成系统升级和培训计划后，就可以开始逐步推行新的财务报表制度了。具体来说，需要按照实施计划逐步实施新的财务报表制度，并在实施过程中加强沟通和协作，确保流程顺畅、数据准确和信息安全。同时还需要加强对标准执行的监督和审查，从而确保新制度能够得到有效执行。

4.审计系统测试和审核

为了确保财务报表的准确性和可靠性，需要对财务报表审计系统进行测试和审核。这个过程包括对数据的检查、对数据的完整性和准确性进行核验、对存储数据的安全性进行评估等。只有通过系统的测试和审核，才能保证财务报表的准确性和可靠性。

5.后续改进和完善

在实际运营过程中，需要持续优化分析财务报表制度的应用效果与存在问题，并及时采取措施改进和完善制度，提升其实用价值和可操作性。此外，我们也应该关注新的财务报表制度对高校财务管理工作的影响，及时调整和完善各项工作标准和流程。

逐步推进高校财务报表制度的实施需要全员共同努力，涉及多个方面的工作。只有在系统升级和数据迁移、培训计划、逐步推行新制度、审计系统测试和审核以及后续改进和完善等方面做好了规划和实施，才能真正实现财务报表制度的顺利运行和监管，并为高校财务管理提供更强有力的支撑。

二、高校财务报表制度的运用方式

（一）分析高校财务报表，了解财务状况

高校财务报表是反映高校经济运行情况的重要工具。通过对高校财务报表的分析，可以了解其财务状况、经营效益和现金流量等各个方面信息，为高校领导层制定科学合理的决策提供重要参考和依据。

在进行高校财务报表分析时，一般需要从资产负债表、利润表和现金流量表三个方面展开分析。下面我们将逐一介绍这三个方面的分析内容。

1.资产负债表分析

资产负债表是高校财务报表中最基础也是最重要的一项报表。通过分析资产负债表，可以了解高校在某段时间内的资产规模、构成、负债情况和权益结构等方面的信息。具体来说，需要关注以下几点：

（1）总资产规模：该项指高校的所有资产总额，包括流动资产和非流动资产。通过对比不同年份的资产总额变化情况，可以了解高校资产规模的增减变化趋势。

（2）资产构成：此项指高校的资产主要由哪些部分组成，包括现金及银行存款、应收账款、固定资产等。通过对不同类别资产的占比和变化情况进行分析，可以了解不同类别资产在高校经营中的重要程度和变化趋势。同时，针对特殊的业务活动可以做进一步的分析。

（3）负债情况：此项指高校的负债总额，包括流动负债和非流动负债。通过比较不同类别负债占比和变化情况进行分析，可以了解高校在某段时间内所承担的债务、债务的性质和变化趋势。

（4）净资产占比：此项指高校净资产占总资产的比例。净资产是高校所有权益减去总负债，是高校自身具有的财产权。通过分析净资产占比的大小和变化情况，可以了解高校在某个时期内的自主资金规模和变化趋势，进而判断高校经营的稳定性及其融资能力。

2.利润表分析

利润表反映了高校业务活动的收入、成本和利润等方面的情况。通过分析利润表，可以了解高校的收入来源、业务成本、税费支出、净利润等方面的信息，以及高校经营效益和盈亏状况。具体如下：

（1）主要收入来源：此项指高校在某段时间内的主要收入来源，如学费收入、政府补贴等。通过分析主要收入来源的构成和变化趋势，可以判断高校的经济来源与稳定性。

（2）业务成本：此项指高校在某段时间内的直接和间接成本，包括教学费用、职工薪酬、杂支等。通过分析不同类别成本的占比和变化情况，可以了解高校各项成本的规模、结构和变化趋势。

（3）税费支出：此项指高校在某段时间内缴纳的税费总额。通过对不同税种缴纳额度及其占比的分析，可以了解高校税负的大小和变化趋势，并为后续的财政预算和税务筹划提供参考。

（4）净利润：此项指高校在某段时间内收入减去所有成本和支出之后所剩余的金额。通过对净利润的变化趋势进行分析，可以判断高校经营效益的好坏以及未来可持续发展的潜力。

3.现金流量表分析

现金流量表反映了高校的现金流量状况，包括经营、投资和筹资活动所产生的现金流量情况。通过分析现金流量表，可以了解高校的资金来源与用途、现金流入和现金流出的情况等信息。具体如下：

（1）经营活动现金流量：此项指高校从日常业务活动中产生的现金流量，如学费收入、教学经费、职工薪酬等。通过对经营活动现金流量的变化趋势进行分析，可以了解高校经营活动的稳定性和潜在风险。

（2）投资活动现金流量：此项指高校从投资活动中产生的现金流量，如购置固定资产、股权投资等。通过对投资活动现金流量的变化趋势进行分析，可以了解高校投资活动的规模、结构和效益。

（3）筹资活动现金流量：此项指高校从筹资活动中产生的现金流量，如发行债券、融资租赁等。通过对筹资活动现金流量的变化趋势进行分析，可以了解高校融资活动的规模、结构和成本。

以上是针对高校财务报表分析的三个方面进行的简要介绍。在实际操作中，需要根据具体情况，结合不同指标的变化趋势进行综合分析和评估，以便为高校经营决策提供参考。

（二）按期审核高校财务报表，监督管理财务活动

高校财务报表的审核工作是保证财务报表准确性和可靠性的重要环节。它不仅能有效地避免财务违规问题，提升高校财务管理水平，还可以为管理层提供及时、准确的财务数据信息，为决策提供支撑。

高校财务报表的审核工作是确保高校财务信息真实、准确和可靠的重要环节。为了确保审核工作顺利进行，需要注意以下几个方面：

1.审核时间

审核工作需要按照制度规定及时地完成，不能因为时间紧迫而有所急于求成或漏洞百出。在处理时间上，需要充分考虑相关人员的工作安排和工作复杂度，制定科学合理的审核时间表。

2.审核范围

审核范围应该包括所有的财务账目和相关数据，涉及资产负债表、利润表、现金流量表等各项指标及其变化趋势，同时要对核算项目、金额等内容进行细致逐项的审查。为了确保审核结果的真实性和准确性，审核范围应当尽可能完整和全面。

3.审核内容

在审核过程中，需要严格按照规划、提示和布置的任务和要求进行审核。要对所需内容进行仔细的审核，这些内容包括各类账目及其服务管理、决策支持工作的数据，并要对其中存在的问题进行分析和研究，以便发现并解决问题。

4.审核方法

为了确保审核结果的准确性和可信度，审核方法需要采取综合性的方案。如逐项审查法、抽样检验法等，同时对于各个环节都应该建立一套标准化的操作程序。在审查过程中要突出重点，具有明显的科学性。

5.审核记录

为了有效地组织和监督审核工作，必需建立相关审核记录和报告，并在每次审核后仔细保留相关资料。这些记录应包括审核工作计划、审核结果汇总、财务报表数据、校正及合法化措施等。所有的记录和报告应当由专业人员进行书写，能够反映出高校财务现状及其存在的问题和缺陷。

在进行高校财务报表的审核工作时，需要严格遵守相关制度和规定，确保审核的真实性、准确性和可靠性。通过科学合理的审核流程和程序，能够有效地推动高校经营管理工作的健康发展和提高组织效率。

（三）进行比较分析，找出财务状况存在的问题

高校财务报表的比较分析是一种有效的方法，可以帮助管理层了解高校经济实力、观察发展变化趋势、寻找财务状况存在的问题，并为未来经营决策提供有用的参考依据。

高校财务报表分析是高校经营管理中不可或缺的一环，通过财务报表分析，可以了解高校的财务状况，从而为高校的经营决策提供重要依据。目前，财务报表分析主要采用横向比较、纵向比较、同类高校比较和行业平均水平比较等方法。在实际应用中，需要选择适合的方法进行分析，以达到最佳的分析效果。

1.横向比较

横向比较是指对同一时间内相邻两个会计期间的财务报表进行对比分析。通过这种方法，可以了解高校财务状况存在的变化及其趋势，如资产总额、负债总额、净利润、收入增长率等。这种分析方法适用于评估高校经营效益的变

化，并发现可能的问题和风险。

2.纵向比较

纵向比较是指对高校不同时期的财务报表进行对比分析。通过这种方法，可以了解高校财务状况的改善或者恶化情况，如资产负债结构、现金流量状况等。纵向比较可以帮助高校发现长期趋势和偏差，并帮助高校制定相应的经营计划和策略。

3.同类高校比较

将高校的财务报表与同类型的高校或者同行业的财务报表进行比较，既可以了解高校的经济实力，又可发现具有可复制性的成功模式。通过同类高校比较，可以找到高校在同行业中的位置和竞争优势，并寻找提升竞争力的策略。

4.行业平均水平比较

将高校的财务报表与整个行业的平均数据进行比较，从行业潜在发展空间、投资回报效果等角度来看待高校的财务状况，以便发现和分析自身的优势和短板。这种方法适用于了解行业整体趋势，帮助高校评估自身在行业中的竞争地位，并识别出有效的改进机会。

上述四种财务报表分析方法各有其优缺点，需要根据不同的情况和目标选择合适的方法进行分析。有助于高校更全面地认识自身的经济实力和财务状况，提高管理水平和经营效益。

（四）对高校财务报表进行公示，提高信息透明度

高校财务报表的公示是保障信息透明度的重要措施。通过公示高校财务报表，可以让社会公众全面了解高校的财务状况，增强对高校的信任感和认可度，促进高校的合理发展和优化经营结构。

高校作为国家和人民的重要资产，其财务公示事关社会利益和公共利益，具有广泛的社会影响力。因此，高校财务报表的公开透明非常必要和重要。在对高校财务报表进行公示时，需要考虑以下几个方面：

1.公示范围

高校应按照相关规定，公示包括资产负债表、利润表和现金流量表等主要财务报表，以及其他财务数据和信息。此外，还可以根据实际情况进行选择性

公示，如项目预算、绩效信息、财务分析报告等。

2.公示方式

高校可以采用政府官网、高校官网、媒体宣传或者校内通告等多种途径进行公示，也可以采用多种方式相结合的方式。公示方式应能够覆盖到更多的群体和丰富传播渠道，以确保公示信息得到充分传递。

3.公示周期

高校财务报表公示周期应该定期确定，一般可以选择半年或者一年进行公示，同时还需要保证及时、准确、完整的财务报表公示。

4.公示内容

高校公示的财务报表应准确真实地反映高校的财务状况，不能省略任何信息。同时，还需要注意对各类财务指标进行科学和合理的解释，以便广大师生及社会各界对财务报表的内容有正确的理解。

5.监督机制

建立有效的监督机制，对公示情况进行抽样检查和核实，保障公示的财务报表的真实性和可靠性。监督机制包括内部监督机制和外部监督机制两种，内部监督机制主要指高校财务管理部门自我监督和调整机制；外部监督机制则可以包括政府部门、审计机构或者第三方专业机构进行监督，并且采取相应的处理措施。

在高校财务报表公示方面，需要考虑众多的因素，以确保公开透明，公正公平，并达到提高高校经济管理水平和审慎运营的目的。

三、高校财务报表制度的监督和评估

（一）确立监督和评估机制

高校财务报表制度的监督和评估是保证制度有效性和可持续发展的重要手段。为了建立一个健全的监督和评估机制，需要明确监督管理职责、制定相关规章制度并加强对其的宣传和推广，从而使监督与评估实现规范化和科学化。

高校财务报表制度的监督和评估机制是保障高校资产安全、加强财务管理、促进高校可持续发展的重要手段。在确定高校财务报表制度的监督和评估机制时，需要考虑以下几个方面：

1.规章制度

制定相关规章制度，并逐步完善，以保证规章制度的连续性和系统性。规章制度应包括高校财务报表的编制规范，财务报表公示制度、数据采集与管理制度等，以确保高校财务报表及其相关管理工作得到科学规范化的执行。

2.相关职能部门

划分各部门及人员的职责，明确监督管理职责及执法职责，在工作过程中加强协调与合作。高校财务报表监督和评估涉及多个相关部门，如财务部门、审计机构、技术支持部门等，要建立相应的沟通渠道，加强信息交流和技术支持，确保各职能部门之间协同配合，共同推进高校财务报表的监督和评估工作。

3.监督制度

制定标准化的监督制度，并进行科学规范化的检查和评估。监督制度应包括公示内容审核、数据质量检查、岗位职责考核等方面，对各环节进行有效的管理和监督，保证高校财务报表的真实性、准确性和合法性。同时，应建立有效的纠错机制和投诉渠道，及时处理和解决发现的问题和异常情况。

4.宣传推广

通过宣传推广，提高高校财务报表制度的知晓率、理解性和执行力，增强日常监督与评估的效力。宣传推广可以采用多种形式，如会议培训、网络宣传、线下活动等，让更多的人了解高校财务报表制度的实质和目的，并提升相关人员的自觉性和主动性。

5.数据收集

建立数据采集机制，并对数据进行分类、整理和归纳，令数据收集工作得到更加精确的实施。数据采集涉及多个部门和环节，要建立统一的数据采集标准，明确数据采集负责人，并对数据进行分类和整理，使其便于报表编制及后续分析和评估。

在确定高校财务报表制度的监督和评估机制时，应从规章制度、相关职能部门、监督制度、宣传推广、数据收集等多个方面进行考虑和实施，以便保障高校资产安全、加强财务管理，并促进高校可持续发展。

（二）设立专门机构对高校财务报表进行监督和评估

为了保证高校财务报表制度的有效性和可持续发展，需要设立专门的监督和评估机构，对财务报表制度进行监督和评估。

该机构应包括专业审计师、会计师和相关领域的专家，具备知识广博、经验丰富的专业团队，能够对高校的财务报表进行科学深入的检查与评估。

该机构的主要职责包括：

1.监督高校的财务管理活动，确保其符合相关法律法规及标准

该机构应当监督高校的财务管理活动，并严格按照相关法律法规和标准要求进行监督。对于高校存在的违规行为或者不合规情况，应当及时采取必要的措施予以制止，同时核实相应责任人的责任并对其进行相应处罚。

2.对高校的财务报表进行全面检查、评估并提出意见

该机构还应负责对高校的财务报表进行全面检查和评估，发现财务报表存在的问题，并向高校提出评估意见和建议，协助高校更好地完善其财务管理制度和规范化财务报表编制过程。

3.提供咨询服务和技术支持，帮助高校完善财务管理制度

该机构还应当提供专业的咨询服务和技术支持，协助高校充分了解财务管理的最新政策和法规，及时传达财务管理的重要信息和数据，帮助高校完善财务管理制度，提高财务管理水平。

4.及时发现问题，制定相应措施并跟踪执行情况

该机构需要及时发现高校财务管理过程中存在的问题，并对问题进行全面的分析和研判。在确定合适的解决方案后，该机构需向高校提供详细的解决措施，并跟踪执行情况，确保问题解决的可行性和有效性。

5.督促高校及时公示财务报表，保障信息透明度

该机构还应当督促高校及时公示其财务报表，并协调相关部门共同推进高校财务报表公示工作。同时，该机构应采取必要的信息披露手段和技术手段，能够及时向人民群众、各级政府和社会各界发布高校财务情况，保障信息公开透明。

作为一个专业化的高校财务监督机构，其主要职责包括对高校的财务管理活动进行监督、对高校的财务报表进行全面检查、提供咨询服务和技术支持、及时发现问题并制定相应措施、督促高校及时公示财务报表、保障信息透明度等方面。通过以上职责的贯彻和落实，能够更好地促进高校财务管理制度的完善和落实，为高校经济建设和可持续发展提供有力的支撑。

（三）对高校财务报表制度进行定期或不定期的检查

为了保证高校财务报表制度始终在良好状态下运行，需要对其进行定期或不定期的检查。对于发现的问题，要及时提出意见和建议，协助高校解决问题。

该检查工作应是全面、深入、公正和客观的，并且要尽可能避免对高校日常运营造成不必要的影响。

为了更好地贯彻高校财务管理监督机构的职责，可以采取以下具体措施：

1.设计合理的检查方案，考虑财务报表的内容、核实方法和时间安排等

监督机构应制定合理的检查方案，要充分考虑到财务报表的内容和编制方式、审核方式、公示的形式、法规标准等多方面因素，并制定出漂亮的时间表。确定措施的过程中应强调对于重点环节、关键内容的特别照顾，通过全面覆盖检查和重点把握筛查相结合的方法，确保财务报表监督检查工作的科学性和规范性。

2.确定专业人员来进行检查，并做好监督与管理的工作

监督机构需要派遣专业的人员来进行财务报表的监督检查工作。这些人员需要具备较高的专业素养和认真敬业的工作态度，能够找出问题、分析问题、解决问题。同时，监督机构需加强对检查人员的管理和培训工作，利用现代化办公技术提高他们的工作效率和工作质量，有效保障监督检查工作的顺利进行。

3.对高校财务报表的编制、审核、公示等环节逐一检查，发现问题及时提出建议

监督机构要对高校财务报表的编制、审核和公示等方面逐一展开全面检查。检查工作应当重点关注财务报表中存在的不足和缺陷，以及其去向和成因。同时，对于发现的财务管理中的问题，应当及时提出意见和建议，协助高校进行改进和完善。

4.分析发现的问题，并为问题解决提供方案和方法

针对发现的财务报表中存在的问题，监督机构需对其进行充分分析并得出结论和建议。针对不同的问题，提供相应的解决方案和方法。这些方案和方法应该科学可行，并且能够在实际操作中得到有效的落实和推广。

5.对高校对于检查意见和建议的整改情况进行跟踪和监督，确保问题得到合理解决并预防出现类似问题

重视监督机构的反馈意见和建议的执行情况是非常重要的。监督机构要做好后续跟踪服务工作，帮助高校排除财务报表中的不合规问题，并全面推动财务管理中的制度建设。同时，将整改情况记录在案并为下一次检查提供基础资料，这样可以避免类似问题的出现。

通过以上措施的实施和支持，监督机构能够更好地履行其职责，并有效维护高校财务报表的真实性、准确性和透明度，增加高校的经济运转效率和质量，实现高校可持续发展的目标。

（四）收集并分析高校财务报表制度的实施效果，对其进行评估

为了不断优化高校财务报表制度，需要系统收集和分析相关数据，通过评估判断其实施效果是否达到预期效果。

对制度实施效果的评估主要包括：

1.制度本身的有效性

高校财务管理制度的有效性评估是对该制度能否在实践中顺利实施，满足高校财务报表编制、审核、公示等方面需求，是否适应未来发展需求等问题，进行全面分析和评价的过程。

制度本身的有效性需要考虑两个方面。一方面是制度是否包含了全面合理的制度框架和流程，即该制度能够覆盖到高校财务管理中的各个环节，并且流程清晰、规范、完整，做到具有可操作性；另一方面则是制度是否及时得以落实，即制度针对的问题是否已经得到解决，相关制度是否真正走出文件，进入具体实践阶段。

制度有效性评估需要考虑高校财务报表的编制、审核、公示等方面的需求是否被满足。高校财务监督工作是确保财务报表信息真实、合规、准确的关键

环节。因此，在评估制度是否有效时，要充分评估其在各个环节中能否对高校的财务管理提供有效的支撑。

另外，要考虑制度是否适应未来发展需求，即制度是否具有预见性和稳定性。高校财务管理制度应该不仅满足现阶段的需要，更要能够适应未来的变化，在发展中起到引领作用。

评估高校财务管理制度有效性的方法可以采用问卷调查、专家访谈、实地检查等多种方式与手段。通过这些手段，我们可以收集到关于高校财务管理制度实施情况、流程优化、监督机制、问题解决过程等相关信息，并对收集到的信息进行整体分析和评价。

在评估过程中，还需要从实际情况出发，充分考虑高校财务管理制度的创新性、可操作性、执行难度等方面的问题。通过这些方面的评估，可以帮助高校深入认识其制度的实施效果和存在的问题，为进一步改进和完善工作提供科学依据，并促进高校财务管理制度全面优化和协同发展，从而更好地服务于高校经济建设和可持续发展。

2.制度执行的水平

高校财务管理制度的执行水平评估是指对高校是否能够按照相关程序规范开展工作，是否全力支持监督机构开展工作，是否有完善的管理制度来保证执行效果等方面进行全面分析和评价的过程。通过制度的执行水平评估，可以了解系统在日常操作中的缺陷，促进制度的优化和协同发展。

制度执行水平的评估主要从以下几个方面考虑：

流程规范性：制度执行是否遵循相关法律法规、规章制度以及学校内部规章制度的规定，是否符合程序规范和要求。如门卫登记、会审签字、审核记录、申报手续办理等环节的实施情况是否符合规范。

执行效果：制度执行的结果如何，是否达到了预期目标，并发挥了应有的作用。如财务报表的真实性、合规性、准确性等方面的情况，是否得到有效保障。

管理制度健全度：高校是否具有完善的管理制度体系，并且认真地执行，以保证制度执行的全面性和稳定性。如关于领导责任制、奖惩机制、资源投入机制等高校财务管理制度的实施情况。

同类高校间的比较：对于同类型的高校，需要进行对比分析，了解到相关高校在该项制度执行方面的情况，并据此评估本校的表现水平，为进一步完善管理提供参考依据。

评估高校财务管理制度执行水平的方法可以采用观察法、访谈法、问卷调查等多种方式与手段。通过这些手段，我们可以收集到关于高校财务管理制度具体操作时的问题、流程优化、监督机制、问题解决过程等相关信息，并对所得数据进行整体分析和评价。

在评估过程中，需要关注到制度落地、执行、执行效果的全过程，关注到细节问题和改善渠道，有计划、有重点地整合资源并积极推动制度执行水平的提升。

对高校财务管理制度执行水平进行评估，是制度推行效果检验和分析制度运行状况及存在问题的一个重要手段，也是逐步提高财务管理水平和推动高校财务事业发展的必要保障。

3.经济效益

高校财务管理制度的经济效益评估是指对该制度实施是否能够为高校带来经济上的实际收益，如提高高校财务状况、促进资源的利用效率、优化投资结构等方面进行全面分析和评价的过程。

高校财务管理制度对财务状况的影响需要考虑。财务管理制度实施到位后，可以规范财务管理流程，避免出现不合理和违法的财务行为，从而更好地维护高校的财务安全并提升财务业务的诚信度和可持续性，实现高校财务健康稳定发展。

制度实施对资源的利用效率方面也有积极的贡献。通过制度实施，可以优化资源配置和使用方式，提高资源利用效率和经济效益，从而更好地推动高校整体发展。

制度实施还需要考虑优化投资结构的问题。高校作为知识型、科技型产业中的重要一员，其资金流转、运营和投资均需精心控管，以保障高校财务的稳定性和可持续发展。因此，评估制度是否优化投资结构、保证高校资金流转的稳定性和个案有效性是必要的。

评估高校财务管理制度经济效益的方法可以采用问卷调查、专家访谈、现场抽样等多种方式与手段。通过这些手段，我们可以收集到关于制度实施对财务状况、资源利用效率、投资结构的影响等方面数据，并对所得数据进行整体分析和评价。

在评估过程中，还需要考虑到不同高校之间受环境因素、办学特色、行业背景等因素的影响，以及制度实施的长远性和可持续性等问题。

高校财务管理制度的经济效益评估对于推动高校财务管理水平的提高、科学制定财务政策具有重要意义，同时也可以为高校的财务管理工作提供科学依据，促进高校财务稳健发展和可持续发展的目标实现。

4.风险评估

高校财务管理制度的风险评估是指对该制度实施是否能够有效地规避风险问题，如预防内部失控、打击不良行为和防范外部风险等方面进行全面分析和评价的过程。

制度实施需要考虑内部失控问题的规避。高校财务管理制度实施到位后，可以规范财务管理流程，保证各项制度按流程执行，从而减少内部失控的风险。在制度规定中加强对人员责任的落实，明确各岗位职责，实现制度倒逼，最大限度减少内部风险。

考虑打击不良行为的风险评估。财务管理制度建立特别强调诚信意识，开展诚信教育，坚决打击违反财务规定的不良行为，提升财务规范水平，以此顺畅高效推动高校财务工作发展。

制度实施还需要注意防范外部风险的问题。高校作为重要的社会组织，在金融、税收、审计、税务等方面承担着很大的社会责任。因此，高校财务管理制度应该注意防范与政策法规、宏观经济、市场变化等有关的外部风险，严格遵守相关的财务法律法规和标准要求。

评估高校财务管理制度风险的方法可以采用问卷调查、专家访谈、实地检查等多种方式与手段。通过这些手段，我们可以收集到关于内部失控、不良行为和外部风险等方面的数据，并对所得数据进行整体分析和评价。

　　在评估过程中，需要从实际情况出发，充分考虑高校的特点和环境，对高校财务管理中存在的风险问题提出合理化建议，综合运用各种手段和技术，精确评估高校财务管理风险水平，以便及时采取相应的措施和改进方案。

　　高校财务管理制度的风险评估对于推动高校财务管理水平的提高、科学制定财务政策具有重要意义，同时也是逐步提高高校财务管理水平和推动高校财务事业发展的必要保障。

第六章　高校经费预算管理的优化和创新

第一节　高校经费预算管理的基本概念

一、高校经费预算管理的定义

高校经费预算管理是现代高等教育管理体系不可或缺的一部分，它直接关系到高等教育机构的经济效益和财务稳健。高校经费预算管理是指高校按照一定的计划和程序，根据目标、任务和要求，合理分配经费，并对已分配经费进行有效的管理和控制的全过程。

在国家发展战略中，高等教育是一个极其重要的领域，它承载着培养人才、推进科研、促进社会进步等多重功能。而这些功能的实现，离不开足够的资金支持。因此，高校经费预算管理就显得格外重要。

高校经费预算管理包括预算编制、审核批准、执行和监控、评估和改进等多个环节。具体流程如下：

第一步，是预算编制。高校需要依据需求和规定，合理地对各项经费进行分配，确定编制范围和原则，并组织相关工作人员协同完成预算编制的工作。

第二步，是审核批准。在预算编制完成后，主管部门需要对编制结果进行审核和确认。并且根据历史数据、调查研究结果、指标管理等方法，提出意见，最终呈报领导审批。

第三步，是执行和监控。预算执行和监控阶段是保证预算实施顺利的关键，需要及时跟踪每项支出的进展，如有问题即时处理，以避免问题逐渐扩大。

第四步，是评估和改进。经过一段时间的运作之后，需要对预算编制的结果进行评估和改进。通过比较预算编制与执行数据的差异和评估经费支出效果，及时发现和解决管理中存在的问题，并及时调整预算编制和执行策略，进一步提高预算管理水平。

在高校经费预算管理中，需要采用合理的预算编制方法和有效的经费管理手段，如：

首先，历史数据参考法。高校可以根据过去的经验和数据信息，来推算下一阶段的经费预算数额，然后按照部门实际使用情况确定各项支出预算。

其次，调查研究法。高校可以通过对各项经济活动进行实地调查和研究，挖掘出实际需求量，将研究结果反映到经费预算中，从而实现预算科学化和合理化。

再次，指标管理法。高校可以以制定预算规划指标为核心，把指标理论与经济管理实践相结合，运用专门的技术手段和管理方法，提高经费使用效率和质量。

最后，成本效益分析法。高校可以对各项经费支出的成本与效益进行综合分析，以达到同等或较低成本的情况下获得更多效益的目标，从而进一步提高经费使用效益。

在此基础上，高校还需要注重加强对预算执行情况的监督和考核，并通过完善财务信息化管理和落实责任制，提高预算管理水平和工作效率。

高校经费预算管理是一项系统性的工作，它不仅关系到高校的经济效益，还直接影响到教学、科研和服务等方面的质量和水平。高校应该根据实际情况，采用合适的预算编制方法和有效的经费管理手段，从而保证经费使用的合理化和精细化，为高校的可持续发展做出更大的贡献。

二、高校经费预算管理的重要性

高等教育作为国家发展战略的重要组成部分，一直以来都是国家和社会高度关注的领域之一。高校经费预算管理作为高等教育财务管理的核心环节之一，对高校的健康稳定发展至关重要。下面让我详细阐述一下高校经费预算管理的重要性。

（一）保证高校资金使用效率

在经费预算管理过程中，通过科学合理的预算编制方法和有效的经费管理手段，可以避免资金浪费和过度投入，从而保证了高校不断开展各项活动的资金来源和持续可行性。同时，也能够促进各项投入的合理化，提高资金使用效率，实现优化配置和利用资源的目标。

（二）提高财务规划水平

高校经费预算管理可以使预算支出具有明确的目标、清晰的范围、准确的计划、有效的控制等特点，为高校的决策提供依据和保障，并且可以帮助高校根据内外部的情况做好财务规划，推进财务管理的工作准确和周密，使高校的基础财务工作向着更加规范化、科学化的方向迈进。

（三）保证高校经济健康持续发展

在经费预算管理环节中，通过制定全面科学的财务计划和严格有效的预算执行，能够确保高校支出稳定、经济健康，并且为高校未来长远发展提供稳定的资金来源。同时，也可以避免不必要的风险和损失，从而保证高校的财务安全和稳健持续发展。

（四）增强预算透明度和公开性

经费预算管理也有助于加强预算的透明度和公开性，促进高校内部信息共享与交流，加强财务管理的公开性和透明度，让所有相关人员都能够清楚地了解每个项目的支出情况，进一步提升高校的管理水平。

（五）促进高校教学和科研水平提高

经费预算管理可以确保高校各项活动得到充分投入，并且按计划、按需求进行运作，这有助于优化高校资源配置方式和利用效果，并且最终促进教学和科研水平的提高。同时，经费预算管理也能够对高校的各项项目进行科学评估和管理，创造良好的环境和机会，推动教育、科研和服务等领域的进一步健康发展。

高校经费预算管理是保障高校核心经济活动顺利运作的重要手段，具有非常重要的指导和控制功能。它有助于保证资金使用效率、提高财务规划水平、发挥经济优势、增强预算透明度和公开性、促进高校教学和科研水平提高等方面都起到十分重要的作用。因此，在高等教育管理中，高校经费预算管理应该始终抓紧，严格按照预算计划执行，加强财务管理和内部控制，加强各项监督和核查机制的建设，确保经费使用的合法性、规范性、透明性和有效性。同时，高校需不断完善管理模式和方法，不断提高预算管理水平和作为，实现高校财务工作的现代化转型和发展。

三、高校经费预算管理的目标

高校经费预算管理是实现高校各项事业发展的重要保障，也是保证高校经营效益和财务稳健的核心环节。其主要目标是合理安排开支，优化资源配置，提高财务效益，促进高校整体发展。下面将从不同角度对高校经费预算管理的目标进行详细解析。

（一）合理安排开支

高校经费预算管理的首要目标是通过科学合理的预算编制和严格有效的预算执行和监控，合理安排经费开支。该目标包括两个方面的内容：一是合理分配公共支出，保障高校正常运转；二是合理使用项目经费，确保资金用于最需要的领域和具有战略性的项目上。

（二）优化资源配置

高校经费预算管理要求高校在预算编制和执行中充分考虑资源的有效利用和配置。通过努力为教学、科研、人才培养等领域提供必要的支持和保障，实现优质高等教育的全面发展，并推动中国高等教育朝着更加国际化和可持续的方向发展。

（三）提高财务效益

高校经费预算管理要求在保证各项经费支出的同时兼顾效益，实现经费使用的最大化和效率化。通过科学合理的预算编制和执行，加强财务数据分析与预测，提高经费使用效益和财务收益水平，以此确保高校的财务安全和稳健发展。

（四）促进高校整体发展

高校经费预算管理要求在保障正常运转的同时，为高校争取更多的优质资源和资金支持，不断推动高校的整体发展。通过建立完善的预算管理制度和项目评估机制，引导高校吸纳外部资源和激活内部潜力，尤其是在面对环境变化和需求转型时，能够快速适应并为高校长远发展打下坚实基础。

（五）提高高校经费使用的透明度和质量

高校经费预算管理还要求加强内部财务信息披露和财务监管，提高高校经费使用的透明度和质量。该目标旨在建立公开、公正、透明、规范的财务管理制度和流程，保证财务工作的安全性和质量性，并激发公众对高校财务管理的信心和支持。

（六）提升高校财务管理水平

高校经费预算管理要求高校拥有先进科技和管理技能，建立健全的预算管理体系，不断提升高校财务管理水平。通过引入先进的管理理念和技术手段，加强预算管控和检查的效果，促进高校财务管理的现代化、科学化、信息化，为高校管理改革和发展注入动力。

高校经费预算管理的目标受到国家和社会的广泛重视，它涉及高校的综合利益和长远发展，既有助于保证资金使用的合法性和有效性，又有助于提高经费使用效率和财务管理水平。只有在不断完善预算管理制度和流程的同时，加强内外部协作和信息共享，才能最大限度地实现高校经费预算管理的基本目标，并为中国高等教育的稳步发展注入新的动力。

四、高校经费预算管理的原则

高校经费预算管理的基本原则包括科学性、合理性、公开性、动态性和环保原则。这些原则是指导高校经费预算工作的核心价值观和基本考虑因素，下面将对每个原则进行详细阐述。

（一）科学性原则

高校经费预算管理的科学性原则，是指在经费预算编制中，采用科学合理的方法进行预算计划和资金调配，以确保预算计划更加精准、科学和有效。下面将从几个方面阐述高校经费预算管理的科学性原则。

1.充分调研和分析

科学性原则要求预算编制人员充分了解各项经费开支需要，根据历史数据和情况以调查、研究等方式，科学地确定预算数额。为此，对于高校的不同部门和学科领域，需要进行详细的调研和分析，深入了解各项经费支出的基本情况，以及不同项目之间的联系和协调。只有在充分调研和分析的基础上，才能够科学合理地确定预算数额。

2.充分考虑内外部环境变化和需求变化

高校经费预算管理的科学性原则还要求预算编制人员充分考虑内外部环境变化和需求变化。对于国家政策、市场需求和社会变革等诸多因素，都需要及时关注和分析，对其影响进行评估，并结合高校自身的情况进行预算编制，以保证预算计划的科学性和精准性。

3.合理安排经费开支

在高校经费预算管理中，科学性原则要求预算编制人员依据实际情况和市场需求合理安排经费开支。这需要结合高校的实际情况和发展目标，对不同部门、项目和课程进行论证和分析，并在预算计划中合理配置经费。同时，还需要加强资金使用监管和财务风险控制，确保经费使用合法合规。

4.遵循经济效益原则

高校经费预算管理的科学性原则还要求遵循经济效益原则。这意味着预算编制人员在制定预算方案时，应优先考虑经济效益和社会效益，做到合理利用资源、降低成本浪费、提高劳动生产率和绩效水平等。只有遵循经济效益原则，才能够实现预算计划的科学合理和有效运作。

5.充分利用信息化手段

在高校经费预算管理中，充分利用信息化手段也是一种提升科学性的重要途径。通过引入先进的信息技术和数字管理手段，可以更加及时地获取数据、分析数据，并推动信息沟通和协同，从而实现科学化、智能化的预算管理。特别是在流程标准化、审核监管、效率提升等方面，信息化手段都可以发挥明显的促进作用，提高预算计划的科学性和精准度。

高校经费预算管理的科学性原则是保证预算计划更加精准、科学和有效的重要途径。只有在充分调研和分析、充分考虑内外部环境变化和需求变化、合理安排经费开支、遵循经济效益原则和充分利用信息化手段的基础上，才能够实现经费预算的科学性和精准度。

（二）合理性原则

高校经费预算管理的合理性原则是指预算数额与高校整体发展的战略规划相符，避免"过大欲望"或者"历小节省"。下面将从几个方面阐述高校经费预算管理的合理性原则。

1.与高校的战略目标相一致

高校经费预算管理的合理性原则要求预算设置要与高校的战略目标相一致。这需要预算编制人员对高校的长远发展进行深入研究和思考，进一步明确高校的目标定位、战略规划和发展路径，以此为依据制定合理的经费预算计划。在此基础上，可以安排适当的经费投入，满足高校的需求，实现高校经济效益和社会效益的双赢局面。

2.充分考虑社会资源供给与需求相适应的关系

预算管理的合理性原则还要求预算编制人员充分考虑社会资源供给与需求相适应的关系。在预算编制过程中，需要广泛征集各界意见和建议，加强与社会各界的沟通和交流，了解社会资源供给情况，从而合理地调配高校的经费支出。同时，还需要密切关注国家和行业政策的变化，及时做出调整和适应，以确保预算数额与社会资源供给和需求相一致。

3.满足高校各项事业的正常运转和不断发展

高校经费预算管理的合理性原则还要求预算数额能够满足高校各项事业的正常运转和不断发展。在制定预算计划时，需要对高校的各项事业进行全面分析和论证，在保障基本经费需求的前提下，科学地配置经费，确保高校的各项业务得到充分发展。特别是学术研究、人才培养等方面的投入，更需要在把握发展方向和态势的基础上，保持长期稳定性和可持续性。

4.健全、透明的预算管理机制

高校经费预算管理的合理性原则还要求建立健全、透明的预算管理机制。通过加强预算执行监控、完善内部审计等手段，实现资金使用的公开透明和规范化，杜绝浪费和滥用现象，确保预算计划的实效性和可持续性。同时，还需要注重经费使用的监管和风险控制，发挥外部社会力量在高校经费管理方面的作用，保障资金使用的合法性和稳定性。

高校经费预算管理的合理性原则是保证预算数额与高校整体发展的战略规划相符，避免"过大欲望"或者"历小节省"的基础要求。只有依据高校的战略目标、充分考虑社会资源供给与需求相适应的关系、满足各项事业的正常运转和不断发展，以及健全、透明的预算管理机制等多方面因素的考虑，才能够实现高校经费预算管理的合理性。

（三）动态性原则

高校经费预算管理的公开性原则是指高校应该对相关经费信息及时向社会公众公开，以保证经费使用合法合规。下面将从几个方面阐述高校经费预算管理的公开性原则。

1.提高信息公开水平

提高信息公开水平是高校经费预算管理的公开性原则的重要体现。高校应在经费预算编制和执行过程中，建立健全的信息公开机制，通过统一的信息发布渠道，向公众发布经费预算计划、预算执行情况和资金使用明细等相关信息。同时，还需要加强与各界的沟通和交流，及时回应社会各界关注的问题，进一步提高高校的透明度和信任度。

2.加强内部监管和审计

高校经费预算管理的公开性原则还要求加强内部监管和审计。高校应建立健全的内部审计机构，对经费预算的执行情况进行监督和检查，发现问题及时处理，并及时向公众披露经费使用情况。此外，高校还应加强外部审计机构的参与，定期进行财务审计和绩效评估，增强高校经费使用的公开性和透明度。

3.对于经费预算计划的制订，应当广泛征求各方面意见

公开性原则要求高校对于经费预算计划的制订,应当广泛征求各方面意见。在经费预算编制过程中，应该通过听取学生、教职工和社会各界的意见，增强高校对外开放度，提高民主决策水平，并及时向社会披露相关信息，满足公众信息需求。

4.防范经费浪费和不当使用

公开性原则还要求防范经费浪费和不当使用。高校应该建立制度化的监督机制，加大对资金的监控和审查力度，遏制经费浪费和不当使用现象。同时，

对于违规使用经费的行为，高校应该依法追究相关责任人的责任，并及时向公众公布处理结果。

高校经费预算管理的公开性原则是保证经费使用合法合规的重要基础。只有高校加强信息公开，加强内部监管和审计，广泛征求各方面意见，防范经费浪费和不当使用等多方面的努力，审慎合理地开展预算编制和资金使用工作，才能够保证高校经费预算管理的公开性和透明度。

（四）环保原则

高校经费预算管理的动态性原则是指因应国家经济形势、市场需求等因素，不断调整预算计划，增强制度的适应能力和有效性。下面将从几个方面阐述高校经费预算管理的动态性原则。

1.充分考虑内外部环境变化和需求变化

高校经费预算管理的动态性原则要求预算编制人员充分考虑内外部环境变化和需求变化，及时调整预算计划，以应对各种情况。在国家宏观经济政策发生变化、教育改革政策调整或高校内部经营环境改变时，需要根据实际情况灵活调整预算计划，以保证高校正常运转和不断发展。

2.立足于高校自身发展规划

高校经费预算管理的动态性原则还要求预算设置要立足于高校自身发展规划。在制定预算计划时，需要结合高校的战略目标和长远发展规划，科学地配置经费和优化使用结构，确保经费使用效率与财务管理效益的最大化。此外，还需要注重产教融合、科研创新等方面的投入，促进高校不断提升自身学术和教学水平。

3.引进市场化机制

引进市场化机制是增强高校经费预算管理动态性的重要手段。高校应该积极利用市场化机制，优化资金使用结构和开展多元化经营活动，吸引外部社会资源，促进高校经费的多元化来源和多样化流向。同时，还需要注重建立健全的财务风险管理体系和内部控制机制，确保对外部市场的依赖性与内部管理效率、质量的平衡。

4.建立完善的预警机制

建立完善的预警机制是保障高校经费预算管理动态性的基础。高校应该加强内部监测和预警，及时了解资金使用状况和财务运行情况，为预算计划的调整提供及时性参考。此外，还需要注重健全外部信息收集和分析机制，提高预警灵敏度和准确性，避免出现不必要的经费浪费或者不当使用行为。

高校经费预算管理的动态性原则是不断调整预算计划，增强制度的适应能力和有效性的重要基础。只有高校充分考虑内外部环境变化和需求变化、立足于高校自身发展规划、引进市场化机制、建立完善的预警机制等多方面因素的考虑，才能够保证高校经费预算管理的动态性和适应性，实现高校的可持续性发展。

第二节　高校经费预算管理的流程和方法

高校经费预算管理是高校财务管理的核心环节之一，它包括预算编制、审核批准、执行和监控、评估和改进等多个环节。本文将从以下四方面分别介绍高校经费预算管理的流程和方法：

一、高校经费预算管理的流程

高校经费预算管理是指高校在规划、执行和监督经费使用时，通过一系列的过程和措施，达到合理分配经费和有效管理与控制已分配经费的目的。其具体流程主要包括预算编制、审核批准、执行和监控、评估和改进等环节。

（一）高校预算编制

预算编制是高校经费预算管理的重要环节，其目的是统筹安排各项活动的开支，确保经费配置合理，并加强对预算执行的控制。预算编制主要包括确定预算编制原则、确定预算编制范围和组织预算编制工作三个环节。

（1）确定预算编制原则：为了使高校预算编制更具科学性、合理性，应该遵循以下原则：全面参照和遵守国家财政法规和规定；注重统筹协调，实行绩效管理；科学预测，规范管理，倡导节约；推进动态管理，做好监督检查。

（2）确定预算编制范围：高校预算编制的范围，包括经费来源和预算间接对象。经费来源包括中央预算内、地方财政预算内、校内经费、社会捐助和资产收益等。预算间接对象即各项管理费用、投入教育、科研活动、办学质量保障、人才引进培养等方面的需要，包括人员薪酬、设备购置、日常运营维护等多个方面。

（3）组织预算编制工作：高校预算编制需要组织一定规模的专业技术队伍，通过合理地组织、计划、控制和监督，确保预算编制工作的准确性、有效性和科学性。同时，还应按照要求做好预算数据的收集、整理和审核等工作。

（二）审核批准

预算审核和批准是预算编制工作中的一个重要环节，它直接关系到高校预算管理工作的顺利实施。

1.审核前的准备工作

在开始预算编制之前，需要明确预算编制的目标和范围，同时对预算编制的各项条件和工具进行清单核对。如获取参考资料、确定预算编制的原则和方法。

2.预算审核

预算审核是指对预算编制结果进行逐项审查，以保证预算的科学性、合理性、可操作性等方面，防止出现过度浪费或不足的情况。主要包括以下内容：

（1）修改并核对预算数值

即对预算所涉及的每个项目的各项支出进行比较、分析和核对，消除漏洞并发现潜在问题。

（2）参考历史数据

通过参考历史数据和调查研究结果等，对预算编制的可行性和有效性进行评估和检验。

（3）指标管理

建立一些指标体系，帮助预算审核人员快速了解各个项目的重要性，优先级，核心指标等，以便进行更加精确的审查。

3.预算批准

预算批准是指领导层对预算编制结果进行审核、确认、审批的过程。在这个环节中，需要遵循政府法规和高校内部管理体系，实现决策的科学化、民主化和透明化。具体步骤如下：

（1）领导层审查结果

像国家教育部长或者各大院校的负责人这样的高层领导需要查看预算编制结果并提出审查意见。

（2）审核与取证

审核人员对预算审核的结果进行确认，并且做好相关的工作记录以备日后查阅。

（3）审批程序

领导层需要认真评估审核报告，并对预算编制结果进行最终权限的批准。审批人员应该对预算有一定的了解，避免审批误差。

（三）执行和监控

高校预算执行和监控是指在预算编制与批准之后，对预算支出的过程进行跟踪、管理与监督的工作。这一阶段对于保证预算实施顺利、避免资金浪费、提高财务管理水平等方面有着非常重要的作用。下面将详细介绍高校预算执行和监控的相关内容。

1.建立完善的管理流程、规章制度和内部控制机制

为了确保高校预算执行和监控的有效性，需要建立完善的管理流程、规章制度和内部控制机制。具体包括以下内容：

（1）建立预算编制、批准、执行和监控的管理流程，并加强各节点的沟通和协调，使之紧密衔接，相互依存。

（2）制定预算管理规章制度，明确各项预算编制和执行的职责，推动预算管理工作的规范化和标准化。

（3）建立内部控制体系，加强预算管理中的风险管控，避免可能发生的损失和安全问题。

2.认真落实预算计划，并按各项预算指标进行核算

高校预算执行和监控的另一个重要任务是认真落实预算计划，并按各项预算指标进行核算，具体做法如下：

（1）建立科学合理的预算执行计划，按照计划安排预算支出。

（2）按照各项指标进行预算核算，并及时分析和评估执行情况，以便随时了解预算执行的情况。

（3）对于预算执行中出现的差异，需要及时调整并与相应部门协商，确保预算支出的正确性和合理性。

3.加强预算决策与实际使用的对接，保证资金使用合理

高校预算执行和监控还需要加强预算决策与实际使用的对接，保证资金使用合理。具体措施如下：

（1）加强预算编制与执行之间的沟通与协作，将预算计划转化为实际行动，确保预算计划与实际执行一致。

（2）对预算支出进行精细化管控，严格控制不必要的支出，确保资金使用效果最大化。

（3）在预算执行过程中，可以定期进行成本效益分析，从而更全面地了解各项支出项目的经济效益，并对其进行优化调整。

4.建立完善的财务监管机制，防止出现资金挪用、贪污等行为

高校预算执行和监控最后需要建立完善的财务监管机制，防止出现资金挪用、贪污等行为。具体做法包括：

（1）建立完整的财务管理流程，明确各岗位职责，保证资金使用与支出环节的透明化。

（2）加强预算管理中的信息化建设，采集、统计、分析和报告相关数据，增强数据的可视性，提高管理效率。

（3）强化内部审计，定期对各项支出进行核查，及时发现问题，并加以解决。

（4）对于违规行为，必须依据法律法规和相关制度给予相应的处理，保证高校预算管理工作的规范化和合法性。

高校预算执行和监控是预算管理中不可或缺的环节，它需要高校在预算编制与批准后加强各项工作的落实、认真核算预算支出并检查预算执行情况，建立完善的财务监管机制，为高校经费预算管理工作的顺利实施提供有力支持。

（四）评估和改进

高校预算编制过程中，评估和改进环节是非常关键的一步。经过一段时间的运作后，需要对预算编制的结果进行有效的评估和改进，以及时发现问题，并从根本上解决问题，进一步提高预算管理水平。下面将分别从四个方面进行详细介绍。

1.定期开展经费使用效益评估工作

评估和改进环节的一个重要任务就是定期开展经费使用效益评估工作。经费使用效益评估是通过比较成本与收益之间的关系，来评估经费使用情况的科学方法。具体做法包括以下几点：

（1）建立科学的经费使用效益评估体系，公平、客观地评估各项经费使用情况。

（2）对各项经费使用情况进行分析，找出存在的问题并提出改进措施。

（3）根据实际情况调整预算计划，包括增加或减少某些项目支出，以达到最优化的支出效果。

（4）定期对评估结果进行汇总，形成报告，并向有关部门和人员通报评估结果。

2.加强对财务运营风险的预警和管控

高校预算管理工作中，风险管控也是非常重要的一个环节。加强对财务运营风险的预警和管控，可以确保高校内部运营活动的规范化、标准化和合法化。具体做法包括以下几点：

（1）建立科学有效的财务监管机制，全面掌握经费使用情况，并定期开展风险评估。

（2）加强对重大项目或风险性较高的经费支出进行抽样审计，发现问题后及时整改。

（3）建立严格的内部控制机制，避免可能发生的损失和安全问题。

3.注重科学技术创新和人才培养投入

注重科学技术创新和人才培养投入也是评估和改进环节需要关注的方面。高校在预算编制过程中应该增加对科研成果转化等方面的投入，提升教育教学质量和各项工作的正常推进。具体做法如下：

（1）针对不同层次的人才，建立专项基金投资计划，实现人才培养的全覆盖和全方位。

（2）鼓励教师和学生积极参与科研活动，提高科研成果转化率。

（3）在预算编制中注重各项投入的平衡性，保证各方面的工作有序推进。

（4）建立完善的后续跟踪机制和预算变更机制

在预算执行过程中需要及时发现问题并加以解决。因此，建立完善的后续跟踪机制和预算变更机制也是十分关键的。具体做法如下：

（1）建立完善的财务报表系统，及时掌握经费使用情况，并对存在问题进行分类整理。

（2）及时发现存在问题并给予解决，定期追踪问题改进情况，确保改善措施的实施效果。

（3）对预算编制和执行的情况进行定期复盘，分析问题产生的原因，并总结经验教训。

（4）在必要时制定预算变更机制，调整预算计划，确保预算计划的适应性和有效性。

评估和改进环节是高校预算管理中非常重要的一步。通过开展经费使用效益评估工作、加强对财务运营风险的预警和管控、注重科学技术创新和人才培养投入以及建立完善的后续跟踪机制和预算变更机制，可以帮助高校严格掌握资金使用情况，发现问题并及时解决，为高等教育事业的健康发展提供有力支持。

二、高校经费预算编制的方法

高校经费预算编制是高校财务管理工作的重要组成部分，需要采用科学、合理的方法，以实现预算的科学化和合理化。下面将针对高校经费预算编制的方法进行详细阐述。

（一）历史数据参考法

历史数据参考法是一种常用的预算编制方法，它主要基于往年经费使用情况和部门实际工作任务量，通过对过去的经验和数据信息进行归纳、总结，来推算下一阶段的经费预算数额。该方法优点在于经济简便、易于操作，同时能够充分考虑历史上的实际情况，从而制定较为合理的经费预算计划。但是，在使用该方法时需要注意以下几点：

1.历史数据不能完全代表未来发展趋势

历史数据在某种程度上反映了部门或项目的经验积累和基础状况，但它也存在着滞后性，无法完全预测未来的发展变化，并且可能会因为外部环境变化、新技术、新政策等因素而失效。因此，在运用历史数据时，还需加入其他因素进行综合考虑。

例如，一个大学某个系部门在过去几年中的招生人数变化不大，按照历史数据计算出今年该系的经费预算，可能会忽略到今年来自更多地区和国家的学生选课，以及该领域新的研究方向与设备投入等因素而导致经费不足。因此，预算编制时应当考虑到未来的变化和发展趋势，不断增加新的预算因素并适时进行修正和调整。

2.历史数据存在滞后性

历史数据是针对过去一段时间的情况做出的总结，因此它存在着滞后性。在历史数据参考法中，如果只是单纯地运用往年的数据作为下一阶段的预算数额，可能会导致预算数额偏低或者高估。因此，需要对历史数据进行适当修正和调整。

例如，某个项目从前几年的情况来看，平均每年需要投入100万元的经费。但是由于新技术的投入和研究领域的变化等因素，该项目今年实际需要的经费达到了120万元。因此，在采用历史数据参考法进行预算编制时，需对历史数据进行修正和调整，以保证预算数额更加准确和合理。

3.参考历史数据还需要对其进行分析

参考历史数据进行预算编制时，还需要对历史数据进行充分的分析和评估。

通过分析历史数据，可以深入了解各项预算支出的规律、变化趋势及其原因，进而做出更加准确的预测和预算编制。

例如，在历史数据中发现某个部门的经费支出较高，但是由于该部门的工作任务量增加和项目难度提升等原因导致显著的经费增多，如果不对此进行分析可能会导致经费预算缺乏实际呼应。因此，在参考历史数据时，需要充分分析细节，识别出潜在问题并做出相应调整。

历史数据参考法是一种较为常用的预算编制方法，能够为预算编制提供重要的参考依据。但是，在使用该方法时也需注意历史数据不能完全代表未来发展趋势，存在滞后性，需要结合其他因素进行综合考虑，并对历史数据进行适当修正和调整。此外，还需要对历史数据进行充分的分析和评估，以确保预算编制更加准确和合理。通过综合应用各种预算编制方法，从不同层面出发对经费预算进行科学制定，可以有效提升预算管理水平，为高校的可持续发展做出贡献。

（二）调查研究法

调查研究法是一种通过实地调查和研究高校内部各方面的情况，以挖掘实际需求量并反映到经费预算中去的方法。它能够深入了解高校内部各部门的实际情况，并且从多个角度全面考虑，从而可以制定出更加科学、合理的经费预算计划。但是，在使用调查研究法时需要注意以下几点：

1.调查研究需要充分了解高校内部各个方面的实际情况

在进行调查研究时，需要对高校内部各个层级和部门进行全面深入的了解，包括经济效益、管理水平、技术创新等方面。要选取研究对象、研究内容、研究手段和评价标准等方面进行科学合理的设计，确保研究结果具有科学性、可靠性和实用性。

例如，在调查高校某个项目组织和协调能力时，需要针对该项目组织架构、工作流程、人员配置等因素进行全面调查，并结合该领域发展趋势和高校整体情况进行分析，从而得出更为准确的研究结论。

2.调查研究需要投入大量的人力、物力和财力

由于调查研究需要对高校内部各项工作进行全面、深入的了解，因此需要

耗费大量的人力、物力和财力。在预算编制中需要充分考虑投入的指标和资源，并对其进行合理的规划和协调。

例如，在调查某个学院的师生实际需求量时，需要派遣工作人员实地进行问卷调查、现场访谈等工作，同时还需要投入一定的资金进行数据分析和处理，这些都需要有足够的预算支持。

3.调查研究结果需要进行科学分析和评估

调查研究结果虽然可以提供有效的参考信息，但是仅仅依靠数据或者研究结论进行经费预算往往不够准确。因此，在进行预算编制前，还需要对调查研究结果进行充分的科学分析和评估，从而得出更为准确、可行的预算计划。

例如，在参考调查研究结果制定某个项目的经费预算时，需要将调查结果与实际情况进行比较和分析，综合考虑各项因素（如部门发展趋势、人员需求、设备投入等），并对调查研究结果做出适当的修正和补充，以达到更加科学合理的预算编制目的。

调查研究法是一种比较重要的预算编制方法，可以从不同角度出发对高校的各种需求进行全面了解，并制定出更为科学、准确的经费预算计划。在使用该方法时需要充分考虑实际情况，充分投入人力、物力和财力，并对调查研究结果进行科学分析和评估，才能实现预算编制的科学化和合理化。

（三）指标管理法

指标管理法是一种通过制定预算规划指标来提高经费使用效率和质量的方法。该方法主要从目标管理和过程管理两个方面考虑，通过指标划分、指标计算、指标监控等手段对经费使用进行精细化管理。但是，在使用指标管理法时需要注意以下几点：

1.制定预算规划指标时，应考虑到高校内部的实际情况

为了保证预算计划的科学性和有效性，制定预算规划指标时应综合考虑高校的实际情况，例如各项支出的性质和特征，以及各部门的需求和发展趋势等因素。指标设置要尽可能地科学合理和全面，不仅包括数量指标，还应包括质量指标、效益指标等多种指标。

例如，高校某个专业的课程开发，参考往年的开发经验、社会需求和教育政策等因素，将编写新课程数、课程更新率、培训师资师生满意度等指标纳入预算规划。

2.在指标监控方面要及时发现问题并及时解决

在使用指标管理法进行预算编制时，必须要有科学的指标监控体系。通过对各项指标的实现情况进行定期监测和追踪，及时发现问题并及时解决，以保证预算计划的顺利实施。

例如，在高校某项重点项目的经费使用中，设立了不同区间的预算限制指标，并实施了自动化的指标监控机制，一旦指标出现过程性偏差或者目标无法达成的情况，就能够及时采取措施予以调整，避免经费使用效率低下、支出超标等问题发生。

3.指标管理法需要不断优化预算计划

在使用指标管理法进行预算编制时，还需要不断根据实际情况进行指标的调整和修正，以提高预算计划的科学性和适应性。通过对预算规划指标的优化，可以更好地发挥经费使用效益的最大化。

例如，高校为了提高教学质量，将教师培训和奖励纳入预算规划，但发现其效益不如预期，可能需要重新考虑教师培训和奖励的方式和标准，并根据实际情况进行指标修正和调整，从而达到更好的预算效果。

指标管理法是一种比较重要的预算编制方法，可以通过制定预算规划指标来提高经费使用效率和质量。在使用该方法时需要根据实际情况进行科学合理的指标设计，建立科学的指标监控体系，及时发现问题并及时解决，并不断优化预算计划，以达到更好的经费使用效益。

（四）成本效益分析法

成本效益分析法是一种衡量经费支出成本和实现效益的方法，可以通过分析各项经费支出的成本和效益的关系来找到实现最佳经济效益的方式。该方法主要包括成本分析和效益分析两个方面。

1.成本分析

成本分析是通过对经费支出所需要的各项资源进行细致化、精确化的分析，确定各项支出的具体成本。在进行成本分析时，需要综合考虑各项支出的实际成本，并与其他方案进行比较，从而寻找出最佳经费使用方式。

例如，在高校进行某项教学改革时，需要投入人力、物力等多种资源，为了寻找出最佳的经费使用方式，就需要先进行成本分析。这时候可以列出每种经费支出所需要的全部成本，包括工资、装备、培训费用等各项方面，并对不同方案的成本进行详细比较，以得出最佳经费使用方式。

2.效益分析

效益分析是指通过评估不同支出项目对高校实现目标的贡献，并计算其实际价值，从而确定最佳的经费使用方式。在进行效益分析时，需要综合考虑各项支出的经济效益和社会效益，以及对高校整体影响等因素，并与其他方案进行比较，从而确定最佳经费使用方式。

例如，在高校进行某项学科建设时，需要投入大量资源进行培育和发展。这时候需要进行效益分析，评估不同支出项目对高校提高学科竞争力、改善教学质量、培养优秀人才等目标的贡献，并计算其实际价值。再通过与其他方案进行比较，确定最佳的经费使用方式，并为预算编制提供参考依据。

成本效益分析法也存在一定的缺点。首先，不能全面考虑到因素的复杂性。在经费支出中可能存在许多难以预见的复杂因素，如果单纯地采用成本效益分析法，很难将这些因素全部考虑进去。其次，难以准确地确定经费支出所带来的具体效益。高校内部的各项工作常常受到诸多因素的影响，因此难以确定精确的成本和效益。

在预算编制过程中应结合其他预算编制方法进行综合考虑，以达到最佳的经费使用效果。同时，应注意进行合理的数据采集和分析，从而确保预算编制的科学性、可靠性和实用性。

三、高校经费执行情况的监督和考核方法

高校经费执行情况的监督和考核是确保经费使用合规、科学、高效的重要环节。在预算编制前，需要开展自查活动，以充分了解每个部门历史数据和需求量的实际情况，为后续预算编制工作提供参考依据。具体来说，可对该部门

过去一段时间内的经费支出状况、业务流程及业务量情况等进行分析，从而确定下一年度的预算数额。

在高校预算执行过程中，主管部门需要对各部门的经费使用情况进行全面监控，以确保经费使用合规、科学、有效。为此，可以采用以下几种方法：

（一）书面报告和资料审核

主管部门可以要求高校内不同部门提交详细的书面报告和相关资料，并通过对这些资料进行审核来了解项目完成情况、经费使用情况、成本效益状况等方面情况。这种方式具有较高的效率和可行性，同时也能够更加精确地了解每个项目的进展情况。

例如，在高校某项教学改革项目中，主管部门可以要求该项目负责人向其提交书面报告和相关资料，包括该项目的目标与计划、经费使用情况、培训师生满意度等内容，进而通过资料审核了解项目的实际情况。

（二）实地调查和检查

主管部门还可以通过实地走访、电话咨询、现场检查等方式，对高校内部各部门的经费支出情况进行调查和监测。这种方式能够更深入地了解各项工作的实际情况，排除虚假报告和遗漏问题，确保经费使用的真实性和有效性。

例如，在高校的图书馆建设过程中，主管部门可以通过实地检查对该项目的进展情况进行了解。在检查中，主管部门可以查看工作场所、检查资金使用情况、与负责人交流等方式来全面掌握情况。

（三）专项审计

主管部门还应该根据需要开展专项审计工作，对重点领域和项目的经费执行情况进行细致的审核和监控。这种方法可以从更广泛的角度审视预算编制和实施的过程，发现潜在问题并及时加以解决。

例如，在高校的科研项目中，主管部门可以根据项目特点、经费执行情况和风险评估等因素，开展专项审计工作。审计工作可以检查经费支出是否符合规定，识别不当使用的风险或其他安全隐患，并提出相应的针对性解决方案，保证科研项目的顺利实施。

以上几种方法可以帮助主管部门全面监控高校的经费使用情况，排除虚假报告和遗漏问题，在预算编制和实施的过程中较好地发挥其管理作用。同时也需要注意保护高校的隐私和收集处理数据的合规性，确保各项工作得以顺利推进并取得预期效果。

在高校预算执行结束后，需要对经费使用情况进行全面的成果评价，以便全面了解预算执行情况并做出相应的调整。对于预算执行的成果评价，主要涉及以下几个方面。

（一）预算完成情况评价

通过比较实际支出和预算数的差异，可以评估预算执行过程中的质量效果，以明确预算是否达到预期目标。具体来说，包括以下几个方面：

（1）预算执行率：衡量预算执行的有效性，即实际支出与预算数之比。

（2）支出结构分析：分析各项支出的组成和结构，以发现存在的问题和矛盾，并为后续预算编制提供参考依据。

（3）预算超支情况分析：分析预算超支的原因，严肃追究责任，从而进一步完善预算编制和执行机制。

（二）经济效益评价

经济效益评价是评估各项支出的实际价值，计算高校内部各项支出的真实成本和效益，以提高经费使用效率和质量。具体来说，包括以下几个方面：

（1）成本收益比分析：评估各项支出的成本效益，并通过计算成本收益比来明确经费使用效果。

（2）效益定量分析：对各项支出进行详细分析，根据实际情况对不同项目的效益进行定量评估。

（3）经济效益影响因素分析：分析影响经济效益的主要因素，包括宏观环境、高校内部管理体制等方面，并寻找提高经济效益的途径和方法。

（三）资源利用效率评价

针对具体的事件和项目，统计资源利用情况，并计算资源消耗指标，以提高资源利用效率。具体来说，包括以下几个方面：

（1）资源使用量分析：统计和分析高校内部各项资源的使用情况，找出存在的问题和矛盾。

（2）资源利用效率分析：计算并分析资源利用效率和资源消耗指标，找出有关优化资源利用的方法和途径。

以上成果评价可以帮助主管部门全面了解预算执行情况，发现问题并加以解决，从而为后续的预算编制和执行提供参考依据。同时也需要注意在实际操作中保护高校的隐私和收集处理数据的合规性，确保各项工作得以顺利推进并取得预期效果。

（3）资源利用效率评价：针对具体的事件和项目，统计资源利用情况，并计算资源消耗指标，以提高资源利用效率。

四、高校经费预算管理信息化建设的方法

高校经费预算管理信息化建设是将信息技术手段应用于高校经费预算管理的过程中，其核心是利用信息技术手段提高经费管理的效率和精准度。高校经费预算管理信息化建设方法主要包括财务软件、大数据和物联网等新兴技术，以及落实责任制和建设高效沟通平台等。

（一）采用财务软件等信息技术手段，实现财务数据的统计、分析和管理

在高校预算执行过程中，采用财务软件等信息技术手段可以实现财务数据的统计、分析和管理。这种方式不仅可以将所有经费支出记录在电子表格中，方便后续的查询和对比，同时也能够提高经费预算数据的精度和可靠性，缩短了审核和审批的时间，降低了工作量和错误率。

具体来说，财务软件主要能够帮助高校实现以下几个方面的工作：

1.经费支出记录

使用财务软件可以将所有经费支出记录在一个电子表格中,包括经费来源、支出对象、支出金额、日期等相关信息,以便于随时查询和查看经费支出情况。此外,通过软件的自动化处理,输入和查询成本中心提交的经费支出数据可以更加快捷方便,大大提高了工作效率。

2.经费支出预算编制

财务软件还可以帮助高校完成经费支出预算的编制工作。在软件中，运用

科学的方法和技术对预算进行合理分配，明确各项支出的具体内容，并进行详细的统计和分析，制定完善的预算。

3.经费支出数据分析

使用财务软件还能够对经费支出数据进行统计和分析。系统可以为财务人员提供实时数据，以便于更好地掌握高校内部各项支出情况，并做出相应的调整。例如，有些预算可能需要追踪到某个项目或部门的具体支出金额和决策过程，这时软件可以帮助实现这种需求。

4.审核和审批流程管理

财务软件还具有良好的审核和审批流程管理功能。通过设置不同的权限，可以限制财务人员的操作，从而有效地防止任意修改数据造成的错误或风险。审核人员和审批人员可以在系统中依次进行相关记录和审批操作，确保财务数据的准确性和完整性。

（二）以大数据为基础，运用云计算、物联网等新兴技术实现全面的财务信息化管理

以大数据为基础，运用云计算、物联网等新兴技术实现全面的财务信息化管理，可以帮助高校对各部门的预算使用情况进行实时监控，确保资源的最大利用效益。

具体来说，云计算和物联网技术能够帮助高校实现以下几个方面的工作：

1.预算编制和执行

通过云计算技术，高校可以更好地整合和利用自身的信息资源，实现预算管理的数字化、网络化和智能化，提高管理效率和质量。例如，高校可以创建一个预算管理平台，在这个平台上实现经费预算的建立、审核和审批，使预算编制和执行相互协同、无缝连接。

2.数据集成和分析

以大数据和物联网技术为基础，高校可以轻松地整合各种数据源和设备，并对这些数据进行实时分析。例如，将学生的课程考勤、选课记录、成绩信息与教师的任课情况、学科排名等数据进行统计、分析和挖掘，以帮助跟踪了解学生的学习动态并制定更优化的教学方案。

3.实时数据监控和管理

云计算和物联网技术可以帮助高校实现预算管理的实时数据监控。通过物联网技术，可以将各个设备的数据集成至云端，并进行实时处理和分析。同时，也能够实现对预算支出情况的实时监控和管理，及时发现问题并采取相应措施。

4.安全性和数据保护

在使用云计算和物联网技术时，需要注意信息安全和数据保护的问题。因此，需要建立完善的信息安全体系，加强对数据存储、传输和处理环节的保护，确保数据安全和隐私保护。

（三）落实责任制，并通过信息化交流方式建设高效沟通平台

为了提高高校预算管理的效率和质量，落实责任制并通过信息化交流方式建设高效沟通平台至关重要。这一环节既可以减少与会议和座谈等传统方式的时间浪费，提高工作效率，也可以增加时间利用率，确保高校预算管理工作有序开展。

具体来说，需要注意以下几个方面：

1.建立责任制

在高校预算管理中，应建立相应的责任制，并将责任人明确到位。各个部门应明确自己的管理职责，并对经费使用情况进行定期检查和核验。只有从责任层面加强管理，才能确保预算管理的有效性和可持续性。

2.信息化交流方式

传统的会议和座谈，因其低效性且耗时较长，需避免大规模使用。取而代之的是，应采用信息化交流方式，建设高效沟通平台，包括电子邮件、短信、视频会议、在线直播等，以便于信息的及时传递和交流。

3.建立高效沟通平台

高效沟通平台不仅可以降低成本，还可以提高效率和减少误解。平台主要包括预算管理系统、专业软件、信息共享平台等，通过这些工具将高校内部各部门纳入同一系统之中。因此，当发生任何预算管理问题时，不必组织重复的会议，可以快速获取数据以便于解决问题。

4.数据比对分析

通过建立高效沟通平台，高校可以及时了解经费使用情况，并将相关数据进行对比和分析，从而找到优化管理的方案，进一步提高预算管理水平。例如，在审批经费支出申请时，可通过预算管理系统快速获取历史经费支出记录，实现数据的对比和分析。

第三节　高校经费预算管理的管理和控制

一、高校经费预算管理与财务管理的关系

高校经费预算管理和财务管理有着密切的关系。预算管理是财务管理的一个重要组成部分，它是规划、控制和管理经费支出的过程，负责确定资金投入方向和支出计划。而财务管理则包括会计核算、资金管理等多个方面。

在高校中，经费预算管理是实现科学规划、合理使用、精细管控的重要手段，可以帮助高校更好地管理和利用各类资金，从而提高教学、科研、社会服务等领域的水平和质量。与此同时，预算管理也是财务管理的基础，预算编制不仅需要对部门的经费需求进行详细和准确的估算，还需要严格控制开支，保证收支平衡，并及时反馈执行情况，做出相应的调整。

因此，高校经费预算管理与财务管理存在着密不可分的关系。在实际工作中，高校经费预算管理需要紧密结合财务管理，使预算管理体系更加完善、高效。具体来说，预算管理应该包括以下内容：

（1）制定高校经费预算管理制度：建立高校经费预算管理制度，规范和约束各部门的预算编制和执行行为，促进经费使用合理化和科学化。

（2）实施预算控制：通过综合分析、严格控制，防止出现意外支出或者超预算情况，保证高校经费使用的稳定和可持续性。

（3）精准管理预算资金：在实现经费使用的合理化的前提下，高校应该通过采用先进的信息技术手段，加强对资金流动、成本开支等方面的监测和管理。

（4）加强成本效益分析：通过深入调查并充分考虑各项支出的效益，从而找到最佳的经费使用方式。这样可以改善过去单一算账的做法，更加注重提高

经费使用效益。

（5）优化资源配置：基于经费预算管理的工作实践，及时评估经费使用效果并进行财务分析。只有在有效利用有限的经费资源的前提下，才能更好地服务教育教学、科研等领域，实现高校的整体发展目标。

高校经费预算管理和财务管理是密不可分的，预算管理是财务管理的一个重要组成部分。高校应该充分认识到经费预算管理对财务管理的重要性，并通过不断完善预算管理制度、加强成本效益分析，优化资源配置等措施，实现高校经费预算管理工作和整体财务管理水平的双提高。

二、高校经费预算管理的责任主体

高校经费预算管理的责任主体包括高校领导、预算主管部门、财务管理部门以及各部门的负责人。每个责任主体都有自己的职责和任务，共同推进高校经费预算管理工作的有效实施。

（一）高校领导

高校领导应当牵头组织、制定和解释高校经费预算管理政策，做好预算管理工作指导与督促。具体来说，高校领导需要承担以下职责：

（1）确立经费预算管理的工作目标和方向，建立科学合理的经费预算管理制度。

（2）组织评估经费预算管理工作的效果和绩效，及时调整和优化管理政策和方法。

（3）做好高校经费预算管理工作的宣传和教育工作，提升全员意识和水平。

（4）推动经费预算管理信息化建设，完善经费预算管理的数字化、网络化和智能化。

（5）监督各部门落实预算管理政策和措施，重点关注重点领域和项目的预算使用情况，加强预算执行监管。

（二）预算主管部门

预算主管部门应当具体落实预算管理政策，完善市场调查，保证预算编制的合理性。其具体职责包括：

（1）制定年度经费预算计划和方案，组织编制经费预算报告和决算报告。

（2）研究和制定经费控制和监管办法，做好高校经费预算管理工作的执行细节。

（3）负责对各部门经费预算编制过程中存在问题的指导和纠正。

（4）组织对经费使用情况进行监督、评估和审计，并对违规支出、资金浪费等行为进行惩罚和整改。

（三）财务管理部门

财务管理部门应协助高校领导和预算主管部门制订有关规章制度和政策，并确保预算执行的透明度和合规性。具体职责如下：

（1）建立健全财务管理制度，确保高校经费预算管理从业人员的遵守和执行。

（2）监督各部门负责人严格按照预算计划采购物资、使用经费，并及时报销相关支出。

（3）协助预算主管部门开展经费预算管理工作的实际操作，如采购审批和付款核对等。

（4）提供财务数据和信息支持，为高校预算决策提供依据和参考。

（四）各部门的负责人

各部门负责人应当按照预算计划采购物资、使用经费，并做好经费使用情况的报告与汇总。具体职责如下：

（1）严格按照年度预算执行计划，合理安排部门内的经费支出计划，并确保支出符合法规和制度。

（2）负责组织编制年度经费预算计划及执行细则，并及时上报预算主管部门进行审批。

（3）对经费的支出和使用情况进行实时监督和检查，并定期向财务管理部门报告使用情况，及时发现和解决问题。

（4）对于经费支出不当或超过预算的情况，应当及时向上级主管部门进行汇报，接受监督和整改。

高校经费预算管理的责任主体包括高校领导、预算主管部门、财务管理部门以及各部门的负责人。每个责任主体都有各自的职责，需要密切协作，形成合力，确保高校经费预算管理工作的顺利开展。同时，在实际工作中，还需要确保预算管理工作的透明度、公正性和规范性，建立完善的风险管理机制，防止经费浪费和资金风险，提高高校经费预算管理的效率和水平。

三、高校经费预算管理中的风险控制

高校经费预算管理中的风险控制非常重要，识别和防范潜在风险可以有效减少经费浪费，保证学校的稳健发展。以下是高校经费预算管理中的四个主要风险和相应的风险控制方法。

（一）经费使用不当的风险

经费使用不当是高校预算管理中的一个重要风险，需要采取相应措施加以防范。为了避免经费浪费和资金损失，建议采取以下措施：

1.加强用款监管

高校应建立严格的用款制度和审批流程，并加强对用款情况的跟踪和监督。具体来说，应从以下几个方面入手：

（1）统一核定经费标准和额度，明确各项支出的具体内容和金额。

（2）建立完整的财务管理制度，包括预算编制、经费审批、支出报销等环节，规范经费使用流程。

（3）设立专门的财务管理团队，对每笔经费支出进行审核和核实，确保支出符合相关规定。

（4）建立全面、翔实的档案管理制度，对每笔经费支出都应留有明细记录以备查证。

2.完善经费使用流程

为防止经费使用不当的风险发生，高校还需完善经费使用流程，确保经费使用符合法规及规章制度等要求，同时避免经费浪费和损失的发生。具体措施包括：

（1）设立专人负责经费使用，建立科学的管理制度，加强对各项支出的监督和管理。

（2）制定预算计划，根据项目需求和实际情况，合理安排经费支出，并在执行过程中逐步完善和修改。

（3）开展经费使用效益评估，定期对经费使用情况进行评价，对过于浪费的支出进行深入分析，提出改进方案，促进资源的合理利用。

3.加强资金管理

高校还应加强资金管理，确保经费使用安全可靠，避免可能出现的风险。具体措施包括：

（1）开设封闭账户，避免经费被他人占用或挪作他用。

（2）采用电子审批流程，加强审批环节的规范化和信息化管理，避免审批过程中的漏洞和漏审环节。

（3）建立风险防控机制，及时发现和处理经费使用中的涉嫌违规行为，及时采取相应措施，防范风险的发生。

（二）预算编制不合理的风险

预算编制不合理是高校预算管理中的另一个重要风险，为防止这类风险的发生，需要采取相应措施。具体来说，可以从以下几个方面入手：

1.建立科学合理的预算编制流程

高校应制定明确的预算编制标准和政策，规范各部门的编制流程，尽量减少编制错误和误差。具体措施包括：

（1）建立专业团队，制定统一的预算编制标准和指导意见，促进预算编制的协同化和标准化。

（2）将预算编制划分为多个环节，逐步推动预算编制进程的完善。

（3）设立预算编制评估机构，对编制结果进行评估，并及时反馈有关情况，以便于调整和优化预算编制工作。

2.提高预算编制人员水平

高校需要加强宣传、教育，提高预算编制人员的水平和能力，确保编制结果的科学性和合理性。具体措施包括：

（1）加强技术培训，提高预算编制人员的专业知识和技能水平。

（2）建立相应的激励机制，调动编制人员的积极性和创造性。

（3）建立专门的质量监督机构，对预算编制工作进行监督和督促。

3.定期审查和更新预算计划

高校需要定期审查和更新预算计划，避免计划与实际相脱节。具体措施包括：

（1）定期检查预算编制结果，发现问题及时进行调整和优化，确保经费使用的合理性和有效性。

（2）结合实际情况，随时更新预算计划，及时响应变化。

（3）加强沟通，加强各部门之间的协调，促进预算编制工作的科学和合理。

从建立科学合理的预算编制流程、提高预算编制人员水平、定期审查和更新预算计划等方面入手，可以有效地减少预算编制不合理的风险，提高预算管理工作的效率和质量，为高校内部各部门提供更优质的服务和资源。但也需注意要规范操作流程，落实责任制，确保监管机制的完善性和有效性。

（三）内部管理漏洞的风险

内部管理漏洞是高校预算管理中的另一个重要风险，为防止这类风险的发生，需要采取相应措施。具体来说，可以从以下几个方面入手：

1.加强对内部管理的监管

高校应建立内部监控体系，加强对关键环节的监控和管理，提高管理效率和透明度。具体措施包括：

（1）建立专门的管理机构，负责内部管理的监控和管理。

（2）加强对资金管理、报销审批等关键环节的监督和检查，及时发现问题并予以解决。

（3）定期进行安全检查，避免信息泄露等问题的发生。

2.完善内部管理机制

高校需要建立完整的财务和行政管理流程，严格执行各项制度，防止内部管理漏洞产生。具体措施包括：

（1）建立科学的内部管理制度，规范财务和行政管理流程，确保管理工作有章可循。

（2）强化内部审批流程，实行"三重审批"制度，保证资金使用的合法性和有效性。

（3）注重管理信息的统计和分析，对异常情况及时发现和处理。

3.加强信息技术的应用

高校需要通过信息化手段，提升管理的智能化和数字化水平，提高管理的透明度和效率。具体措施包括：

（1）建立企业级信息系统，实现财务、人事等各部门的数据共享和统一管理。

（2）推广电子审批流程，加快审批速度，减少管理成本。

（3）开展信息安全培训，提升员工信息安全意识和技能。

（四）外部市场变动的风险

外部市场变动是高校预算管理中的另一个重要风险，为防止这类风险的发生，需要采取相应措施。具体来说，可以从以下几个方面入手：

1.加强市场调研

高校应及时了解市场变化，制定相应的预算计划和政策措施。具体措施包括：

（1）建立专门的市场调研机构，对市场变化进行实时监测和分析。

（2）加强与行业协会等机构的合作交流，关注行业动态，获取实时信息。

（3）组织专家论证，制定科学合理的预算计划和政策措施，以应对市场变化。

2.建立灵活的预算调整机制

高校需要建立动态调整机制，及时根据实际情况调整预算计划，避免计划与实际脱节。具体措施包括：

（1）建立灵活的预算编制机制，随时注意经费的使用效益，不断进行调整和优化。

（2）建立应急预案，针对突发事件进行预算调整和合理利用经费。

（3）统筹规划各项支出，参考历史数据和市场趋势，科学预测未来经费使用需求，制定合理的预算方案。

3.提高预算使用效益

高校需要加强资金使用效益评估和监管，促进经费的合理利用，提高资金使用效率和效益。具体措施包括：

（1）建立效益评估机制，对经费使用情况进行定期评估。

（2）注重资源整合与优化，统筹规划各项支出，使经费得到最大限度的利用。

（3）通过科技创新和信息化手段，降低成本、提高效率，增加资金使用效益。

从加强市场调研、建立灵活的预算调整机制、提高预算使用效益等方面入手，可以有效地减少外部市场变动的风险，提高预算管理工作的效率和质量，为高校内部各部门提供更优质的服务和资源。但也需注意要规范操作流程，落实责任制，确保监管机制的完善性和有效性。

第七章 高校资产管理的有效性和安全性保障

第一节 高校资产管理的定义和范围

一、高校资产管理的定义

高校资产管理是指对高校所有的固定资产、流动资产及其他财产进行有效管理和保护，实现资产最大化利用、最优配置、最大价值回报的过程。它是高校信息化建设、人才培养、科研创新、文化传承等各项工作的重要基础和支撑。

高校资产管理主要包括资产的采购、使用、维修、报废处理、盘点清查等方面的工作，同时也包括资产信息化管理、资产风险管理等多个方面。只有做好高校资产管理工作，才能确保学校资产的安全、有效使用，提高学校的核心竞争力和影响力。

二、高校资产管理的范围

高校资产管理是一个非常重要的工作领域。实施好资产管理，不仅可以更好地保护和利用高校资产，还能对提高高校的品牌价值、学科建设、各项业务发展等产生积极的推动作用。本文将从固定资产管理、流动资产管理、资产信息化管理、资产风险管理和国有资产管理等方面，详细介绍高校资产管理的范围和相关措施。

（一）固定资产管理

固定资产管理主要包括固定资产的采购、使用、保养、更新、报废处理等环节。其中，资产出厂、购置、移交、编码等工作是固定资产管理的开始。在这一阶段，需要建立健全的管理制度，明确责任人员的职责和流程，并按照标准流程进行管理，以确保资产的安全性和准确性。同时，资产验收、登记、分配、领用等环节也是重要的工作，需要严格把关，杜绝违规行为。除此之外，资产的维修、保养、更新、升级也是固定资产管理中不可忽视的重要环节。资产处置、报废、捐赠、拍卖等工作也需要高校制定相应规章制度，确保资产的合理分配和使用。

（二）流动资产管理

流动资产管理主要包括办公用品、实验耗材、图书资料、车辆设备等日常消耗品的采购、发放、管理和处理。在资产采购和领用方面，除了遵守各项规章制度，还需要严格控制采购成本，并加强协调和沟通，确保资产能够及时到位。对于资产的出借、出租、销售等环节也要建立完善的制度，以确保资产的有效利用和最大价值回报。同时，在资产维修、保养、更新、报废处理等方面也需要建立科学的管理体系，确保资产能够长期有效地使用。

（三）资产信息化管理

随着高校信息化建设的不断推进，资产信息化管理已经成为高校资产管理中不可或缺的重要内容。资产信息化管理主要指全面数字化和网络化管理资产信息，并建立高校资产管理信息化系统，实现对资产的全过程管理。该管理模式可以有效减少人为操作错误和不必要的烦琐流程，提高工作效率和管理水平。同时，加强人员培训和技能提升也是实施资产信息化管理的必要条件。

（四）资产风险管理

资产风险管理主要包括建立健全高校资产风险管理制度，预防和化解各类风险。涉及资产使用的方方面面，需要进行全面安全监管和管控，确保资产操作符合规定要求。此外，建立资产安全检查机制、定期开展检查和评估，针对发现的问题及时处理，以达到风险最小化的目标。

（五）国有资产管理

国有资产管理是高校资产管理中比较特殊和重要的领域。在国家相关政策法规的基础上，高校需要规范管理流程，加强国有资产保护和利用。建立资产管理部门与国资委之间的工作联系机制，按照资产类型进行分类管理，确保国有资产使用效益最大化。同时，高校需要逐步完善国有资产管理的信息化系统，提高管理水平和绩效评估的有效性，促进国有资产的增值。

第二节　高校资产管理的责任和义务

一、高校资产管理部门的责任和义务

高校资产管理部门是负责全面、规范管理高校所有资产的主体，对于各类资产进行有效管理和保护，实现资产最大化利用、最优配置、最大价值回报的过程。其具体责任和义务如下：

（一）制定和完善资产管理制度

高校作为一个大型综合性机构，在日常经营中涉及大量的资产管理工作。这些资产包括教学设备、实验室设备、电脑办公设备、房屋和基础设施等各种固定资产和流动资产。对于如此众多、复杂的资产，不仅需要完善的管理保障体系，还需要制定规章制度，以确保资产管理规范化和操作者应当遵守的行为准则。

1.资产管理制度的重要性

高效资源调配：通过制定资产管理制度，有利于实现不同部门间资源的调配，将空闲闲置的资产进行统一管理和分配。同时根据每个部门的需求，对资产使用情况进行监测和评价，从而达到最佳的资源利用效果。

规范物品管理：资产管理制度可以为资产的采购、领用、转移、处置、封存和报废等操作提供操作细节。规范物品管理后，可以使各类资产在使用过程中始终处于良好状态，延长其使用寿命周期，降低维护成本，减少损失和浪费。

优化成本控制：制定资产管理制度后，可以明确资产的采购、使用和维护费用等成本控制内容。同时，合理分配硬件资源，降低潜在的人力和物业支出，实现高效、经济的资产管理。

2.资产管理制度的主要内容

建立档案：资产管理部门应当对所管辖的各类资产建立档案，并针对每个资产建立相应的档案清单。档案中应包括资产重要信息及其流转情况，货品或设备的型号、数量、品牌、使用地址、采购日期、使用年限等详细情况，以便随时进行监控、调拨或处置。

采购规定：外部资产采购需遵循相关法规，严格审查供应商信息和产品质量并与之签订正式采购合同。内部采购方面应注重节约成本，保持适量采购原则并开展竞争性采购，强调物品的完好性、可使用性和安全性，并避免部门间的资产重复采购。

使用规定：员工在使用资产时，需遵守规定的使用条款。资产管理部门应制定一份详尽的使用手册，教育工作人员充分了解相关规定，标准化的使用手册和使用情况记录可以有效管理资产使用，降低资产损耗率。

维修保养：资产经过一段时间的使用后会失去很多原来的性能。为了保证资产长期可靠地运行，有必要对其进行维修、保养和检测等常规操作。因此，工作人员需要详细记录维护保养操作以及各类操作的时间节点，并建立一份完整的维修保养清单，保证资产的正常使用。

处置流程：资产管理部门应建立合理的资产处置流程。从暂存、调拨、封存到报废、拍卖、销毁等方面，都需要制定明确的规则和程序。资产的处置应当符合相关国家法律法规，坚持公开、公正和透明原则，合理处理闲置或已经过期却具有一定价值的资产，减少损失。

监督管理：资产管理部门应对各项资产管理制度进行监控和管理，如果出现违规或者擅自操作行为，应及时纠正并记录，避免类似问题重复出现。此外，资产管理部门还应建立相应考核机制，以确保制度落实情况的监督和实施效果的评估。

3.资产管理制度的执行

宣传意识：制定资产管理制度后，需要对该制度进行相应宣传，让工作人员了解制度的内容和要求，并积极配合执行。同时，还需要不断向工作人员强调制度的重要性和相关政策法规的必要性，提高工作人员的规范化执行。

有效培训：资产管理部门应针对执行资产管理制度的工作人员进行相关岗位培训，包括操作方法、使用细节、风险预警、危机应对等方面，并随时记录和评估工作人员培训的成果，不断改进培训方式和内容。

审核检查：资产管理部门应采取多种形式的审核和检查，发现问题及时予以纠正和处理。同时应定期召开相关会议，分析工作中的问题，及时提出整改方案，加强各项管理措施。

监督信息反馈：资产管理部门应当建立定期或不定期的监督信息反馈机制，根据各个部门不同的需求，实时反馈资产的使用状况、维修保养情况等，并针对性地提供评估、预警和改进建议等服务。

（二）落实资产监管职责

落实好资产监管职责，对于保障国有、公共财产安全，维护国家和人民的利益，促进经济发展具有十分重要的意义。作为学校资产管理部门，应当积极履行监督资产管理制度的职责。

资产管理部门应当建立完善的资产管理制度，明确各项资产管理的规范和流程。通过制定具体的管理制度，可以更好地规范资产管理工作，防止出现管理混乱的情况。同时，制度也应该注重可操作性，使得各级管理人员都能够依据制度指引开展资产管理工作。

资产管理部门还需积极核实资产是否符合国家法律法规和校内相关规定。在这个过程中，应当注重审慎性和准确性，认真查阅相关文献和资料，确保核查结果的准确性和可靠性。如果发现了不符合规定的情况，要及时向上级主管部门报告，并采取相应的措施予以纠正。

加强资产风险评估、防范和化解资产损失风险等工作也是资产管理部门的职责之一。资产风险评估是指通过对资产情况的调查研究和分析，对资产管理中可能发生的各种风险进行预测和评估，并制定相应的防范措施。这项工作需要资产管理部门具备较强的专业能力和方法论，同时要关注行业和社会经济的变化，及时修订和调整风险评估方法。

在防范和化解资产损失风险方面，资产管理部门需要根据风险评估结果采取有效的措施，包括加强设施维护、保养和安全管理，规范资产使用和处置程序等。如果出现了资产损失事件，需主动承担相应责任，并采取合理的补救措施以减轻损失。

（三）建立全面数字化和网络化管理资产信息

在当今数字化时代，建立全面数字化和网络化管理资产信息已经成为资产管理部门的重要任务之一。通过数字化管理系统，可以实现资产信息的全面数字化、资产信息的实时共享与控制，方便提供数据支持，提高工作效率，提升资产管理的效能。

建立数字化管理系统可以实现资产信息的全面数字化。传统的资产管理方式主要依靠手工记录，劳动力成本高，工作效率低下，而且容易出现信息不准确、管理混乱等问题。通过数字化管理系统，可以将所有的资产信息进行电子化处理，包括资产的基本信息、位置信息、使用情况信息以及维修保养信息等。同时，数字化处理还可以有效地避免信息错误或遗漏的问题，确保资产信息更加精准和全面。

数字化管理系统可以实现资产信息的实时共享与控制。通过数字化处理，可以使得不同部门的工作人员随时了解到资产的最新情况，包括资产的位置、状态、使用情况等。这极大地提高了管理的实时性和透明度，便于各级管理人员进行快速决策和调配资源，从而提高资产的利用效率和管理水平。

数字化管理系统还可以方便地提供数据支持。通过数字化处理，可以将不同资产信息进行有效整合，提取出多样化的数据分析和报表功能，为管理决策提供有效支持。例如，资产使用情况的统计分析、维修保养工作的计划排期、预算费用的跟踪管理等，都可以通过数字化处理系统实现，进一步提高工作效率和精准度。

数字化管理系统也可以提升资产管理的效能。在数字化处理方式下，资产信息可以实现快速获取、共享、传播和应用，从而使得资产管理工作更加简单、便捷、高效。同时，数字化管理系统也可以极大地减少资产管理中人为因素的干扰，避免管理疏漏和失误，提高管理水平和效能。

（四）协调各部门合作

资产管理是企业重要的管理职能之一，其作用不仅局限于资产的保管、增值和运营流程的优化，还需要协调其他部门合作完成目标。因此，资产管理部门需要与各部门建立联系，积极协调双方工作，以实现企业整体发展。

资产管理部门需要制定双方合作的管理协议。建立合适的合作协议，可以使得资产管理部门与其他部门明确各自的职责与义务，避免产生管理上的混乱，保证各项管理工作有序进行。具体而言，资产管理部门应当向其他相关部门详细介绍资产管理的服务内容、管理策略和管理流程，并邀请相应部门的负责人参与讨论和制定管理协议。这样做，可以促进各部门之间的沟通、交流与合作，提高企业整体效率。

资产管理部门需要建立相应的机制，以协助落实和完善各项管理流程。为了确保各项管理工作有序开展，资产管理部门应该与其他部门密切配合，在制定各项流程规范、操作手册和培训计划等方面共同努力。例如，对于固定资产管理，资产管理部门可以与财务、采购等部门合作，制定固定资产入库验收规范、清查制度、折旧核算等流程，并定期开展培训和督导工作。这样做不仅可以提高各个部门的专业知识和操作技能，也有助于规范化企业管理流程，保障企业的长期发展。

资产管理部门需要及时向上级领导汇报资产管理情况和成果。及时反馈各项管理工作的进展情况和成效，可以使得企业的上层管理者了解到资产管理部门在整个企业运营中所起的重要作用，以便更好地支持和协助资产管理部门的工作。具体来说，资产管理部门应当编制详尽的月度、季度和年度报告，汇报资产管理情况及其影响因素，并对已实施措施的效果进行分析评估。这样，可以充分展现资产管理部门的价值，为企业的发展铺平道路。

二、高校其他部门的责任和义务

高校各部门在资产管理中也有其自身的责任和义务，只有将各部门间的职能分工、协同配合与资产管理部门进行有效的连接，才能实现更加规范化的高效管理。其主要责任和义务包括：

（一）采购、使用部门

教学、科研等部门作为学校的重要组成部分，其采购和资产使用的规范化管理对于学校的发展至关重要。因此，各部门在采购和资产使用过程中应该遵循以下原则：

明确采购程序。在采购前，相关部门应该对所需的物品或服务进行需求排查和预算编制，确定采购标准和数量，并根据相关法律法规及学校的采购制度制定采购计划。采购流程中需要有审批程序和记录，并严格按照程序操作，确保采购过程透明、公平、公正。

规范采购操作。在具体采购过程中，各部门应该着眼于产品的质量、价格、服务等方面，选择合适的供应商，并在签订合同前与供应商充分沟通，明确交货时间、支付方式、质量保证等细节，以免后期出现纠纷。同时，在付款过程中应核实发票和商品的一致性，确保支付正确。

确保采购品质符合要求。采购完毕后，各部门应该对所采购的物品进行验收，检查其数量、质量等符合要求，如有问题及时向供应商提出维修或更换要求，以保证采购品质符合应有标准。

在资产使用过程中，各部门还需要注重资产的保养、维修和更新工作。例如，定期对教学设备进行保养和维护，及时修复损坏或老化的设备并做好记录，延长其使用寿命和提高使用效率。同时，随着科技不断进步，学校会引进新的设备和技术，各部门需要及时更新设备和改进科研方法，以保持与时俱进。

（二）财务部门

财务部门作为学校管理的一个重要组成部分，其资产管理工作涉及资金的安排和监管以及账务的核算和决策。财务部门需要根据学校的战略目标和预算计划，对资产的经费安排、资产监管的精细化、所有资产发票和凭证存档保存等方面开展工作，确保高效使用和管理资产。

财务部门需要对资产进行账务核算。在资产购置、使用过程中，财务部门需要认真审核各项费用，并按照相关规定做好资产账务核算。具体而言，在资产购置时，财务部门需要与采购部门合作，核实采购成本及相关费用，并将其记录在相应账户中。如果是固定资产，则需要统计购置价值、折旧等信息，并在会计报表中进行登记和披露。在日常使用中，财务部门还需要将资产增值或减值情况纳入考虑，并及时反映到财务报表中，以充分反映资产利用情况，以便更好地协助学校管理提升资产管理水平。

财务部门要确保资产监管的精细化。资产的监管和管理是财务部门的重要职责。财务部门需要对学校各类资产进行建档存档、分类分级管理，及时进行监管，确保资产处于良好的状态并保证资产的完整性和安全性。此外，随着学校资产规模的扩大，财务部门还需要不断加强资产监管的科技化手段，并采用资产控制系统等工具来提升监管效率，在检查中及时发现问题。

所有资产的发票和凭证存档保存也是财务部门的一项重要工作。财务部门要求资产采购部门或使用部门做好发票、凭证存档工作，保证资产的来源能够得到明确的说明，并且能够及时核对账务凭证，防止出现财务风险。同时，要建立完善的备案制度以及档案管理制度，为资产凭证和信息存储提供保障，做好跟踪和追溯工作。

财务部门应该在资产投资方面起到主导角色。作为学校的策略性部门，财务部门需要编制资产管理计划并监督其执行情况，合理和精细地安排每个资产的使用，确保高校资产的合理配置和利用。财务部门可以参考学校的规划、市场需求、发展趋势等因素，制定细化且科学的资产管理方案，以达到长期投资收益最大化的目的。

（三）监察审计部门

监察审计部门作为高校的内部审核机构，是对学校资产管理工作进行全面监督、检查和评估的责任主体。它需要发挥监督、检查、指导和帮助作用，及时发现问题并提出整改意见，推动学校资产管理的规范化和持续性。

监察审计部门需要密切关注学校资产管理情况，并加强经验总结。保证在后续工作中不断完善、优化和创新。具体而言，它需要从市场动态、技术变革、大数据趋势、教育需求等多方面考虑，制定相应的监管策略和措施，并加强对各项资产管理流程、程序、标准等方面的调研，及时发现漏洞和缺陷，并提出解决方案以推动问题的修复和解决。

监察审计部门要在工作中注重精细化的监管模式。通过建立有效的监管网络和系统，对学校的资产管理活动、采购、使用等方面进行实时或定期检查，及时掌握和反馈资产管理情况，为相关部门提供必要的支持和指导。同时，在检查过程中，监察审计部门应该注重分析问题的本质和影响因素，并提供解决方法，切实推动学校资产管理工作的规范化。

如果发现存在违规行为，监察审计部门需要及时提出整改意见，并协助资产管理部门完成整改工作。具体地说，在问题被发现后，监察审计部门需要对问题进行深入调查，并给予重视，制定具体的整改方案。同时，监察审计部门还要及时跟进问题的整改情况，并记录和汇总整改情况，为相关领导层的决策提供数据支撑和参考，以保证整改工作的质量和效果。

监察审计部门还可以通过与其他部门的合作来共同推进学校资产管理的专业化、精细化和创新。它可以主动寻求其他部门的帮助和支持，与其协同配合，合力推动学校资产管理水平不断提高。此外，监察审计部门还可以开展培训活动，提高员工的业务水平和管理能力，从而促进学校资产管理工作中的各项指标和任务的完成度和准确性。

三、高校工作人员的责任和义务

高校工作人员也是资产管理的重要参与者，应具有明确的责任和义务，切实履行职责，执行规章制度，强化自身管理水平。其主要责任和义务包括：

（一）加强学习培训

随着社会的不断发展，高校作为教育培训的重要场所，在人才培养、科学研究和社会服务等方面都具有举足轻重的地位。在这些工作中，资产管理无疑是不可忽视的重要环节。因此，加强学习培训，提升资产管理水平势在必行。

高校各工作人员要加强知识学习。资产管理的规章制度和操作方法是保障资产安全的基础。工作人员应该认真了解相关文件和制度，并将其落实到实际操作中。同时，资产管理还涉及资产的分类、计量、评估等方面的专业知识。工作人员应该积极参加培训课程，不断更新自己的知识体系，以更好地完成日常工作。

工作人员要熟悉相关法律法规。作为一项与资产权益密切相关的管理工作，资产管理必须遵守国家法律法规和高校内部规章制度。例如，《财政部、国家发展改革委关于规范预算外资金管理行为的通知》《国务院办公厅关于开展节约能源降低成本行动的指导意见》等文件都对资产管理提出了明确的要求。工作人员应该认真阅读相关法律法规，遵守规定，做到合法、规范运作。

工作人员要掌握管理技能。资产管理出现问题时，不仅需要具备专业知识，还需要处理事务的能力和沟通协调的能力。例如，在资产处置过程中，我们需要考虑到实际情况和相关政策，进行科学的决策，协调各部门之间的关系，确保资产的安全流转。这就要求工作人员具备较高的管理水平和职业素养，其中包括领导能力、沟通协调能力、判断力、谈判能力等。只有通过不断的学习和进步，才能提升自身的管理水平，更好地服务于高校的发展和建设。

（二）遵守资产管理制度

资产管理制度是保证高校资产安全、规范和有序运转的基础。工作人员必须遵守资产管理制度，从而确保各项资产操作流程合法、规范，不得私自改变资产处置方式，并积极参与资产盘点、评估等工作的实施。下面将进一步阐述如何遵守资产管理制度。

认真学习资产管理制度。只有充分理解和掌握资产管理制度的内容，才能在实际工作中遵循相关规定，保证资产管理的科学化、有效性、规范化。例如，工作人员要熟悉资产分类、计量、评估等方面的专业知识，了解资产采购、使用、维修、报废等环节的规范流程，这些是实现规范管理的前提和基础。在日常工作中，工作人员应当严格按照制度进行操作，依照规定填写相关单据，确保资产处置及时、准确、规范。

加强资产盘点工作。资产盘点是保证资产财务账目准确性的重要手段，也是发现问题、整改问题的重要途径。因此，工作人员应当积极参与资产盘点工作，认真核对资产目录和数量，及时发现问题并上报相关部门。同时，在资产盘点过程中，要保持责任心和敬业精神，防止数据造假或疏漏等情况的出现。

做好资产评估工作。资产评估是保证资产财务信息准确性和公正性的重要手段，也是适时了解资产状态、价值变化的途径。因此，工作人员应当积极参与资产评估工作，协助相关人员进行评估，确保评估结果真实可靠。

加强制度执行力度。只有将资产管理制度切实贯彻到位，才能够保障资产的安全。工作人员应当压实责任，严格按照制度执行，避免出现私自处理、擅自改变处置方式等违规行为。对于违规行为，必须依照规定进行严肃处理。

（三）确保资产安全

高校作为一个重要的教育培训机构，承担着培养人才、推动科研和社会服务等多项重要任务。在这个过程中，资产的保管、维护和更新工作显得尤为重要，因为资产的安全直接关系到高校各项工作的正常运转和发展。

对于高校工作人员来说，做好资产的保管是非常必要的。这包括对于各种物品的分类、记录和储存等工作。不同类型的物品应该按照不同的规定进行分类，例如，实验室仪器设备需要严格管理，文档资料需要统一归档，办公用品需要按需分配等。同时，在进行记录和储存的时候，应该建立完善的信息系统，确保及时准确地掌握有关资产的变动情况，以便及时做出相应的决策。

针对不同类型的资产，也需要采取不同的维护措施。例如，实验室仪器设备需要经常进行检测和维修等工作，硬件设备需要及时更新和升级，软件系统需要进行安全保护和数据备份等工作。此外，还需要建立专门的维修保养机制和队伍，确保及时有效地解决各种问题，从而提高资产的使用寿命和价值。

在进行资产更新工作时，需要根据实际需要制定相应的计划，以便及时更新过时的设备或工具。为了保证采购的资产质量，也需要建立健全的采购管理体系。这包括明确采购流程、选择合适的供应商、签订合同等工作。同时，在使用新的资产之前，还需要进行必要的培训和指导，让相关工作人员熟悉和掌握资产的使用方法和操作规程。

除了上述方面，高校工作人员还需要注意资产的安全问题。不得私自挪用、损坏或窃取资产，并及时向上级报告发现的问题。对于日常工作中发现的问题，如资产遗失、破损或故障等，应该及时向相关部门汇报和处理。此外，还需要加强资产管理的监督和检查，防止出现违规行为和漏洞。

（四）合理使用资产资源

资产资源是学校的重要财产，包括固定资产和流动资产。固定资产是指学校购买、兴建或投资的不易变现的资产，如土地、房屋、设备、图书馆藏书等。流动资产是指学校在日常运营中需要使用、易于变现的资产，如货币资金、存货、应收账款等。

作为学校的工作人员，我们应该充分利用所掌握的知识技能和资产资源，推动学校各项事业和业务的发展。首先，在固定资产方面，我们可以通过科学管理，延长其寿命，降低修缮费用，进一步提高资产的使用效率。在设备保养上，可以制定详细的保养计划和规范操作流程，加强保养和维护工作，防止设备老化、损坏或故障。此外，还应定期进行资产清查工作，及时发现问题，做好资产管理工作，避免资产闲置浪费。

在流动资产方面，我们可以通过科学有效的资金管理，实现资金的最大化利用。例如，可以采取多元化的资金管理方式，增强资金的流动性和灵活性。同时，可以合理规划预算，建立完善的预算管理制度和流程，确保资金使用的透明度、公正性和合法性。此外，在资产储备上，也应考虑到经济环境的不同变化，合理配置资产，降低投资风险，达到资产增值的效果。

对于部门不需要的闲置资产，我们应及时上报并建议进行统一调配处理。在资产清查工作中，应先发现哪些资产处于闲置状态，然后评估其价值和用途，进而提出处理方案。如果资产还能够继续使用，则可以重新配置或改造；如果已经不能再使用了，则应考虑转让或出售。通过统一调配处理，可以最大限度地利用资源，降低浪费，为学校节约开支，创造更多的经济效益。

（五）加强沟通协调

高校资产管理涉及多个部门和职能，需要各部门之间进行良好的沟通协调才能顺利推进。加强沟通协调必不可少，这有助于建立一个更具透明度和公正性的资产管理体系，提高学校资产管理水平，确保资产的安全和有效运用。

加强与资产管理部门的沟通联络非常重要。工作人员应该了解学校资产管理部门负责的任务、职责和制度规定，并积极支持和配合他们的工作。例如，在日常工作中，我们应该经常与资产管理部门联系，了解资产清查情况，发现问题并及时汇报；在资产选购和更新过程中，也应当征求资产管理部门的意见和建议，确保采购的资产物超所值，从而为学校节约开支。

积极参与资产管理工作中的各种活动和研讨会议是十分必要的。通过与资产管理专业人士的交流互动，可以了解国内外最新资产管理技术和理念，增强自身的知识储备和技能水平，进而更好地服务于学校资产管理工作。同时，也可以将自己的经验和想法分享给其他与会者，促进资产管理工作的不断创新和升级。

与其他部门做好协调。学校资产管理涉及多个部门和职能，例如行政、财务、后勤等，需要各部门之间加强协作，共同维护高校资产管理体系的正常运转。在具体工作中，应该优化流程、完善制度，提高工作效率和质量。例如，在资产采购过程中，需要与财务部门做好预算安排和资金保障；在设备使用过程中，需要与后勤部门维护好设备和场地等方面开展合作。

第三节　高校资产管理的措施和建议

一、完善高校资产管理制度和规章制度

（一）建立完善的资产管理制度

高校资产管理是一项综合性、复杂性强的工作，需要建立完善的资产管理制度和规章制度。只有通过严格实施各项规定，才能更好地保障学校资产的安全和有效运用。以下是对完善高校资产管理制度所需关注的几个方面进行详细阐述。

1.明确资产管理部门的职责和义务

在资产管理制度中应当明确资产管理部门的职责与权限，以及相关工作人员的职责和义务。只有明确了职责和义务，才能确保资产管理工作得到顺利开展。例如，要明确资产管理部门的管辖范围，资产的日常检查与维护机制等，以及工作人员的审批权限、报告机制与应急措施等。此外，还要对于责任事故的划分将责任追究做出明确，从而保证资产管理工作的科学规范化。

2.确立科学合理的资产采购制度

资产采购制度是保证资产管理工作质量的重要一环。这需要明确采购程序、标准、流程、审核和验收等环节，并制定相应的操作指南。同时，要针对不同类型和价值的资产制定相应的采购标准。例如，对于较大价值的资产应严格审批、审核、验收，并确保其运用范围及维护保养，以防止闲置资源和深化采购之间的冲突。此外，在采购中还要加强成本控制，规范财务报销手续等方面的管理，以确保资产采购过程的公正性和透明度。

3.建立完善的资产管理信息系统

健全的资产管理信息系统对于提高管理效率、防止隐患、促进专业化决策等方面有着重要作用。建立资产管理信息系统，可以对资产信息进行分类、档案管理和统计分析，实现资产的实时监管和数据可视化。通过这些数据，学校

可以更好地了解其资产情况，及时发现问题并解决之，让资产管理工作更加便捷和科学。同时，税务、审计机构等部门也能准确掌握学校财产状况，避免不必要的纠纷与危险。

（二）建立完善的资产管理规章制度

建立完善的资产管理规章制度，是进一步提升资产管理水平的重要举措。在制定规章制度时，应充分考虑到学校实际情况，并注重针对性和可操作性，以确保规章制度的实行性和有效性。

1.加强资产审批与申报工作

在资产审批和申报工作中，需要注重准确全面把握学校资产状况。资产管理部门应当建立健全相关的管理流程和规定，包括资产采购申请、预算编制等工作，同时加强对各类资产信息的汇总和统计。此外，在资产使用过程中，应切实加强审批和申报工作，确保各种资产的使用及时有效，从而提高资产使用效率。

2.建立健全资产年检体系

每一所学校都有大量的固定资产，而这些资产期限较长，因此需要建立健全的资产年检体系。对于所有固定资产，应定期进行检查，防止出现安全隐患和损坏问题。此外，还应维护和修理设备，并记录维修和更换的情况，以延长其使用寿命，提高资产的价值和经济效益。

3.完善资产管理统计报表和清查制度

资产管理统计报表和清查制度是资产管理规章制度中的重要内容，可以帮助学校更好地了解其资产情况，及时发现问题并解决之。需要根据不同类型的资产进行分类，并制定相应的统计和清查规定，实现资产管理信息精细化和可视化。此外，还应建立资产档案，详细记录和保存资产相关信息，包括采购时间、资产数量、资产位置、使用单位等，以方便日后查询和审阅，对于纠纷处理也有着重要的参考意义。

二、建立高校资产管理信息化系统

高校资产管理工作需要有一个高效且可靠的信息化平台来支持其日常管理

和运营工作。为了实现高校资产信息智能化、集约化和规范化管理，推广高校资产管理信息化系统是必须的。这种系统可以帮助高校资产管理部门更好地掌握资产流向、资产使用情况和资产价值，提高高校资源利用效率，降低高校运营成本。

（一）推广云计算等新兴技术，打造高校资产管理信息化平台

随着信息化和数字化的发展，云计算技术已成为各行业创新和变革的重要推动力量。在高校资产管理领域，采用云计算等新兴技术建立高校资产管理信息化平台，不仅可以提高数据处理和管理的效率和质量，还可以实现资产的集中化、标准化和规范化管理，有效促进高校资产管理工作的现代化。

1.理论基础

云计算是一种新型的计算模式，它将计算资源虚拟化、分布式控制和自动化管理，通过网络进行统一调度和使用，从而实现对各类 IT 资源，包括硬件、软件、应用程序、数据存储和管理等的灵活性、可扩展性和高效性的利用。云计算技术已经广泛应用于企业信息化、医疗卫生、政府机构以及教育等多个领域。

高校资产管理信息化平台建设是基于云计算技术的，其目的是整合高校资产管理数据，实现资产数据的集中化、标准化和规范化，以便更好地管理和应用这些数据。

2.实践基础

高校资产管理信息化平台建设，需要投入相应的人力和物力，在基础设施建设、系统开发和软硬件更新等方面进行大量的投入。具体包括：

（1）确定平台建设目标和任务。

高校资产管理信息化平台建设应该明确目标和发展方向，制定科学合理的平台建设计划和实施方案，以及配套的技术和管理措施。

（2）选择合适的云计算服务提供商。

高校资产管理信息化平台建设需要与云计算服务提供商合作，选择符合高校资产管理特点和需求的云计算模式和服务类型，确定协议和安全保障措施。

（3）建立数据中心和网络基础设施。

高校资产管理信息化平台建设需要有一个可靠的基础设施，包括服务器、存储设备、网络设备等。建设数据中心和网络基础设施是平台建设的前提条件。

（4）开发和优化资产管理信息系统。

高校资产管理信息化平台的核心是资产管理信息系统，需要对现有的资产管理系统进行重构和升级，增加新的功能和模块，使系统能够支持大数据分析、移动应用、人工智能等先进技术。

（5）加强信息安全管理。

高校资产管理信息化平台建设需要加强信息安全管理，包括对资产数据的保护和存储、网络和系统安全防范等方面的措施。同时，还要加强内部人员的安全意识教育和技能培训。

（6）推广和培养技术人才。

高校资产管理信息化平台建设需要具备相关技术的人才支持，为此需要定期开展培训和专业技能提升计划，增强信息化技术应用能力。

3.优势和意义

高校资产管理信息化平台建设具有以下优势和意义：

（1）提高资产管理效率和质量。

高校资产管理信息化平台建设可以将资产数据集中化、标准化和规范化，有效提高数据处理和管理的效率和质量。通过云计算等新兴技术实现对各类 IT 资源的灵活使用和自动化管理，还可以大幅降低高校资产管理部门的运行成本。

（2）促进资产管理工作的现代化。

高校资产管理信息化平台建设是实现高校资产管理现代化和科学化管理的重要途径之一，它可以推广和应用新技术、新系统和新模式，为高校资产管理工作创造更好的条件和环境。

（3）建立资产数据中心，支撑多领域及多部门协同工作。

高校资产管理信息化平台建设可以建立资产数据中心，支持多领域和多部门之间的协同工作，实现资产数据共享和交流，促进高校各项工作的有机衔接和协同发展。

（4）推动数字校园建设。

高校资产管理信息化平台建设是数字校园建设的重要组成部分，将有助于推动高校信息化建设的整体进程，提升高校信息化水平，满足学生和教师队伍日益增长的信息化需求。

4.建议

为了实现高校资产管理信息化平台建设的目标，建议采取以下措施：

（1）加强组织和领导。

高校资产管理信息化平台建设需要高层领导的关注和支持，建立专门机构负责平台建设和维护工作，加强组织和协调。

（2）完善规划和设计。

高校资产管理信息化平台建设需要完善规划和设计，在确定平台建设的目标、任务和实施方案时，应该考虑到系统的可扩展性、灵活性和开放性等问题，同时也需要考虑安全性和可信度等因素。

（3）重视知识产权保护。

高校资产管理信息化平台建设涉及大量的数据和信息，要重视知识产权保护，避免不必要的损失和风险。

（4）提高安全意识和技能。

高校资产管理信息化平台建设需要各级人员的齐心协力，为此需要加强内部安全意识和技能培训，确保平台安全稳定运行。

（二）加强高校资产管理信息安全保障

高校资产管理具有大量、复杂和多元化的特点，信息处理技术手段必须在不断更新和升级，才能适应信息化时代的发展要求。然而作为一个开放性的系统，高校资产管理面临着来自网络攻击、内部人员破坏等多重安全风险。因此，加强高校资产管理信息安全保障是非常必要的。

1.确认威胁

加强安全保障需要首先确认当前高校资产管理信息安全面临的威胁。主要威胁包括：

网络攻击风险：黑客攻击、病毒入侵、网络钓鱼等手段可以对高校资产管理信息系统造成巨大的损失和影响。

内部威胁：由于资产管理工作面临的数量庞大，使用人员众多，因此在此背景下存在着员工泄露、恶意篡改、滥用权限等多种形式的内部威胁。

设备问题：硬件故障、终端设备丢失、非法设备接入等情况等都可能会影响数据的安全性。

2.制定安全策略

基于对当前安全威胁的确认，需要采取相应的安全策略措施。主要有以下几个方面：

加强安全意识教育：提高管理人员对信息安全保障的认识和责任心，引导用户尊重和遵守规章制度，建立促进安全文化发展的良好环境。

强化技术手段：通过加密、防火墙、漏洞扫描等一系列技术手段来确保高校资产管理信息的安全性。

建立有效的访问控制机制：针对高校资产管理信息系统的各个模块，建立权限管理、身份验证等多种访问控制机制，明确用户权限范围和操作权限，从而降低内部威胁风险。

完善数据备份和灾难恢复计划：建立完善的数据备份和灾难恢复计划，可帮助快速恢复丢失或损坏的数据。

定期开展安全检查和评估：定期进行安全检查和评估，及时发现漏洞和可能存在的安全隐患，及时加强补充和改正。

3.加强实际操作

除了制定相应的安全策略外，加强实际操作也是提高高校资产管理信息安全保障必须要做到的。包括：

掌握最新安全知识：针对从现实中出现的安全风险情况，及时了解最新的信息安全知识和技术，并与同行业的专家、企业进行合作，创新研发更先进的防护技术。

防范安全事件：在实际工作中，信息资产管理部门需要及时跟进安全事件，采取相应的行动，避免数据泄露等安全问题的扩散，缩小安全事件的影响面。

加强团队协作：整个资产管理系统由许多不同部门或个人组成，需要加强团队协作和内部沟通，保持信息交换畅通，及时发现安全隐患并协同处理。

三、严格监督和管理高校资产管理过程中的风险

随着现代化经济环境的复杂性和不稳定性逐渐加大，高校资产管理工作面临更多的风险。在此背景下，高校资产管理部门必须采取一系列措施来加强对风险的监督和管理。

（一）设立专项机构，加强对风险事件的预警和处置

高校资产管理是一项重要的社会责任，其涉及大量、分散、复杂的资产数据，具有较高的风险性。因此，设立专项机构，加强对风险事件的预警和处置，有助于提升高校资产管理部门的风险防范能力。

1.设立专项机构

为了更好地监督、管理和应对风险，在高校资产管理部门内部设立专项机构是非常必要的。该机构将负责整个资产管理系统的风险管理事务，包括风险评估、风险预警、风险处置等。

（1）风险评估。

风险评估是高校资产管理风险管理的基础，可以帮助评估风险事件发生造成的损失，并对各类风险进行定性、定量评价。以此为依据，可以制定有效的控制方法和方案，提高风险管理的针对性和实效性。

（2）风险预警。

通过建立风险预警机制，及时发现和处理风险事件，可以避免事态变得严重或酿成不可挽回的后果。风险预警工作需要依靠有效的监测和预警系统，可随时了解风险事件的动态变化，做出迅速、准确的决策和处理。

（3）风险处置。

当出现安全事故或其他类型的风险事件时，资产管理部门应该及时启动相应的风险处置机制。在风险处置中，重要的是采取可行的措施，以快速、准确地消除风险因素，避免风险向外扩散，并且不影响正常的资产运转和管理。

2.建立风险预警机制

建立风险预警机制是提升高校资产管理风险防范能力的关键环节之一。对于组织发生的各种形式的风险事件，通过风险预警机制可以帮助高校第一时间发现风险事件，及时进行处置，以最小的损失获取最大的收益。

（1）制定风险报告制度。

风险报告制度可以帮助高校资产管理部门及时发现潜在的风险，并加入按照风险等级分类统计评估的工作流程中，特殊情况下可以加入风险升级操作，来促使更多的人了解和关注风险事件。

（2）强化信息收集。

加强对资产管理中所涉及的各种风险信息的收集分析工作，全面掌握与高校资产管理相关的各类信息，及时发现、分析和评估风险因素，为资产管理部门做出决策提供支持。

（3）有效的组织架构。

在风险预警机制中，组织架构是至关重要的。正确的组织架构可以帮助高校资产管理部门更好地理解并处理风险事件。一方面，需要建立一个相对完整且覆盖面广的绩效管理系统，另一方面，每个责任岗位都需要明确相应的职责和权利。

（4）快速反应能力。

快速反应能力是风险预警机制的核心。当风险事件出现时，资产管理部门需要有快速反应的能力，可采取自动化、智能化等措施使处置流程更加高效。同时，为了避免短时间内处理不完或者延误处理导致影响扩大，需要在机构内部实行抽调其他工作人员及时配合。

3.加强防范意识

除了设立专项机构和建立风险预警机制，加强防范意识也是提升高校资产管理风险防范能力的重要措施。通过加强防范意识，可以促进高校资产管理部门全员参与风险防范，提高工作风险预测和干预能力。

（1）提高管理人员风险意识。

高校资产管理部门管理人员应该具备较高的风险意识，了解相关政策法规和安全规范，以及了解并排除风险事件。

（2）加强对使用人员的培训。

提高高校资产管理使用人员的风险意识，通过培训等方式，提高他们对管理信息安全性的认识，以及利用现有技术手段防范风险的能力。

（3）定期组织风险演练。

通过定期组织风险演练，提高高校资产管理使用人员对风险预警和处置的能力。同时，能够及时发现可能存在的隐患，为下一步制定出更全面、更有效的防范策略提供基础数据。

（二）加强对高校资产管理人员的教育和培训

高校资产管理人员需要了解各种风险的发生原因，具备有效的防范和处置措施。针对高校资产管理人员，应开展延伸培训，增强其风险管理能力和防范意识，提高其处置风险事件的素质和能力。

1.进行全面的安全教育

针对高校资产管理人员的安全教育是非常必要和重要的。首先，应该明确教育目标，使得高校资产管理人员了解到安全意识和相关责任，并在日常操作过程中切实地落实这些安全意识和责任。同时，还应针对不同的岗位需求确定教育内容，制定出相应的安全教育计划。

（1）建立安全培训机制。

建立安全培训机制，为高校资产管理人员提供专业的安全技术和管理知识培训，帮助他们全面掌握高校资产管理的安全知识和技能，提高他们处理突发事件的能力。

（2）制定安全管理规章制度。

制定安全管理规章制度，建立相应的工作流程和模板，监督和管理高校资产管理的安全工作。同时，明确岗位职责和操作规程，在工作过程中遵守相关的法规和制度，提高高校资产管理人员对风险的识别和防范意识。

（3）加强保密教育。

保密教育是高校资产管理人员必须具备的一个重要素质。要加强对个人信息、企业机密等方面的保护，并且建立保密意识和法律法规培训等安全机制，以增强高校资产管理人员的保密能力。

2.实施专题教育培训

为了更好地培养和提高高校资产管理人员的安全防范意识，可以开展专题教育培训，针对不同的风险场景进行模拟演练和处理技能的培训。

（1）进行现场操作演练。

通过现场操作演练，让高校资产管理人员深入了解各种风险的处理流程，掌握如何进行现场处置和应急预案，并及时解决问题和避免风险。

（2）进行知识巩固测试。

知识巩固测试是一种有效的培训方式，可以让高校资产管理人员在学完培训内容后进行测试，以加深对安全知识的理解和掌握。

（3）进行实战演练。

通过实战演练，让高校资产管理人员亲身体验风险事件应急处置过程，提高其应急处理能力和经验。可以组织演习活动，开展定期演练和讨论，以不断提升高校资产管理人员的危机管理能力。

3.建立安全投入制度

为了保证高校资产管理部门的安全工作得到长期稳定的支持，还需要建立安全投入制度和资金保障机制，确保安全培训和教育的稳定实施。

（1）加强对专项安全投入的管理。

为了确保资金支持和专项安全投入的有效使用，需要建立相关的管理机制和审批流程。同时，要加强对投入项目的监督，定期对投入效益进行评估和分析，及时发现和解决问题。

（2）建立课程体系和培训计划。

在建立安全投入制度的同时，还需要制定完备的课程体系和培训计划。通过定期开展培训和教育活动，可以让高校资产管理人员不断更新自己的知识和技能，以适应新的风险形势。

（3）提供相应的经费保障。

为了确保安全培训和教育工作的顺利实施，需要提供相应的经费保障。可以通过政府拨款、企业赞助、社会捐助等多种方式筹措经费，确保安全投入制度的顺利推进。

（三）推广风险管理先进理念，完善风险管理体系

高校资产管理部门应不断推广风险管理的先进理念和经验，制订风险管理计划和制度，加强对各种风险的评估和预测，完善风险管理体系，进一步提高高校资产管理工作的效率和水平。

1.推广风险管理先进理念

为了推广风险管理先进理念，可以从以下几个方面入手：

（1）加强宣传教育。

通过多种媒体渠道进行宣传教育，让更多的人了解风险管理先进理念和经验，并明确风险管理的重要性和必要性。同时，还可以开展系列讲座、研讨会等活动，邀请相关专家进行分享和授课，提高高校资产管理人员对于风险管理先进理念的认识和掌握。

（2）与外部机构合作。

与外部机构（如保险公司、风险评估机构等）建立合作关系，共同推进风险管理先进理念的推广。通过多方协商和沟通，共同制定更加科学、合理的风险管理策略和措施。

（3）组织案例分析。

通过案例分析的方式，让高校资产管理人员更加深入地理解和掌握风险管理的先进理念和应对方法。可以邀请相关专家进行现场分析和指导，以提高高校资产管理人员的实践经验和应对能力。

2.制订风险管理计划和制度

为了完善高校资产管理的风险管理体系，需要制订相应的风险管理计划和制度：

（1）制定风险管理计划。

制定风险管理计划是推动风险管理工作的重要一环。通过制定具体可行的风险管理计划，明确各项工作任务、目标和责任，并建立风险评估和监控机制，以及紧急预案，做好风险管理的全过程掌控。

（2）建立风险管理制度。

建立完善的风险管理制度是实施风险管理的必要条件。制定各种细则和制度，包括风险管理操作手册、风险识别与量化分级制度、风险防范责任制等，统筹安排各项风险管理工作，以规范和提升整个风险管理工作的效率和质量。

3.加强对各种风险的评估和预测

风险评估是风险管理体系中非常重要的一环，需要加强对各种风险的评估和预测：

（1）加强风险识别工作。

加强风险识别工作，及时发现风险，消除隐患。可以通过开展调查研究、分析历史数据和现场实地勘察等多种方法，深入挖掘各项工作中可能存在的风险点并加以排查和解决。

（2）提高风险评估水平。

提高风险评估水平，主要是采用比较科学和先进的方法，对各项风险进行量化分析和评估。可以建立适合高校资产管理的风险评估模型，并注重对不同类型风险的区分和分类，以便更好地定制针对性的预防和应对方案。

（3）制定风险监测机制。

制定风险监测机制是及时掌握风险状况，及早采取应回应措施的关键。可以配备专业的监测设备、引入大数据技术等手段，定期进行风险监测和报告，提高对风险状态的把握和预警能力。

4.完善风险管理体系

为了进一步提高高校资产管理工作的效率和水平，还需要完善风险管理体系：

（1）建立管理档案。

建立完整的风险管理档案，记录各项风险管理活动的具体情况，包括风险评估报告、风险事件处理记录、修订过的制度文件等。通过管理档案的归纳整理，可以随时了解和追溯风险管理工作的全过程。

（2）健全管理流程。

健全高校资产管理的风险管理流程，明确各个环节和责任人。要加强对风险事件的处理和跟踪，落实各项防范措施。同时，还要加强对整个流程的监督和评估，不断提升管理水平。

（3）强化风险文化建设。

强化高校资产管理部门的风险文化建设，培养员工的风险意识和风险承受能力。可以通过开展教育培训、举办经验交流会等形式，创造良好的氛围和机制，鼓励员工积极参与到风险管理中来，共同推进风险管理的工作。

四、统筹协调高校资产管理与运营业务的关系

高校资产管理部门必须与学校其他相关部门紧密合作，充分发挥各自优势，建立协调合作机制，实现高校资产管理和运营业务的有机衔接和协同发展。

（一）加强高校资产管理与学校教学和科研事业的沟通和协调

随着高校规模的不断扩大和专业设置的日益丰富，高校资产管理工作变得愈加复杂和烦琐。并且，高校资产管理工作与学校教学和科研事业的发展密切相关，建立有效的沟通和协调机制，对于提高高校资产管理工作效率和质量，保障学校各项事业的顺利进行具有重要意义。

1.建立定期沟通机制

通过建立定期沟通机制，高校资产管理部门可以了解学校教学和科研事业的需求和发展情况，并及时调整资产管理策略和措施，以更好地服务学校的教育目标和科研方向。

（1）召开交流会议。

高校资产管理部门可以定期召开交流会议，邀请学校各职能部门负责人参加，就资产管理工作进行交流和研讨。在会上，可以共同讨论资产管理工作中遇到的问题和挑战，收集各方面的意见和建议，制定更加科学、合理的管理措施。

（2）建立联系员制度。

将高校资产管理部门与学校教学和科研部门相互连接起来，建立联系员制度。通过联系员，高校资产管理部门可以更好地了解学校教学和科研工作的需求和动向，并及时提供相关服务和支持。

2.创新管理模式

高校资产管理部门在与学校教学和科研部门展开沟通和协调工作的同时，还需要创新管理模式，提供更加优质、高效的服务。

（1）优化流程和服务。

高校资产管理部门需要对各项流程进行优化和完善，以提高服务效率和质量。比如，可以引入信息化手段，提升资产管理的智能化水平，减少人工干预的错误风险。

（2）推进数字化服务。

数字化服务是提高高校资产管理效率和质量的一种重要手段。高校资产管理部门应当积极推进数字化服务，多种方式实现数字化管理。比如使用优秀软件，进一步深化资产管理数据化、电子管理等。

（3）强化技术应用。

通过各项物联网、大数据分析等技术，高校资产管理部门可以更好地为学校教学和科研事业提供支持。例如在高校图书馆管理中，可以引入 RFID 技术，实现图书自动借还、统计归类等，进一步提高文献服务的质量。

3.整合资源，建设共赢

高校资产管理部门在与学校教学和科研部门沟通和协调的同时，还需要注意整合各种资源，打造共赢局面。

（1）整合人力资源。

高校资产管理部门可以充分利用学校的人力资源，吸纳优秀的工程师、设计师、技术顾问等加入到资产管理团队中。这样可以不仅增强管理团队的实力和专业性，也为学校教学和科研事业提供更好的支持。

（2）整合经济资源。

高校资产管理部门还可以整合各种经济资源，例如寻求与企业、政府及社会组织的合作，共同为学校教学和科研事业提供支持。例如，在高校的资产管理中，可以发挥政府补贴资金的作用，实现多方面的协同发展。

（3）共建配套服务。

高校资产管理部门还可以与学校教学和科研部门进行合作，共建配套服务，满足学校的实际需求。例如，针对实验室设备管理和维护等问题，可以成立专门的维修团队，定期维修、保养和更新设备，确保实验室设备的正常运行。

（二）与学校后勤保障部门紧密协作，共同推动资产管理和运营工作

高校后勤保障部门是学校管理的重要组成部分，承担着学校各项后勤保障工作的责任。在这些后勤保障工作中，资产管理和运营工作是一个重要方面。高校资产管理部门必须与后勤保障部门紧密协作，共同推动资产管理和运营工作的有效实现。

1.加强沟通与协商

为了更好地协作，高校资产管理部门应建立起一个定期的沟通机制，与后勤保障部门进行充分的沟通和协商。通过相互了解、协调和配合，两个部门可以在资产管理和运营工作中发挥各自的优势，让工作变得更为高效。

（1）确定联系人。

高校资产管理部门应当指定专人与后勤保障部门的负责人建立联系，并明确沟通内容、频率和方式。双方可以通过正式和非正式的方式进行交流，包括电话、邮件、微信等多种方式。

（2）开展联席会议。

为了更好地沟通和协作，高校资产管理部门还可以定期开展联席会议，邀请后勤保障部门的领导和相关人员参加，对资产管理和运营工作进行全面的汇报和讨论。在会上，可以共同探讨目前存在的难题和风险，并提出有效的解决方案。

2.搭建共同平台

为了更好地实现高校资产管理和后勤保障部门协作，需要建立起一个共同的平台，便于双方展开工作。这个平台应该包括信息交流、合作开发等多个方面。

（1）建立信息共享系统。

高校资产管理部门和后勤保障部门可以共同建立信息共享系统，在该系统中，双方可以实时查看设备、物品等资产状况，及时处理资产使用记录、损坏等情况、共享维修等。

（2）推进数字化服务。

推进数字化服务是提高高校资产管理和后勤保障部门协作效率的重要手段。双方可以通过引入智能设备、大数据分析等技术，实现各种工作流程的数字化管理，增强管理的科学性、及时性和准确性。

3.共同推动资产服务

高校资产管理和后勤保障部门在资产管理和运营工作中需要紧密合作，共同推动各项资产服务项目的实施和落实。

（1）开展资产维修和保养工作。

为了保障高校各项业务的正常进行，后勤保障部门需要对学校各种设备、物品等资产进行及时维修和保养。高校资产管理部门可以与后勤保障部门紧密合作，在资产清单中相关资产设备出现状况及损坏时及时拍照上传至系统并通知相关部门进行协调处理，保证资产服务质量。

（2）协助新生宿舍搬迁。

在新生入住期间，后勤保障部门将承担安排、协调、支持和经费等多方面的工作。高校资产管理部门应积极配合后勤保障部门，提供必要的资产支持和服务，例如设备、家具等，保障新生宿舍的正常使用。

（3）顺畅物资流通。

为了保证高校的各项工作有序进行，后勤保障部门需要配备一定数量的物资。高校资产管理部门可以负责为后勤保障部门提供所需的物资，例如办公用品、文具、清洁用品、家具等，以确保各项后勤保障工作得到顺畅推进。

4.充分发挥资产价值

高校资产管理部门应当积极与后勤保障部门协作，将各种资产最大化地发挥其价值，为学校的教育事业贡献力量。

（1）协助财务预算。

管理资产必须明确预算和资产价值的关系。高校资产管理部门可以协助后勤保障部门进行财务预算，确保资产使用合理和预算符合实际。

（2）提供资产管理咨询服务。

为了帮助后勤保障部门更好地运用资产，高校资产管理部门可以提供资产管理咨询服务。这些服务包括：规划资产、选型、采购、维护等，以便后勤保障部门得到更加全面和专业的资产管理指导。

五、开展高校资产管理专项督查和审计

高校资产管理部门应建立健全的监督和评估体系，开展定期的专项督查和审计，及时发现问题并采取相应措施加以解决。

（一）建立大数据分析平台，加强对资产使用情况的监管

建立大数据分析平台，是目前各类企事业单位管理的趋势之一。高校资产管理部门也需要采取这种方式，利用先进的技术手段进行数据分析和统计，准确掌握资产的使用情况，提高对资产的监管水平。

1.建立大数据分析平台

（1）数据收集和整合。

建立大数据分析平台，首要任务就是数据的收集和整合。高校资产管理部门应获取学校各个单位的资产使用数据，包括设备、物品的资产名称、编号、类型等基本信息及使用记录、资产维修管理、资产清理报废等相关数据。

（2）进行数据处理和分析。

在获取到资产数据后，高校资产管理部门需要将数据进行处理和分析。数据分析可以通过软件工具、算法等方法进行，以让数据转化为有意义的信息。通过对资产数据的分析，资产管理部门可以了解资产使用状况，发现问题，提升资产管理水平。

（3）建立数据监控系统。

高校资产管理部门还需要建立数据监控系统，实时监控资产的使用情况。通过监控系统可以随时获取资产的使用数据，及时发现资产的变化情况，并进行适当的处理。如果出现异常情况，可以及时介入，并采取相应的措施。

2.加强监管和督查

建立大数据分析平台有助于提升资产管理部门的效能和水平，但也需要与监管和督查机制相结合，才能更好地发挥作用。

（1）实行管理制度。

高校资产管理部门应当建立健全资产使用管理制度。此外，还应逐步将各个单位资产管理制度进行标准化，为资产使用的规范化提供依据。

（2）审计资产管理。

高校资产管理部门应定期对各个单位的资产管理进行审计。通过审计，可以了解资产的使用情况，发现存在的问题，提出改进意见并进行整改。

（3）加强督查力度。

高校资产管理部门应加强督查力度，对各项资产管理工作进行细致、全面的检查，以确保资产管理工作有效开展。同时，还要建立督查问责机制，坚持查处一起、曝光一起，对违规行为进行公开曝光，形成震慑效应。

3.加强培训和技术支持

为了更好地利用大数据分析平台，高校资产管理部门还需加强培训和技术支持。

（1）建立培训计划。

高校资产管理部门应建立大数据分析平台的培训计划。此计划应涵盖数据分析技能、数据可视化技巧等多方面内容，以提升工作人员的专业素养。

（2）提供技术支持。

高校资产管理部门应在技术上为各个单位提供支持。例如，针对大数据分析平台的技术问题，及时协调专业技术人员进行支援和解决。同时，也要加强技术培训，提升技术人员的水平，以更好地服务于学校的资产管理工作。

（二）确保督查和审计结果得到充分重视和处理

为了使督查和审计工作取得实效，高校资产管理部门必须逐步建立督查和审计结果的反馈机制和问责机制，确保发现和纠正问题得到充分重视和处理。

六、做好高校资产管理与其他单位的合作交流

高校资产管理部门需要与相关单位进行积极交流，加强沟通与合作，在共同开展活动和项目中形成合力，进一步推动高校资产管理的深入发展。

（一）加强对外交流与合作

督查和审计工作是高校资产管理部门的重要职责之一，通过严谨的检查和审核，可以发现、纠正工作中存在的不足和问题。为了使督查和审计工作取得实效，需要建立相应的反馈机制和问责机制，确保发现和纠正问题得到充分重视和处理。

1.建立督查和审计结果的反馈机制

（1）反馈问题清单。

对于督查和审计中发现的问题，高校资产管理部门应制定问题清单，实行分类汇总。问题清单应在三个月内反馈给相关单位，并与其进行跟踪沟通，推动责任落实。

（2）汇总督查和审计成果。

高校资产管理部门应及时将各项督查和审计成果进行汇总。在汇总报告中，应详细列出问题清单、处理情况、处理意见等。此外，还可以对督查和审计工作中发现的问题进行分析，提出改进措施和建议。

（3）开展经验分享会。

为了让各个单位更好地借鉴和学习相关经验，高校资产管理部门可以开展经验分享会，分享各个单位的督查和审计经验。同时，也可以就督查和审计工作中存在的问题进行研讨，找出问题背后的根本原因，推动改进。

2.建立督查和审计问责机制

（1）建立问责制度。

高校资产管理部门应在制度上建立相应的问责制度。此制度应涉及各类工作人员，明确相关责任与权利，以便在后续的督查和审计工作中更好地履行职责。

（2）审查问责情况。

高校资产管理部门应对问责情况进行定期审查。例如，针对各个单位已落实的督查和审计结果，要结合实际情况进行复查和核实，确保问题得到妥善解决。针对还未落实的督查和审计结果，则要逐一跟踪并进行问责。

（3）适当惩处违规行为。

在问责工作中，高校资产管理部门应及时采取措施，对违规的行为进行惩处。例如，对于存在问题未能及时纠正的单位或责任人，可以给予严肃的处理，从而形成有效的震慑效应。

3.加强对问题的整改跟踪和反馈

（1）逐一核实整改情况。

高校资产管理部门应逐一核实被督查和审计单位的整改情况。通过与责任人进行沟通，了解他们的整改方案和进展情况，并加以确认。

（2）反馈整改情况。

为了让各个单位更好地开展工作，高校资产管理部门需及时向他们反馈整改情况。如果发现问题已得到妥善解决，则需向相关责任人表示感谢，对其给予表扬。而如果整改不彻底或存在其他问题，则需要进一步跟踪整改情况，并督促责任人尽快解决问题。

（3）加强信息公开。

高校资产管理部门应加强信息公开，让广大师生和社会公众了解相关督查和审计工作的情况，以及问题整改的进展和结果。可以通过发布公告、组织听证会等形式开展信息公开工作，提高透明度和公信力，增强社会监督作用。

（二）健全内部交流和协作机制

高校资产管理部门作为学校内部的重要职能部门，对于学校的资产管理工作有着至关重要的影响。因此，与其他相关部门的交流和协作，以及完善资产信息化系统，都是提升工作效率和质量的必要手段。

1.建立专业人才团队和联合工作机构

（1）建立专业人才团队。

高校资产管理部门需要建立专业人才团队，整合各类专业人才资源，并加强培训和技术支持，提高工作人员的素养和技能水平。这样可以更好地发挥人力资源优势，推进资产管理工作。

（2）建立联合工作机构。

在实际工作中，高校资产管理部门还需要与其他相关部门建立联合工作机构。例如，与设备科技维护中心、财务部门等部门进行协作，共同推进资产管理工作，形成合力。

2.加强内部交流和协作

（1）加强内部沟通。

高校资产管理部门应加强与其他部门的沟通，建立良好的信息交流渠道，及时了解各项工作进展情况，推动工作的开展。此外，还可以定期召开交流会议，分享经验和讨论问题，促进内部协作。

（2）完善工作流程。

高校资产管理部门应建立完善的资产管理工作流程，明确各个步骤和环节的职责和分工。同时，需要与其他相关部门进行配合，确保工作无缝对接，提高工作效率和质量。

3.优化和更新资产管理信息化系统

（1）引入先进技术。

高校资产管理部门需加强对资产管理信息化系统的优化和更新。通过引入先进的技术手段，如大数据分析、云计算等，可以更好地处理和管理资产信息，并为各项工作提供有力支持。

（2）提高系统的易用性。

高校资产管理部门在优化和更新资产管理信息化系统时，还需要注意提高系统的易用性。例如，采用可视化设计，增强用户体验，方便工作人员和其他使用者操作和查询资产信息。

第八章　高校融资渠道的多样化和风险控制

第一节　高校融资渠道的类型和特点

一、直接融资和间接融资

（一）直接融资

随着高校规模不断扩大、服务范围不断拓展，融资需求也日益增加。除了传统的政府财政拨款和学费收入，高校还需要通过其他方式获取资金，以满足人才培养、科学研究、教育教学等方面的各种支出。在这种情况下，直接融资成了高校资金筹措的一个重要渠道。

直接融资是指高校直接向金融机构、企事业单位或个人募集资金，例如发行债券、股权融资等。相比于间接融资，直接融资能够在一定程度上提高高校的知名度和信誉度，同时也能够实现融资成本的相对降低。

与此同时，直接融资也存在一些不可避免的风险。首先，由于高校的规模和实力相对较弱，其所能募集到的资金规模有限。其次，在融资过程中需要承担更多的风险，包括市场风险、信用风险等。因此，在选择直接融资时，高校需要仔细权衡其优缺点，做好风险控制和管理工作。

一般来说，高校进行直接融资需要正式发行债券或者股权等金融工具。发行债券是指高校将自己的债权转化为债券，通过向公众募集资金来筹措资金的一种方式。而股权融资则是指高校通过出售自身部分股权或新增股份，向投资者募集资金。

直接融资的一个重要特点就是能够在一定程度上提高高校的知名度和信誉度。毕竟，一个能够成功发行债券或股票的高校，无疑会给外界留下非常积极的印象。同时，由于直接融资所带来的利息或回报率相对较低，这也能够在一定程度上供应高校的融资需求，从而提高其运营效益和竞争力。

然而，直接融资也有一些不可避免的限制和潜在风险。首先，由于高校规模相对较小，其所能募集到的资金通常比较有限。其次，在融资过程中还需要承担更多的风险，包括市场风险、信用风险等。因此，在选择直接融资时，高校需要仔细权衡其优缺点，并做好相应的风险控制和管理工作。

其中，加强内部管理和监督可以有效规范融资流程，明确职责分工，避免出现重大失误和疏漏。定期开展风险评估和应急预案则有助于高校及时发现潜在的风险和问题，并采取相应措施进行处理。建立健全的风险管理体系则能够保障高校的融资工作安全和顺利开展。

（二）间接融资

随着高校规模的不断扩大和服务范围的不断拓展，融资需求也日益增加。在这种情况下，间接融资成了一种重要的融资手段。

间接融资是指通过金融中介机构来获取资金支持，如通过银行、证券公司等金融机构获得信贷融资、保证金融资等方式筹集资金。相比直接融资，间接融资流程更加简单、时间短、风险相对较低。

具体来讲，高校进行间接融资时，可以选择向银行贷款、发行金融债券、通过金融租赁等方式实现资金的筹措。其中，贷款是最常见、最普遍的一种方式，通常以抵押质押或信用担保的形式进行；而发行金融债券则是将高校的债权转化为债券，在市场上公开募集资金；金融租赁则是一种租赁融资方式，通过高校与金融租赁公司签署租赁协议，实现资产的融资。

相比直接融资，间接融资优势在于其流程简单、时间较短，同时风险也相对较低。高校可以通过金融机构获取到更大规模的资金支持，从而能够满足更多方面的资金需求。此外，由于金融机构在作为中介角色时通常会采取严格的风险管理措施，如要求高校提供质押担保或者信用担保等，因此间接融资也相对比直接融资更加稳妥可靠。

当然，间接融资也有一些不可忽视的缺点和限制。首先，受到金融机构资金投向的限制，高校的融资规模有所限制。其次，银行等金融机构的融资利率和条件需要进行谈判，在某些情况下可能不利于高校利益。

二、市场化债务融资

（一）市场化债务融资的概念和特点

市场化债务融资是指企业、政府、非营利组织等机构通过发行债券等资本工具向市场筹集资金的融资方式。相对于传统贷款融资，市场化债务融资有以下几个特点：

（1）市场化债务融资通常在公开市场上进行，可以吸引更广泛的投资者参与，从而实现大规模资金募集。

（2）债券期限较长，通常为数年甚至十几年，这为企业提供了相对稳定的资金来源，降低了运营风险。

（3）市场化债务融资的成本相对较低，其中包括发行成本、利息支出和财务费用等，从而能够提高企业的融资效率。

（二）公开发行与私募债券的区别及应用范围

公开发行与私募债券是市场化债务融资中两种不同的形式。

公开发行是指债券在证券交易所上市交易，并向广大投资者公开发售；私募债券则是指债券发行对象为少数几个固定的机构或个人投资者，不会在证券交易所上市交易。

公开发行债券的应用范围较为广泛，适用于需要大规模资金支持、扩大知名度和提升信用评级等多种情况。而私募债券则通常适用于小型企业、比较稳定的资产证券化等场景。

两种方式各有优劣，公开发行在流动性、灵活性和透明度等方面更加优秀，但涉及监管和成本等问题；私募债券则更容易定制化，但缺乏流动性和透明度。

（三）高校市场化债务融资的优缺点分析

高校作为一类非营利组织，其融资需求通常与企业有所不同。市场化债务融资对高校而言具有以下几个优势：

第一，通过市场化债务融资，高校可以获得符合长期投资需求的稳定资金来源，从而实现长期规划。

第二，高校可以借助债券市场建立自己的融资品牌，提升知名度和声誉。

第三，市场化债务融资成本低、期限长，相对于银行贷款等传统融资方式风险较小。

不过，市场化债务融资也存在一些问题和风险，如债券违约可能会给高校声誉带来负面影响；在发行前的信息披露、投资者保护等方面，需要高校具备更为丰富的经验和专业技能。

（四）如何降低高校市场化债务融资的风险？

高校在市场化债务融资中需要充分认识到其中的风险，并采取相应的措施进行规避与控制。具体可以从以下几个方面入手：

第一，建立系统化的风险管理机制。高校应建立完备的风险管理体系和内部控制制度，对发行前、发行后以及债券期内的各个环节进行全面、科学的风险评估，确保企业在市场化债务融资过程中能够做到信息公开透明，提高与投资者的互信度。

第二，选择优质的投资银行和律师事务所。在市场化债务融资中，投资银行和律师事务所是必要的合作伙伴。高校应该选择具有良好信誉和专业背景的投行和律所，尤其需要注意评估其专业水平、五年以上融资经验、服务态度等方面的要素。

第三，审慎控制债务规模和借款用途。在进行市场化债务融资时，高校应该按照自身的实际情况和未来发展计划来制定融资计划，量力而行，避免过度融资或盲目扩张。并且，在选择借款项目时，高校应重视对资金的使用效果，妥善使用借款，避免乱花钱或用于不务实的项目，从而提高债券违约的防范能力。

第四，保持财务独立性。在市场化债务融资过程中，高校应该保持财务独立性，避免将融资后的资金用于控股公司或母公司等其他项目的借款上，以及规避政府相关担保和外部贷款风险。

（五）市场化债务融资在高校中的成功案例剖析

中国科学院是一家成功发行市场化债券的典型案例。2017年，中国科学院通过公开发行债券获得了70亿元人民币的资本增值，成为国内首批涉足市场化债务融资的科研机构之一。其成功的经验主要体现在以下几个方面：

第一，科学规划资金用途。中国科学院制定了翔实、可行的资产配置和运营计划，确保各项融资项目与集团未来战略目标相符合。并且，在资金运营和使用方面加强监督和管理，避免浪费和滥用资金，保证了债券的信誉度和投资者对其未来的信心。

第二，做好信息披露工作。中国科学院在债券发行前，充分披露自身的财务状况、资产构成、融资用途、管理模式等相关信息，提高了投资者的参与度和信心度。

第三，选择合适的投行和律师团队。中国科学院委托多家有丰富经验的金融机构担任牵头安排人，在风控方面采取多层次的保障机制，确保融资的安全性和可信度。

通过以上实践案例的剖析，高校在进行市场化债务融资时需要注重规避风险，并结合自身业务特点来挖掘潜力，寻求成功的机会。

三、校企合作融资

（一）校企合作融资的概念、形式和意义

校企合作融资是指高校与企业之间的合作，通过互利共赢的方式来实现融资的目的。其形式包括科技成果转化、产学研项目合作、技术服务等等。校企合作融资具有以下几个意义：

（1）可以提升高校技术创新能力，促进科技成果向市场转化。

（2）可以为企业提供稳定的技术支持，降低企业的技术研发成本，增强企业自身核心竞争力。

（3）校企合作融资也有助于推动区域经济发展，加强高校与地方政府、企业以及社会各方面的联系与互动。

（二）校企合作融资中的风险管理策略

在进行校企合作融资时，需要注意规避各种风险，建立相应的风险管理策略。具体可以从以下几个方面进行规避：

（1）加强技术保密措施。通过签署保密协议、分阶段披露技术方案、制定专项保密措施等方式来保护技术成果的安全。

（2）规范合作流程。建立完善的合作流程和管理制度，确保合作双方能够清晰明确地了解各自的责任和义务。

（3）重视信息公开与透明。在合作过程中，及时向合作伙伴披露相关信息，特别是涉及项目资金使用的情况。

（4）完善法律相关条款。 在签署合作协议时，应注意明确各类风险的相关责任，包括违约、知识产权纠纷、不当竞争等。

（三）校企合作融资的模式与实践

校企合作融资模式包括技术转让、科技服务、人才培养等多种形式。具体实践过程中，需要根据不同场景进行针对性选择合作模式。以下是几个常见的合作模式：

（1）技术转让模式。高校通过对自身科研成果的开发和转化，将已经申请专利或拥有核心技术的项目出售给需求该项技术的企业，从而实现资金的变现和技术的推广。

（2）科技服务模式。高校为企业提供科技服务，包括科技咨询、技术培训、技术评估、检测分析等服务，并根据不同的服务类型收取费用。

（3）人才合作模式。高校将自身技术人才与企业进行匹配，提供短期或长期的技术咨询和支持，同时为学生提供实习、就业机会，实现校企共赢。

（四）校企合作融资案例分析

富士康集团与上海交通大学之间的合作可以作为一个成功的案例进行分析。在双方合作过程中，上海交通大学从技术角度为富士康解决了一系列燃料电池负极制备关键技术难题，并通过技术转化的方式向企业出售技术成果。此合作为双方带来了巨大的经济效益和社会价值，同时也为校企合作融资提供了一个切实可行的案例。

该案例成功的经验主要体现在以下几个方面：

在项目选择和开发中，上海交通大学明确选取符合自身科研特长的领域进行研究，并重视核心技术和知识产权的保护。

在合作过程中，双方建立了稳固的合作关系，并且针对不同问题制定了相应的解决方案，保证了项目的顺利进行。

在落地实施过程中，双方注重资源优化配置和互惠共赢，共同分享项目的收益，使得合作关系进一步升级。

通过以上案例分析，我们可以看到，在校企合作融资中，选择合适的模式、加强风险管理、注意法律条款，并建立良好的合作关系以及知识产权保护等都是重要的因素。这些经验有助于帮助高校更好地开展校企合作融资工作，促进校企合作的互惠共赢，提升高校的社会服务能力和市场竞争力。

第二节　高校融资渠道的选择和运用

一、高校融资渠道的分类和特点

高校作为教育产业的一种特殊企业形式，在经济发展中拥有着重要的地位。然而，由于各种原因，高校需要对外融资以满足其发展需求。高校融资渠道可以分为三类：债务融资、股权融资和并购重组。下面将对这三种高校融资渠道进行详细介绍。

（一）债务融资

债务融资是高校融资中的一种重要手段，可以通过向金融机构或债券市场等渠道进行借款，解决学校在建设、研究等方面需要大量长期资金支持的问题。本文将介绍债务融资的流程、特点和适用场景，并探讨如何优化债务融资策略。

1.债务融资的流程

（1）确定融资需求和规模。

高校在进行债务融资前，需要明确融资需求和规模。这涉及资金用途、资金来源、融资期限和利率等方面的选择。根据高校自身的资金需求，以及当时的市场环境和债券定价情况，制定合理的融资计划和融资方案。

（2）选择发行方式和融资渠道。

根据企业实际情况和市场需求，高校需要选择相应的债券发行方式和融资渠道。可以选择公开发行债券或私募债券，也可以选择向金融机构贷款或通过其他融资渠道来获取资金。同时，在选择债券发行方式和融资渠道时，需要考虑相关法律法规和市场规则。

（3）制定债券方案和发行计划。

高校在进行债务融资时，需要制定相应的债券方案和发行计划。这涉及债券种类、票面利率、发行规模、发行时间等方面的选择。同时，在发行债券前还需要做好相关准备工作，如审计报告、财务报表等材料的备齐，并与交易所、承销商等各方进行充分沟通和协商。

（4）债券募集和交易。

一旦债券发行计划得到批准，高校就可以开始债券募集和交易。通过向投资者发售债券来筹集资金。在债券发行过程中，高校需要加强信息披露，保证信息透明度，提高投资者信心。同时，需要注重债券的流动性和稳定性，确保债券交易活动顺畅进行。

2.债务融资的特点

（1）流动性较强。

与其他融资方式相比，债务融资的流动性较强。借款期限相对短，由此带来了更加灵活的资金运用和投资组合，可以更好地应对短期、中期或长期的资金需求。

（2）成本较低。

相比股权融资而言，债务融资有着较低的发行成本和利息支付成本。这是因为在债券发行过程中，相对于股权发行的机制和规则而言，债券发行所需要的费用和时间要少得多，其利率也比股权融资的股息支出要低得多。

（3）不涉及所有权变化。

通过债务融资，企业可以获取到已知固定的资金流，同时不会涉及所有权结构的变化。这可以保持企业稳定的所有权结构，避免转让股权所带来的潜在问题和成本。同时，高校还可以通过债务融资来控制自身的股权结构，避免出现重大股权变动，保持企业的稳定发展。

3.债务融资的适用场景

HIGH EDUCATION 机构通常财政预算有限，但需要大量长期资金支持进行学科建设、科学研究等项目。这种融资方式可以为学校提供稳定的资本来源，在规避相应风险之后，能够为学院事业发展提供可靠的保障。同时，由于基础教育领域的需求比较稳定，收益相对可控，因此债务融资是一种安全可靠的融资方式。

此外，企业在进行债务融资时，需要符合当地相关法律法规，保证财务状况良好，债券评级较高等条件。同时，高校在选择债券发行方式和融资渠道时，需要考虑相应的市场环境和市场需求，以确保融资成功并获得可持续增长。

4.如何优化债务融资策略

（1）从投资人的角度出发，为投资人设计更加适合市场需求的债券产品，提高债券的吸引力和流动性。

（2）通过多元化融资渠道来增加债务融资的来源，降低融资成本，使投资者与借款人之间建立稳定、长期的信任。

（3）在债券募集和交易过程中，加强信息披露，并及时发布经营情况、财务状况等公告，以维护投资者的合法权益和债券交易市场的稳定。

（4）建立完善的风险管理和控制体系，包括利率风险、信用风险、流动性风险等，以确保债务融资活动稳健可靠。同时，要对不同类型的债券进行有效区分和评估，以避免不良债务对企业经营造成不利影响。

债务融资是 HIGH EDUCATION 机构在融资过程中一种重要的融资方式，通过债券融资可以解决学校在资金短缺时的资金需求问题。高校需要结合自身实际情况，选择适当的融资方式和融资渠道，同时加强信息披露和风险管理控制，以提高债务融资的效益和市场竞争力。

（二）股权融资

股权融资是企业筹集资金的一种重要方式，通过向投资者发行股票或其他股权证券，可以为企业提供长期稳定的资金来源。本文将介绍股权融资的流程、特点和适用场景，并探讨如何优化股权融资策略。

1.股权融资的流程

（1）确定融资需求和规模。

在进行股权融资前，企业需要明确自身的融资需求和规模。这包括资金用途、资金来源、股权结构调整等问题。通常，在进行股权融资前，企业需要做好详细的财务分析和资产负债表的分析，以便确定自己的股权价值和未来的发展方向。

（2）选择投资者和股票类型。

根据企业自身的实际情况和市场需求，企业需要选择更加适合自己的投资者和股票类型。如果是较大的企业，可以选择向大型机构投资者发行股票，也可以选择向普通投资者发行股票。

（3）制定股票发行方案和计划。

在选择好投资者和股票类型后，企业需要制定相应的股票发行方案和计划。这包括股票种类、发行数量、发行价格、发行时间等问题。同时，在制定股票发行方案和计划时，需要考虑市场环境和法律法规等因素。

（4）股票募集和交易。

一旦股票发行方案得到批准，企业就可以开始股票募集和交易。通过向投资者发售股票来筹集资金。在股票发行过程中，企业需要加强信息披露，提高投资者信心。同时，需要注重股票的流动性和稳定性，确保股票交易活动顺畅进行。

2.股权融资的特点

（1）长期稳定的资金来源。

相比其他融资方式，股权融资可以为企业提供长期稳定的资金来源。由于股东持有的股份代表对企业所有权的一部分，他们通常会成为企业的长期投资者。这可以帮助企业实现长远发展计划，并降低经营风险。

（2）股份分散化。

通过股权融资，企业可以实现股份分散化，为后续市场化管理和股权交易打下基础。这可以提高企业的市场流动性，促进企业的市场化转型。与此同时，股份分散化可以降低公司管理层和控股股东对公司经营决策的影响。

（3）实现规模化经营。

通过股权融资，企业可以实现规模化经营，拓展生产规模、加强技术创新等方面都有着重要意义。这可以提高企业的效益和市场竞争力，增强企业的发展潜力。

3.股权融资的适用场景

股权融资适用于规模较大、成熟度较高的企业，尤其是在需要大量资本投入、急需整合行业资源、加强核心竞争力等方面。股权融资通常需要大量资本投入和相关经营管理能力，因此对于初创企业来说不太适合。而对于规模较大、成熟度较高的企业，通过股权融资可以实现股份分散化，更好地完成市场化转型。

同时，在选择股权融资时，企业需考虑好股权结构调整和管理团队的问题，并制定详细的治理机制。这样可以更好地保护其他股东利益，同时防范内部恶意瓜分企业财产等不正当行为。

4.如何优化股权融资策略

（1）明确融资需求和规模。

在进行股权融资前，企业需要明确自身的融资需求和规模。这包括资金用途、资金来源、股权结构调整等问题。通过仔细分析自身情况，确定合适的融资规模和时间，以便获得最佳效果。

（2）选择合适的投资者和股票类型。

在选择投资者和股票类型时，企业需要注意市场形势和投资者特点。企业可以选择到期时间长、流动性好的普通股票，也可以选择优先股票、可转换债券等其他股权证券。

（3）加强信息披露。

在股权融资过程中，企业需要加强信息披露，向投资者介绍企业情况、未来发展计划等信息。这可以提高投资者信心，并减少对企业的猜测和揣测。

（4）注重股票的流动性和稳定性。

股权融资后，企业的股票将被广泛交易。为了保持股票流动性和稳定性，企业需要设立专门的股票市场，提高交易效率，降低股票交易风险。

股权融资是企业融资的一种重要方式。通过加强信息披露、选择合适的投资者和股票类型，以及注重股票流动性和稳定性，可以更好地实现股权融资的目标。同时，企业还应该注意股权结构调整和治理机制建立，防范内部不当利益关系的形成，保障企业长期健康、稳定的发展。

（三）并购重组

随着高校的快速发展，越来越多的高校开始关注如何获得更多的资金支持，以满足学校建设和发展的需求。在这一情况下，债务融资、股权融资和并购重组成为高校的主要融资渠道之一。本文将重点介绍并购重组作为高校融资渠道的特点、适用场景以及优化策略。

1.并购重组的特点

（1）快速扩大规模和实力。

通过并购重组，高校可以迅速扩大规模和综合实力，吸收优质资源，降低成本开支，产生规模效应。特别是对于优势互补的高校，可以通过并购重组强强联合，实现资源共享，提高综合实力。

（2）产业链条优化。

并购重组可以帮助高校实现产业链条优化，形成完善的供应链体系。高校可以通过整合课程资源、研究成果等方面的资源，进一步提高教育和科研水平，同时构建起较为完善的产业链条，促进教育、科研和产业的有机结合。

（3）提升技术水平和核心竞争力。

通过并购重组，高校可以吸收新技术、推动技术创新、加强自主研发等方式，从而提升自身的技术水平和核心竞争力。这对于高校的长远发展具有重要意义，同时也为国家战略的实施做出贡献。

（4）存在一定风险性。

并购重组需要整合管理困难、文化融合问题等，同时也需要耗费大量的人力、物力以及资金等资源。因此，在选择并购重组方案时，需要制定详细的计划，精心管理每一步，制定相应的风险控制机制，以确保并购重组能够顺利进行。

2.并购重组的适用场景

并购重组适用于需要整合资源、提升综合实力、加快核心技术创新等方面的高校，尤其是在同行业、相关产业或具有互补性的领域中。在选择并购目标时，高校应充分考虑目标企业的经营情况和未来潜力，并进行充分的尽职调查，评估对未来的影响。同时，也需要做好文化融合、管理整合等方面的准备。

3.并购重组的优化策略

（1）明确并购目标和实施方式。

高校在进行并购重组前，需要明确并购目标和实施方式。这包括并购所需的资金和资源，以及具体的并购实施计划。

（2）加强信息披露。

在并购过程中，高校需要加强信息披露，向各方面介绍自身情况、未来发展计划等信息，并提高投资者的信心。

（3）注重文化融合。

高校之间在文化、管理等方面都存在差异，因此在并购过程中，需要注重文化融合。高校可以采取多种方式，例如开展文化交流、组织培训、加强沟通等，帮助各方人员更好地适应新的环境，推动文化融合。

（4）建立完善的管理机制。

在并购重组后，高校需要建立完善的管理机制，包括管理体系、治理结构等方面。这可以帮助高校更好地整合资源，优化产业链条，提升自身综合实力。

作为高校融资渠道之一，通过并购重组可以快速扩大规模和实力，形成完善的产业链条，提升技术水平和核心竞争力。但是，在选择并购重组方案时，高校需要注意充分评估对未来的影响，并制定详细的计划和风险控制机制。同时，在并购重组后，也需要注重文化融合和建立完善的管理机制，以保证并购实施顺利。

二、债务融资渠道在高校中的应用与操作

债务融资是高校中常用的一种融资方式，它通过向金融机构或债券市场等渠道进行借款，从而筹集所需资金。在高校中，债务融资的应用与操作不仅能有效支撑高校的投资和运营，同时也有助于优化学校资产负债结构，提升管理效率和核心竞争力。本文将对债务融资的应用与操作进行详细探讨。

（一）债务融资的应用

1.基础教育建设

基础教育建设一直是高校建设和发展的重要方向之一。随着教育事业的不

断发展和国家对高等教育的不断重视，高校需要大量的长期资金支持进行学科建设、科学研究等项目。例如，购置先进的实验设备、图书资料、数字化教育资源等都需要大量的资金投入，这些资金通常无法通过其他融资方式来满足。因此，债务融资成了高校争取资金支持的主要途径之一。

基础教育建设可以分为硬件建设和软件建设两个方面。硬件建设包括高校各项设施的建设和更新，如教室、实验室、图书馆、学生宿舍、体育场馆等；软件建设则包括师资建设、课程改革、教学模式创新等。这些项目需要大量的资金支持，并且具有长期性和连续性，需要高校在长期内对其进行投入和建设。而在这个过程中，债务融资可以提供稳定的资本来源，支持高校进行基础教育建设。

首先，债务融资可以为高校提供长期、稳定的资金来源。在教育事业中，有很多项目需要大量的投入来实现，如学科建设、科学研究等项目。这些项目通常具有较长的周期和较高的资金需求，但又不一定能够获得政府或其他机构的资金支持。债务融资可以通过向银行或其他金融机构借款的方式来满足高校对长期资金的需求，为高校提供稳定的资本来源。

其次，基础教育建设领域相对稳定，收益相对可控。相比于其他行业，基础教育领域更注重长期效益，收益也更加持久。在这个过程中，债务融资可以为高校提供长期资金支持，并保证收益相对可控。这意味着高校可以通过债务融资获得资金，用于购置先进的实验设备、图书资料、数字化教育资源等方面的投资，从而提高学科建设、科学研究等方面的水平。

除了上述优点，债务融资还存在以下几个优点。

第一，债务融资资金来源相对广泛，可以从国内银行、境内外证券市场等多种渠道获得资金。不同的投融资渠道在利率和条件上存在差异，高校可以通过选择适合自身情况的债务融资方式获得最优质、最低成本的资金。

第二，债务融资可以根据高校的需求特点制定资金用途和期限，更加灵活地运用资金。债务融资不仅能够为高校提供长期稳定的投资来源，还可以根据需要进行资金调配和优化配置，支持高校进行各项建设工作。

第三，债务融资比起其他融资方式可以更好地提高高校的信用质量。高校通过债务融资可以积极建立与金融机构的合作关系，并且按时、足额地支付贷款本金和利息，提高了高校的信用质量，也为后续获得更多的融资提供了有力保证。

然而，债务融资也存在一些风险和挑战，高校应该注意避免这些问题对基础教育建设造成影响。例如，利率风险、流动性风险等问题都需要在借款时进行全面评估，并制定详细的风险控制机制。此外，在选择债务融资渠道时，高校也应该注意评估借款方的信用状况和偿还能力，以避免不良债务。同时，债务融资需要高校在借贷过程中明确借款目的和还款计划，并制定详细的风险控制机制。除此之外，要加强信息披露，保证资金使用透明度，防止资金流向混乱造成的损失。

债务融资可以为高校提供长期稳定的资金来源，支持高校进行基础教育建设。在进行债务融资时，高校也需要注意避免风险和挑战，并制定详细的风险控制机制和资金管理计划，保证资金使用的透明度和财务安全。只有这样，债务融资才能够为高校发展提供更加稳定、可持续的资金来源，推进我国教育事业健康、有序地发展。

2.资产证券化

资产证券化是指将原本不便于转让和流通的资产，通过拆分、打包、转移、分级、交易等操作，转换为可以流通和交易的证券产品，并通过发行抵押证券或信用证券的方式进行融资。高校通常拥有大量的固定资产、房地产、土地等不动产，而这些资产并没有得到充分的利用。通过资产证券化，高校可以将这些不动产进行变现，并通过发行证券的方式获得资金支持。

在这个过程中，资产证券化具有以下优点：

资产证券化可以将高校的不动产变现，提高了其资产流动性。高校的很多资产，如房地产、土地等不动产，虽然其价值较高，但是却难以变现，限制了其资产流动性。通过资产证券化，高校可以将这些不动产进行拆分、打包、转移、分级、交易等操作，从而将其变为可以流通和交易的证券产品，提高了其资产流动性。

资产证券化可以为高校提供更加多样化的资金来源。资产证券化可以通过发行抵押证券或信用证券的方式进行债务融资，从而为高校提供更加多样化的资金来源。这些资金来源通常具有较低的成本和较长的期限，有助于缓解高校面临的财务压力。

资产证券化可以降低高校的债务风险。高校通过将其不动产进行拆分、打包、转移、分级、交易等操作，可以实现风险的分散和转移，降低整体债务风险。此外，资产证券化还可以为高校提供更多的资产管理机会，高校可以通过对不动产资产的有效管理和利用，提高其价值和收益水平。

除了上述优点，资产证券化还存在以下几个优点。

资产证券化满足了市场投资者对不同期限、风险类型等产品的需求。不同的投资者对于证券化产品的需求是不同的，他们的需求可以从期限、风险、收益等多方面入手。因此，高校可以通过发行不同种类的证券化产品，以满足不同投资者的需求，并且实现融资的目标。

资产证券化可以促进社会资源的优化配置和利用。资产证券化将高校的不动产变为可以流通和交易的证券产品，能够促进社会资源的优化配置和利用，使得社会各方面的资源得到了更好的发挥。

资产证券化有助于提高高校的融资效率。通过资产证券化，高校可以将其不动产进行变现，并通过发行证券的方式获得资金支持，从而提高高校的融资效率。这种方式不仅能够降低成本，还能够大幅度地提高募集到的资金量。

然而，资产证券化也存在一些风险和挑战，高校应该注意避免这些问题对资产证券化的影响。

资产证券化所涉及的不动产需要经过充分的评估和审计，确保其价值和质量符合市场要求。如果高校的不动产质量不佳或者价值偏低，就难以吸引投资者进行投资，从而影响高校的融资效果。

资产证券化还面临着市场风险和信用风险等风险。市场风险是指在证券化产品发行、交易、持有过程中，由于市场价格波动等因素对证券产品带来的风险；信用风险则是指证券发行人无法按照协议履行义务，导致投资者无法获取预期收益的风险。这些风险需要在证券化产品的设计和管理过程中加以控制和避免。

资产证券化需要高校具备较强的资产管理能力和金融知识。高校需要通过有效的资产管理和金融知识，规范证券化产品的发行和管理，保护资产安全，并使其取得最大化的利润。

资产证券化能够为高校提供更多样化的资金支持，有利于高校实现资产变现和资金募集的双重目标。在进行资产证券化时，高校需要注意避免风险和挑战，并制定详细的管理计划和风险控制机制，确保证券化产品的质量和可靠性。只有这样，资产证券化才能够为高校发展提供更加稳定、可持续的资金来源，促进教育事业健康、有序地发展。

3.学生贷款

随着高等教育费用的不断增长，越来越多的学生面临资金问题。在这种情况下，学生贷款成为一种普遍的融资方式。学生贷款通常用于支付高额的学费和住宿费用等，能够帮助家庭经济困难的学生克服经济上的障碍，并继续接受高等教育。而高校可以通过向金融机构发起合作，支持学生贷款项目。

高校为学生提供贷款担保，帮助学生借款。高校可以通过自有资金或者与银行、信托公司以及其他金融机构合作，为学生提供贷款担保，从而帮助学生更容易地获得贷款。此外，高校还可以针对家庭经济困难的学生提供特殊的贷款政策，例如减免利息或延长还款期限等措施，为学生提供更加优惠的借款条件。

高校可以与银行等金融机构合作，为学生提供亲民的利率和期限。高校可以与银行等金融机构签订协议，为学生提供较低的贷款利率和灵活的还款期限，以降低学生的借款成本和减轻经济压力，提高教育公平性。此外，高校还可以为学生提供相关的贷款咨询和服务，帮助他们更好地了解借款政策和借款流程。

除此之外，学生贷款还有以下几个优点：

学生贷款可以鼓励学生继续接受高等教育。对于那些家庭经济困难的学生来说，缺乏资金是一个很大的问题，而学生贷款可以帮助学生克服这个障碍，继续接受高等教育，提高其就业竞争力和未来收入水平。

学生贷款有助于高校招生和留学生数量的增加。通过为学生提供贷款支持，高校能够吸引更多的学生报考并在这所高校完成学业，同时也能吸引更多的国际学生前来就读。

学生贷款还可以为高校提供长期稳定的资金来源。通过与金融机构合作，高校可以形成一种长期稳定的资金来源，为高校发展提供更多的资金支持。

然而，学生贷款也存在一些挑战和风险，例如借款人的信用状况、还款能力以及逾期等问题需要进行有效的管理和控制。同时，高校也需要建立完善的信息披露机制和风险控制体系，制定详细的政策和规定，保障学生权益并防止不良债务的发生。

学生贷款可以为那些家庭经济困难的学生提供资金支持，实现教育公平，并为高等教育的发展提供长期稳定的资金来源。在开展学生贷款业务时，高校需要注意避免风险和挑战，并制定完善的政策和管理措施，建立起信息披露机制和借款人信用评估体系，确保学生的权益得到有效保障。同时，高校还需要积极与银行等金融机构合作，为学生提供更加优惠的借款条件，降低学生的经济压力和借款成本，实现教育公平，促进高等教育事业的发展。

（二）债务融资的操作

1.精心策划融资计划

高校进行债务融资是一种重要的融资方式，如果不经过精心策划和控制，就可能会产生一系列的风险和问题。因此，在进行债务融资前，必须对自身情况进行评估，并制定详细的融资计划。

高校需要明确自己的资金需求和使用方向。在融资计划中，需要明确资金用途，例如用于教学设施的建设、科研项目的开展、人才引进或者培养等方面。同时，还需要评估所需资金的数量、时间和来源等，以及利率、期限、还款方式等相关内容。

高校需要通过市场调研和分析来确定资金来源，包括银行贷款、债券发行等多种渠道。作为借款人，高校需要具备一定的信用等级和还款能力，以吸引投资者和金融机构提供融资支持。同时，还需要与银行、证券公司等金融机构进行洽谈，协商有关融资事宜。

高校需要制定详细的还款计划和风险控制措施。还款计划应该按照借款期限和还款能力等要素，制定合理的还款计划和还款方式，并考虑各种情况下可能出现的问题。同时，高校还需要建立完善的风险管理和控制机制，确保资金使用安全和债务偿还的可靠性。

高校需要形成一套严密的融资计划和管理体系，规范债务融资行为，加强对融资活动的监督和管理。这需要高校制定详细的融资管理规定和流程，包括融资审批、资金使用等方面的内容，以确保高校的资源得到充分利用，并提高债务融资的透明度和公开度。

高校进行债务融资需要进行精心的策划和控制，制定详细的融资计划，并考虑各种情况下可能出现的问题。此外，高校还需要建立完善的风险管理和控制机制，保障资金使用安全和债务偿还的可靠性。只有通过科学合理的融资计划和有效的风险管理和控制，才能够实现债务融资的目标，并为高校长期的发展提供坚实的支撑。

2.选择合适的融资机构

在进行债务融资时，选择合适的融资机构是非常关键的。高校可以考虑向银行、信托公司、基金公司或证券公司等机构申请借款。这些机构通常会提供不同的融资方案和利率，因此高校需要按照自身需求进行选择。同时，高校还应考虑机构的信誉度、知名度、经营规模等因素。

高校可以考虑向银行申请贷款。银行是最常见的债务融资渠道之一，具有广泛的网络和资源优势。高校可以向国有大型商业银行、地方性银行等机构申请借款。而不同的银行也会提供不同的利率和期限等方面的条件，高校需要合理选择，并按照约定的期限和方式还款。

高校可以考虑向信托公司申请贷款。信托公司是专业从事信托业务的机构，其具有较高的灵活性和服务水平。高校可以向信托公司申请设立特定目的信托计划，来支持教育事业的发展。这种方式相对于银行贷款，利率可能会更加优惠。

高校可以考虑向基金公司或证券公司申请借款。这种方式通常需要通过发行债券、票据等金融产品来实现，因此相对于其他渠道而言，更加灵活和多元化。同时，由于债券和票据的流动性较强，高校也可以通过二级市场进行转让获取资金。

高校在选择债务融资机构时还需要考虑机构的信誉度、知名度、经营规模等因素。这些因素会直接影响到借款人的利益和安全性。因此，高校应该对各家机构进行全面评估，并选择信誉度高、声誉好、资金充裕的机构作为合作对象。

高校在进行债务融资时，需要选择合适的融资机构来提供资金支持。选择银行、信托公司、基金公司或证券公司等机构时，高校应该按照自身需求进行选择，并考虑机构的信誉度、知名度、经营规模等因素。只有选择适当的融资机构，并与其建立长期稳定的合作关系，才能够实现高效地债务融资，并最大限度地降低财务风险。

3.积极掌握市场信息

在进行债务融资时，高校需要积极掌握市场信息，以便及时调整自身的融资计划和应对市场变化。这些市场信息可以包括行情、政策法规等因素。

高校需要关注市场行情。通过了解市场利率变化、货币政策等方面的信息，来确定最优贷款利率和借款期限等事项。此外，了解市场需求和投资者的偏好也是非常有必要的，可以更加精准地制定融资方案。

高校需要关注政策法规的变化。随着经济环境和政策环境的变化，高校需要及时了解最新的政策措施和相关法规，以避免出现违规操作的风险。同时，了解一些政策或税收优惠等方面的信息，也可能为高校提供更多的融资机会。

高校可以通过参与各类融资活动，来获取各种有利的融资信息。例如，高校可以参与银行发行的债券或票据等金融产品，以获取更多的资金来源和市场信息，并建立长期合作关系。此外，高校还可以通过与各类金融机构建立战略合作伙伴关系，共同开展多元化的融资活动。

高校需要建立良好的合作关系。与各类金融机构保持联系，定期开展对话和洽谈，可以及时了解市场情况和行业动态，以便更加准确地制定融资计划。除此之外，高校还可以与相关专业的法律、会计机构建立关系，寻求专业帮助和支持。

高校在进行债务融资时，需要积极掌握市场信息，以便及时调整自身的融资计划和应对市场变化。高校可以通过关注市场行情和政策法规、参与各类融资活动、建立良好的合作关系等方式来获取各种有利的融资信息，提供有效的风险控制措施，为债务融资的成功实施提供坚实的保障。

4.加强财务管理和风险控制

进行债务融资的过程中，高校需要加强对自身的财务管理和风险控制。具体措施包括建立完善的财务管理制度、制定严格的资金使用流程、加强对资金流动情况的跟进和监控以及及时做好还款准备等。

在进行债务融资前，高校需要建立完善的财务管理制度。这可以包括制定各种规章制度、明确职责分工、健全会计核算系统和内部控制机制等。通过建立有效的财务管理制度，高校可以规范资金流动，防止违规操作，提高预算执行效率，并确保符合相关法律法规和业界规范。

在进行资金使用方面，高校需要制定严格的资金使用流程。这可以包括明确各项支出计划、规范支出审批流程、加强支出监督等。通过严格的资金使用流程，高校能够实现资源优化配置，避免资金滥用和浪费，为整个投资项目提供可持续性的稳定支撑。

在实施债务融资后，高校需要及时跟进和监控资金流动情况。这可以包括建立专门的监控机制、开展定期检查和审计等。通过这些措施，高校可以及时识别债务风险，为后续风险控制提供支持，以加强对自身的财务管理和风险控制。

在进行借款期限到期前，高校需要及时做好还款准备，避免不良影响。这可以包括制定具体的还款计划、建立健全的资金账户管理体系等。及时做好还款准备，对于保证借款人信用记录具有至关重要的作用，也可以起到减少逾期违约的风险，为了确保借款人的声誉，高校应该非常注重这一点。

高校在进行债务融资时，需要加强对自身的财务管理和风险控制。只有建立完善的财务管理制度，制定严格的资金使用流程，跟进和监控资金流动情况并及时做好还款准备才能够更好地实现债务融资的顺利实施和取得良好效果。此外，在处理财务问题时，高校还应该注重透明度和公正性，通过建立多元化的投资渠道和资金来源，以实现高效利用公共财产，提高经济效益。

三、股权融资在高校中的运用与优化

股权融资是高校中常用的一种融资方式，它通过向投资者出售股份，筹集资本来满足发展需要。在高校中，股权融资的应用和操作多种多样，可以包括上市、配股增资、引进战略投资者等。本文将对股权融资在高校中的运用和优化进行详细探讨。

（一）股权融资的应用

1.发行上市

发行上市是一种重要的融资方式，高校可以选择在证券交易市场进行公开发行股票，从而吸纳大规模的资金支持。在此过程中，需要经过国家有关部门的审批，并满足一定的条件和标准，以确保公司的可持续发展和保护投资人的利益。

高校在发行上市前需要进行充分的准备工作。这包括制定详细的上市计划书，包括公司概况、财务状况、竞争优势、风险评估等方面的信息。同时，应该选取专业的律师事务所、注册会计师事务所、保荐机构等来提供法律、会计、金融等方面的服务。

高校需要满足一定的条件和标准。例如，在我国主板上市需要符合《上市公司管理办法》《公司法》《证券法》等法律法规的要求，以及证券交易所的相关规则。具体要求包括：公司注册时间要求、注册资本金要求、公司治理结构要求、财务指标要求等。只有满足这些条件，高校才有可能被国家有关部门批准上市。

高校在上市前需要进行充分的投资者沟通和宣传工作。一旦获得清华大学、北京大学等国家一流高校的发行批准，在公开发行股票之前，高校可以通过举办路演、发布招股书等方式，向投资者介绍公司的经营情况、业务模式、未来展望等方面的信息。这样可以增强投资者对公司的信心和认知，为后续的上市过程奠定坚实基础。

一旦上市成功，高校就可以得到更多的投资资金，同时也提升了公司的知名度和财务透明度。通过上市，高校可以吸引更多的投资者，进而扩大公司规模和影响力，为高校未来的发展提供更加丰富的资源支持。此外，上市还要求企业必须遵循透明度原则，及时披露相关信息，增强财务透明度，从而提高公司的社会声誉，促进公司以更加健康和可持续的方式成长。

发行上市是一种重要的融资方式，高校可以选择在证券交易市场进行公开发行股票，从而吸纳大规模的资金支持。在此过程中，高校需要进行充分的准备工作，并满足一定的条件和标准。一旦上市成功，高校就可以得到更多的投资资金，同时也提升了公司的知名度和财务透明度。通过上市，高校可以实现更加健康、可持续的发展目标。

2.配股和增资

高校可以通过向现有股东配股或增资来获得新的投资资金，这是一种常见的融资方式。这些股东通常已经了解公司的业务和运营情况，并对公司的发展前景持有一定的信心和认知。此外，通过向现有股东配股和增资还可以稳定公司股权结构，提高公司治理水平。

高校需要充分考虑现有股东的背景和意愿。在向现有股东配股和增资之前，高校需要对现有股东进行调研和询问，以了解他们的投资意愿、策略和资金情况等方面的信息。同时，高校需要向股东提供详细的业务和财务报告，以便他们做出正确的投资决策。

高校需要制定具体的配股与增资计划。这包括制定股权融资方案、提出融资金额、明确股份比例、给出融资用途、股东权益保障等方面的内容。通过制定具体的配股与增资计划，可以让现有股东更好地认识公司的未来发展方向，并且为后续合作奠定基础。

高校需要确定配股与增资的标准和程序。这包括制定分配原则、确认价格制定机制、明确股权登记等方面的内容。同时，应该制定完善的管理规章制度，以确保整个过程的公开、公正和透明。

在进行配股和增资时，高校需要注意保障股东的利益。例如，在确定融资金额时需要考虑到公司实际需要，避免过度融资和浪费资金资源；在确定价格时需要考虑到市场公正价格，以避免股东利益受损；还应该注重信息披露和公司治理，提高企业的透明度和信誉，增加股东的信心和认可。

向现有股东配股和增资是一种常见的融资方式，可以为高校提供新的投资资金。在进行此类融资时，需要充分考虑现有股东的背景和意愿，并制定具体的配股与增资计划。同时，需要确定配股和增资的标准和程序，注重股东利益的保障，增强股东的信心和认知。通过正确的配股与增资战略，高校可以在发展中更好地获取资金和支持，提高公司的治理水平和稳定性。

3.引进战略投资者

引进战略投资者是一种重要的融资方式，高校可以通过与优质战略投资者建立合作关系，获得他们的资金和专业能力支持。战略投资者通常具有长期战略规划和产业资源，能够为高校带来更多的机会和成果。同时，合作也可以加强公司的管理水平和核心竞争力。

高校需要寻找符合自身发展需要的战略投资者。这些战略投资者应该具有丰富的产业经验和资源优势，有长远的规划和目标，并且在相关领域中具有影响力和声誉。通过认真筛选和选择，高校可以选择到适合自己发展的优质战略投资者，为后续合作打下坚实基础。

高校需要准确把握战略投资者的需求和愿景。在与战略投资者进行合作之前，高校应该充分了解战略投资者的商业模式、产品线和客户群体等方面的信息，并结合自身发展情况和需求，制定具体的合作方案并确定实施的步骤和流程。

高校需要制定合理的合作方式和方案。这包括确定股权比例、授权范围、资金投入、技术支持等方面的内容，以确保双方权益得到平衡和保障。同时，在合作过程中还应该注意协同沟通，保持良好的合作关系。

高校需要注重合作之后的管理和跟进工作。这包括建立健全的管理体制、明确职责分工、加强沟通与协调等方面的内容。通过管理和跟进工作，可以及时了解合作情况，并尽快解决问题，为后续合作提供更好的基础和支撑。

引进战略投资者是一种重要的融资方式，可以为高校带来资金和专业能力支持。在进行此类融资时，需要寻找符合自身发展需要的优质战略投资者，并结合自身需求和情况制定具体的合作方案。同时，合作过程中还应该注重管理和跟进工作，保持良好的合作关系，并为今后的发展打下坚实基础。

（二）股权融资的操作

1.准确评估自身价值

在进行股权融资前，高校需要准确评估自身的价值。这是为了确保在股权融资中不会低估或高估自身的价值，从而获得合理的融资收益。精准的自身价值评估可以为后续的股权融资提供依据，并有助于高校更好地把握投资者心态和市场诉求。

高校需要进行全面的财务分析。这包括对公司的资产、负债、现金流等方面的情况进行详细的统计和比较分析。通过财务数据和分析报告，可以确定公司的财务状况、运营效率、风险水平等方面的情况，为自身价值评估提供基础数据。

高校需要进行市场分析。这包括对市场需求、竞争格局、行业趋势等方面的情况进行详细的分析和预测。通过市场数据和调研报告，可以确定公司在市场中的地位、发展前景以及未来的增长空间和潜力。同时，还应该考虑到宏观经济环境、政策影响等因素，全面评估公司的发展前景。

高校需要充分考虑公司的运营能力和管理水平。这包括确定公司的核心竞争力、管理系统、团队素质等方面的情况。通过对公司人员结构、技术研发等方面的评估，可以更加客观地反映出公司的运营实力和管理水平。

在进行自身价值评估时，高校需要注重方法和过程的合理性。评估方法应该综合考虑多种因素，以确保评估结果客观准确。同时，评估过程中要注意对数据和信息的审查和验证，以避免因错误或不实的信息影响评估结果。

准确评估自身的价值是进行股权融资前必须做好的工作之一。在进行自身价值评估时，高校需要进行全面的财务分析和市场分析，并充分考虑公司的运营能力和管理水平。评估方法和过程也需要合理可靠，以确保评估结果客观准确。只有精准的自身价值评估，才能为后续的股权融资提供坚实的基础和保障。

2.了解外部市场环境和投资人的投资风险意识

在进行股权融资之前，高校需要充分了解外部市场环境和投资人的投资风险意识。这是因为，外部市场环境及其变化、政策法规的调整、投资人的投资风险意识等因素都会对股权融资产生影响，也将对高校自身的财务状况和发展前景产生深远影响。

高校需要了解行业的发展情况和趋势。包括市场规模、市场份额、竞争格局、技术趋势等方面的信息，以便确定自身所处的位置和未来的发展方向。通过对行业的深入研究和分析，可以把握市场机遇和挑战，制定出更加合理的经营和发展策略。

高校需要了解政府相关政策和法规。政策调整可能会影响公司的运营和发展，如改变市场格局、调整利率政策、推动技术创新等方面。了解政策法规，有助于公司把握市场机遇，适应政策调整，更好地实现自身发展目标。

高校需要了解投资人的投资风险意识。了解投资人的风险认知和评估能力，可以帮助高校提前了解股权交易中可能涉及的各种风险，以规划好相应的防范措施，保障自身的资产安全和利益收益。同时，在进行股权融资时，高校还需要考虑到投资人的投资目标、行为意图等方面的因素。

在进行股权融资时，高校还需要注重对市场环境和投资人的变化进行实时监测和调整。这包括对行业动态、政策获取、市场需求等信息的持续关注和分析，以便及时调整发展战略，并制定出更加合理的股权交易策略。

了解外部市场环境和投资人的投资风险意识是进行股权融资前必须要做的一项工作。高校需要通过深入研究行业动态和政策法规，了解投资人的投资风险意识和行为意图，以制定出合理的股权交易策略。同时，持续关注市场环境和投资人变化，并随时调整战略，是确保股权融资成功的必要保障。

3.保障股份交易公正、透明和有效性

在进行股权融资时，高校需要确保股份交易的公正、透明和有效性。这涉及交易流程、交易程序、信息披露、关联交易、内幕交易等方面的问题，需要高校精细化管理和规范化操作。

高校需要建立完善的交易流程和规范化的交易程序。交易流程包括发起交易、报价、成交和结算等环节。交易程序包括协议签署、资产评估、尽职调查、交割方式、转让手续等方面的内容。通过建立科学、规范的交易流程和程序，可以确保合法、公正的交易活动得以顺利进行。

在股份交易中，高校需要注重信息披露和透明度。即将所有与交易相关的信息向公众和投资者充分披露，如公司财务状况、经营计划、业务风险、未来前景等方面。同时，要遵守信息披露规定，坚持真实、准确、全面的原则，防止虚假陈述或误导性信息的出现。

高校需要严格控制关联交易和内幕交易。关联交易指高校或其股东与交易对方有利益关系的交易活动。内幕交易指高校在知晓未公开信息的情况下，利用该信息进行股份交易的行为。这些交易都有可能导致信息不对称、交易不公等问题，损害投资人利益和市场公信力。因此，高校需要建立严格的规章制度，加强监督管理，杜绝关联交易和内幕交易的发生。

在股份交易过程中，高校需要重视合同法律效力和风险防范工作。签订有法律效力的合同是交易的必要前提，一旦涉及违约或争议，合同将成为解决纠纷的法律依据。同时，高校需要优化交易结构和组织形式，降低交易风险，并适时采取风险防范措施，避免包括经济、法律、操作等各种类型的风险。

在进行股权融资时，保障股份交易的公正、透明和有效性是非常重要的。高校应建立完善的交易流程和规范化的交易程序，注重信息披露和透明度，严格控制关联交易和内幕交易，并重视合同法律效力和风险防范工作。只有遵守相关规定，加强交易管理和风险控制，才能确保股份交易的公正、透明和有效性，提高市场公信力和投资者信心。

（三）股权融资的优化策略

在进行股权融资时，高校还需要考虑如何优化股权融资策略：

1.制定明确的股权分配方案

在进行股权融资时，高校需要制定明确的股权分配方案，以便合理分配各方的投资风险和收益。股权分配方案应充分考虑不同投资人的利益诉求与风险偏好，保证所有股东的公平性和合理性。

高校要确定股份比例。股份比例是指各股东持有公司股份的数量和比例。在确定股份比例时，需要充分考虑股东的财务实力、投资经验、行业资源、战略意图等因素，确保股份比例能够最大限度地反映各方利益诉求，并灵活调整以适应不同阶段的发展需求。

在制定股权分配方案时，高校还要考虑到股份价格。股价是指在特定的时间和市场情况下，一股公司股票交易的价格。股价影响着公司的估值和股权分配。在确定股份价格时，需要综合考虑公司的财务状况、发展前景、市场需求、竞争格局等多种因素，并以市场为导向，参考同行业企业的估值和市场定价水平等进行评估。

高校在确定股权分配方案时，还要考虑到不同投资人的投资需求和利益诉求。投资人的投资行为往往受到其所处行业及阶段、投资风格、资本实力等因素的影响。因此，在制定股权分配方案时，需要充分了解投资人的需求和诉求，对其进行分类和筛选，并采取相应的激励措施，以吸引更多合适的投资者。

在制定股权分配方案时，高校也需要通盘考虑未来股东治理结构和公司的长期发展规划。股东治理结构是指公司内部各方之间的经济和管理关系。在制定股权分配方案时，需要明确公司治理结构、决策机制等方面的问题，以便在未来的运营中保证公司稳定和持续发展。

在进行股权融资时，高校需要制定明确的股权分配方案。这涉及股份比例、股份价格、投资人需求和公司治理等多方面的问题。只有通过科学分析和精准制定方案，才能有效分配各方的投资风险和收益，保障所有股东的公平性和合理性，实现公司的长期稳定发展目标。

2.建立健全的治理结构

建立健全的治理结构是高校在进行股权融资后，加强公司治理、提高管理水平和核心竞争力的重要举措。治理结构对于公司战略规划、经营决策和风险控制等方面具有重要影响，因此需要高校布局全面、考虑周到。

高校应该建立公司治理架构和流程，明确公司的所有权和决策权。公司治理架构包括股东大会、董事会、监事会等部分，而治理流程则指公司内部的议事规定、决策程序、信息披露等管理制度。通过科学设计、合理分工、流程透明化等方式，可以有效保障公司各方面权益和利益平衡，打造有效决策机制和稳健运营模式。

高校可以考虑引进专业化、有经验的管理团队或顾问团队，以提高决策效率和运作能力。由于高校的管理人员可能缺乏相关经验和知识，需要在经营上寻求外界专业手段的支持和帮助。通过引进专业管理人才或雇佣专业咨询机构，高校可以更有效地开展公司的管理工作，同时还能从行业前沿信息和经验中获取灵感和创新思路。

高校要建立科学、合理的薪酬和激励机制，以提升员工积极性和工作效率。薪酬和激励机制是广泛应用于人力资源管理的一种手段，可有效调动员工的工作积极性、提高员工的工作质量和工作效率。高校可以通过设定绩效评价、股权激励等方式，激发员工的创造力和干劲，充分发挥人才的作用，为公司的长期发展奠定坚实的基础。

高校还需要加强风险管理和内部控制，确保公司运营安全稳定。风险管理和内部控制是保证公司长期发展的重要保障，它们包括风险预警、内部审计、安全防范等方面的内容，可有效帮助企业识别和解决各类问题，提高治理水平和企业竞争力。

在进行股权融资后，高校需要建立健全的治理结构，以保障公司的长期发展。治理结构包括治理架构、治理流程、管理人才、激励机制和风险管理等方面的内容。只有通过科学设计、合理分工、流程透明等方式，高效运用各种管理手段提升管理水平，加速公司发展步伐。

3.充分利用股权市场资源

充分利用股权市场资源是高校进行股权融资的必要举措。通过与国内外知名机构、上市公司等建立联系，寻找并发掘股权融资的最佳途径和机会，可以为高校提供更广泛的资金来源和优质的投资机会，同时也能够提高公司的曝光度和投资价值。

高校可以积极参与股权投资基金、产业基金等市场化投资平台，以获取更多的股权融资渠道。这些平台为企业提供融资、合作、管理等多方面的支持，既可帮助高校网罗更多的投资者，又可为高校提供更加精准的投资领域和行业分析，从而提升高校的融资效率和投资价值。

高校应该积极拓展国内外股权市场资源，以挖掘更多的融资机会。高校可进一步拓宽海外和境内融资渠道，开展对外合作，寻求合适的股份交易平台，包括股票市场、期货交易所、私募股权市场等，从而获取更多的资本和知识资源，提升企业的影响力和市场竞争力。

高校可以通过积极参加各种投资峰会、论坛等重要活动，建立广泛的联系网络。这些活动为企业提供了一个与同行交流、合作的平台，还为企业介绍了更多的股权融资渠道和机会。通过参与、发言或展示实力，高校可以吸引更多的目光，拓展更广阔的商机。

高校需要不断创新，推进信息化和数字化，以适应股权市场的快速发展和变化。这涉及从传统的线下交易方式向线上交易模式转型，从单一的信息披露向全方位的信息共享模式改变，以及从手工办公向信息技术支持下的高效协同模式转变。只有在信息化和数字化方面保持领先，高校才能适应股权市场融资的日益复杂和多变的趋势。

在进行股权融资时，高校需要充分利用股权市场资源，包括股权投资基金、产业基金、国内外股权市场等，积极寻找最佳的融资途径和机会，建立广泛的联系网络。同时，还要不断创新、推进信息化、数字化，以适应股权市场的快速发展和变化，实现长远的发展目标。

四、并购重组的高校融资策略及实践案例分析

并购重组是高校融资中的一种重要方式，通过收购、兼并或重组等形式，合并资源、优化结构，实现组织整合和价值创造。本文将探讨高校如何运用并购重组来实现融资策略，并以清华大学收购新丽传媒为例进行分析。

（一）高校运用并购重组的融资策略

1.优化资源配置结构

高校可以通过并购重组来优化资源配置结构，整合相关产业链上下游的企业资源，提升自身核心竞争力。具体而言，通过并购重组可以实现同业合并、跨行业扩张、弥补技术、管理和市场等方面的短板，从而更好地满足市场需求和发展要求。

2.提高资本效益

并购重组可以帮助高校提高资本效益，增加资本回报率。通过并购重组，高校可以利用资源整合和集成相应的资本市场，实现资本效益最大化和风险最

小化。此外，对于一些具有潜力的创新型企业，高校还可以通过支持它们的发展壮大来获取更高的资本回报。

3.拓展市场规模

并购重组可以帮助高校快速拓展市场规模，扩大影响力和品牌价值。通过并购重组，高校可以将自身的教育、科研、文化等资源融入相关产业链中，与更多的企业建立广泛合作关系，提高文化知名度和品牌竞争力。

（二）案例分析：清华大学收购新丽传媒

2021年7月20日，清华大学宣布通过其附属公司唐卡智库全资收购新丽传媒100%权益，成为新丽传媒的控股股东。这一收购案是近年来较为典型的高校并购重组案例，也是清华大学历史上最大规模的一笔并购交易。

清华大学收购新丽传媒的背景是清华大学希望打造整个教育产业生态圈，构建"教育+科技+文化"三位一体的发展模式。新丽传媒作为一个具有创新意识和实践能力的文化科技企业，可以为清华大学提供更多的人才培养、科研创新、产品开发等方面的支持。同时，新丽传媒所从事的文化创意产业与清华大学的人文艺术和科技研究产生了良好互动，而此次收购也是为推动中国文化创意产业转型升级和国际化发展做出有益尝试。

清华大学收购新丽传媒是一次成功的并购重组案例。通过并购重组，清华大学实现了资源整合和商业价值最大化，拓展了市场影响力和知名度，推进了文化产业的发展和创新。同时，这也为高校运用并购重组进行融资提供了良好的借鉴。

第三节　高校融资风险的控制和防范

一、加强内部管理和监督

加强内部管理和监督是高校进行股权融资的重要环节。建立健全内部管理制度、提高法律法规意识、做好信息披露和公示工作等措施，有助于规范公司经营行为、保障各方利益，并增强外界对高校的认可和信任。

高校应该建立健全内部管理制度，规范工作流程，明确职责分工，防止出现重大失误和疏漏。内部管理制度是企业运营中最重要的管理手段之一，它包括制度、流程和人员管理等方面，可有效规范企业经营行为，提高运营效率和管理水平。高校可以结合自身特点，制定和实施相应的制度和流程，并加强宣传和培训，以确保员工都能遵循制度执行，降低管理风险。

高校应该提高高校人员的法律法规意识，加强对融资流程和法律合规性的监督和检查。高校人员的法律法规意识水平直接决定了公司的合规管理水平和发展质量。因此，高校可以通过组织培训、加强考核等方式，提高员工的法律意识和合规观念，并制定相应的内部监督机制，实时监测公司经营行为和融资流程，发现异常问题及时处理，降低法律风险。

高校应该做好信息披露和公示工作，提高透明度，增加外界监督和知情权。信息披露和公示是股权市场监管中最重要的环节之一，它包括企业财务报表、重大事项公告、信息披露报告书等方面，可有效展现企业信息化水平和经营状况。高校可以通过建立信息披露平台、定期发布公告、组织在线会议等多种形式来加强信息披露和公示工作，完善投资者和监管机构的知情权，提高公司的公信力和市场竞争力。

高校还需要不断更新管理理念和技术手段，引进新颖的管理工具和技术，以适应管理工作的变化和提升内部监督水平。这涉及与时俱进、创新思维等方面，例如采用人工智能、大数据、区块链等技术进行监督和管理，加强跨部门、跨地区等方面的信息协同和业务流程优化，以提升高校的核心竞争力和市场影响力。

在进行股权融资时，高校需要加强内部管理和监督。建立健全内部管理制度、提高高校人员的法律法规意识、做好信息披露和公示工作等措施，都有助于提高公司治理水平、保障各方利益，并增强市场竞争力和认可度。只有通过管理创新、技术更新、法律合规等多重手段，高校才能在股权融资中赢得更多投资者信任，取得更大发展空间。

二、定期开展风险评估和应急预案

定期开展风险评估和应急预案是高校进行股权融资的重要环节。针对不同类型的融资渠道，建立定期开展风险评估和应急预案的机制，明确相关人员和部门的任务分工和责任，有助于提高发现问题的敏感性和处理能力。在实施融资过程中，多渠道获取市场信息和风险提示，并及时调整融资战略，避免业务决策依赖于个人经验或主观臆断。

高校需要针对各类融资渠道建立定期开展风险评估和应急预案的机制。不同类型的融资方式存在不同的风险点，因此需要为每一种融资方式都建立相应的评估机制。风险评估主要包括对市场风险、信用风险、流动性风险等方面进行评估，以确定融资成本和风险承受能力。同时，建立完善的应急预案，可以在出现问题时迅速做出反应，降低损失和影响。

高校需要制定完善的应急处置方案，明确相关人员和部门的任务分工和责任。应急处置方案是高校管理风险、保障安全、避免损失的重要手段之一。该方案需要对各类突发事件进行分类，设定不同应急响应级别，并根据情况制定相应的处理措施和预警机制。在具体操作过程中，还应采取有效的应急资源调配和协调机制，提高抗风险能力和应变能力。

高校需要多渠道地获取市场信息和风险提示，及时调整融资战略，避免业务决策依赖于个人经验或主观臆断。市场信息和风险提示是企业决策的重要依据，高校需要密切关注市场动态和政策变化，建立健全市场分析体系与风险监测机制，定期报告风险情况，及时组织召开风险研讨会，共同研究解决方案。此外，高校还需要注意提高敏感性和处理能力，加强预警机制，做好风险评估与预防，以避免意外事故的发生。

高校需要不断引入先进的技术手段，如人工智能、大数据等工具，以提高风险评估和应急处理的效率和准确性。同时，还应通过建立外部专家委员会、设立安全管理机构等措施，有效调动内外资源，提高企业应对突发事件的抗风险能力。

在进行股权融资时，高校需要定期开展风险评估和应急预案。针对不同类型的融资方式建立相应的评估机制和应急预案，明确相关人员和部门的任务分工和责任，可以提高发现问题的敏感性和处理能力。同时，多渠道获取市场信息和风险提示，及时调整融资战略，避免业务决策依赖个人经验或主观臆断。

引入先进的技术手段和建立外部专家委员会等措施，可以有效提高风险评估和应急处理的效率和准确性，提高企业抗风险能力和应变能力。只有通过不断完善管理机制、强化风险管理、提高应急响应能力等多重手段，高校才能在股权融资过程中更好地保障自身利益，实现可持续发展。

三、建立健全风险管理体系

建立健全风险管理体系是高校进行股权融资的重要环节。这需要建立专业的风险管理机构、完善的风险评估模型和指标体系，以及详细的风险管理档案记录系统。通过这些措施，可以实现对整个融资流程的全方位监督、控制，确保高校融资工作的健康可持续发展。

高校应该建立健全风险管理机构，并配备专业的风险管理人员和设备。风险管理机构应该具有独立性、中立性和专业性，主要负责制定企业风险管理策略、建立风险管理体系、开展风险管控与分析等工作。为了保证风险管理工作能够顺利进行，高校还需要配置专门的风险管理人员和设备，例如风险管理软件、数据库等。

高校应该建立完善的风险评估模型和指标体系，实现对整个融资流程的全方位监督、控制。风险评估模型和指标体系应该基于风险类型和特点，考虑到各种因素的影响，如市场风险、信用风险、操作风险等。在融资过程中，高校应该对整个流程进行全方位的监督，通过风险评估模型和指标体系，实现对风险的识别、分析、评估、控制、监测和反馈。

高校应该建立风险管理档案记录系统，记录融资过程中的信息和风险预警情况，并及时进行汇总、分析和反馈，为下一次融资提供参考依据。风险管理档案记录系统是高校风险管理工作的重要内容，可有效记录融资过程中的信息和风险预警情况，如交易时间、金额、合同签署情况、保证金缴纳情况、交易结算情况等。每当出现重大变故或事件发生，档案系统可及时对其进行检查，以便更快地做出反应。

建立健全风险管理体系需要高校不断完善自身的管理机制和技术手段。通过建立专业的风险管理机构和配备专业的风险管理人员和设备，高校可以提高对风险的识别度和处理能力。建立完善的风险评估模型和指标体系，可以全面掌握融资过程中的各类风险，提高管理水平和决策能力。利用风险管理档案记录系统，可以及时反馈融资过程中的问题和风险预警情况，为下一次融资提供参考依据。

在进行股权融资时，建立健全风险管理体系是必要的。高校需要建立专业的风险管理机构、完善的风险评估模型和指标体系，以及详细的风险管理档案记录系统。只有通过不断完善管理机制、技术手段和信息化水平，加强对风险的识别和管理，才能有效提高风险管控的能力和水平，保障企业融资的健康、可持续发展。

第九章 高校会计核算方法和制度的改革

第一节 高校会计核算方法的基本原则

一、会计核算的法定性原则

会计核算的法定性原则是指会计工作必须依据国家法律法规和会计准则进行。这个原则在整个会计核算中具有重要性和决定性作用，是会计学科的基础和保障。

会计核算的法定性原则对于规范会计核算活动、提高会计信息质量、防止会计违法行为都具有重要意义。在会计核算过程中，管理人员和会计人员必须遵守国家法律法规和会计准则，并依照其要求进行会计核算，确保会计记录和报表真实可靠，同时也保证了会计信息的权威性和公信力。

会计核算的法定性原则有助于推进社会稳定和经济发展。在市场经济条件下，会计信息是企业公开和透明的窗口，是评判企业财务健康和经营成果的基础。准确、可靠的会计信息不仅能够为各级政府制定政策和采取措施提供依据，促进了经济发展，而且还能增加社会认同感、消除不合理预期和不良影响，从而保持社会和谐和稳定。

会计核算的法定性原则有助于保护投资者、股东和其他相关利益方的权益。在当今市场经济条件下，投资者和股东对企业财务状况和运营成果越来越关注，财务信息的公开和透明显得尤为重要，可以有效地保障投资者和股东的合法权益。

当前一些企业中存在会计违规行为，比如虚报收入、隐瞒费用等，这些行为不仅违反了法律法规，还影响了会计信息的准确性和公信力。因此，要充分认识会计核算的法定性原则的重要性和必要性，坚持依据法律法规进行会计核算，从源头上根治会计违规行为，提高会计信息的真实可靠性。

在具体实践中，还需要进一步加强会计人员的法律意识和法制观念，健全完善会计法规管理制度，加强对会计违规行为的惩戒力度，维护国家法律的尊严和会计核算的规范性。

会计核算的法定性原则是会计工作的基础和保障，具有重要意义和作用。只有坚持依据法律法规进行会计核算，提高会计信息的准确性和可靠性，才能更好地推动社会稳定和经济发展，并保护利益相关方的合法权益。

二、会计核算的真实性原则

会计核算的真实性原则是指会计信息必须反映企业财务和经济状况的真实情况，不能进行虚假记载或者隐瞒重要事项。这个原则对于保证会计信息的准确性、可靠性和公信力具有决定性作用，也是保证会计核算合法性的基础之一。

会计信息的真实性是评价企业财务状况和运营成果的基础。在市场经济条件下，投资者和股东对企业财务状况和运营成果越来越关注，会计信息的真实性直接影响着投资者和股东的决策和利益。如果企业通过虚假陈述等手段夸大自身财务状况或者误导投资者和股东，就会损害他们的合法权益，从而造成社会不稳定和不良影响。

会计信息的真实性也是国家税收政策的重要依据。国家税收政策是按照企业所得额进行征税，因此企业的财务信息必须真实准确，否则就会出现虚报收入、隐瞒费用等行为，甚至逃税行为。这些行为不仅会导致企业被处罚，还会影响社会经济的健康发展。

会计信息的真实性还是企业内部决策的重要依据。企业管理人员需要根据会计信息来制定经营战略，进行预算和成本控制等工作，如果会计信息不真实准确，就会给企业带来严重的决策风险和经济损失。

在现实中，一些企业为了达到一定的业绩目标或者逃避税收等原因，可能存在虚报公司利润、隐瞒负债、偷漏税款等情况。这些行为不仅违反了会计核算的真实性原则，更是违反国家法律法规，其后果也是不可估量的。

企业必须始终坚持会计核算的真实性原则，保证会计信息的真实准确，从源头上根治虚假记载和隐瞒重要事项等行为,并充分发挥会计监管机构的作用，严格监督和检查企业的财务信息披露和相关报告，以确保会计信息的公开透明和真实性。

在具体实践中，还需要进一步加强会计主管部门的监督和监管力度，完善法律法规，推动财务信息透明化和公开准确性，为企业真实记录和报告财务信息提供更好的保障。

会计核算的真实性原则是保障会计信息可靠性的重要依据。只有坚持真实性原则，从源头上根治虚假记载和隐瞒重要事项等行为，才能保障投资者和股东的合法权益，防范经济风险和危机，并促进经济发展和社会稳定。

三、会计核算的连续性原则

会计核算的连续性原则是指企业在进行会计核算时，应该将连续经营活动视为基础前提，对企业财务状况、经营成果等进行记录和报告。这个原则与会计信息的全面性、准确性等原则密切相关，也是保证会计信息的可比性和连续性的重要保障。

会计核算的连续性原则是基于企业持续经营的前提条件而建立的。通过持续经营的方式，企业可以稳步增长，并在相对长期内获得收益并承担风险。而持续经营的前提，则是依靠企业的组织、管理、制度、技术等方面的规范运作，并依据此基础条件完成会计核算的全过程。

会计核算的连续性原则有助于保证投资者和利益相关方对企业财务状况的了解。对于大多数投资者来说，他们关心的不仅仅是企业当前的财务状况，更重要的是企业未来的盈利能力。因此，在了解一个企业的财务状况时，仅凭单独一年的数据，很难得出一个完整的结论，只有了解企业的历史数据、现状以及未来的前景，才能更全面地评价一个企业。

会计核算的连续性原则为企业管理层提供了重要依据。在进行经营决策时，企业管理层需要充分了解企业持续经营的情况，同时也需要对过去的经营状况进行评估和整理，以制定出适合企业发展的战略规划和调整方案。基于企业长期经营的前提，通过比较各年度财务报表，企业管理层可以更好地发现问题和风险，并及时做出相应的措施，从而达到可持续发展的目的。

会计核算的连续性原则为税务部门提供了基础依据。在税收的征收过程中，采用企业所得额作为税收的基础，对于企业财务状况的持续监察与评估具有极大的帮助。此外，在实行税务审计时，对会计信息进行横向比较和纵向比较，也是基于会计核算的连续性原则建立起来的。

会计核算的连续性原则可以为投资者、利益相关方、管理层和税务部门提供重要的参考依据。只有充分发挥连续性原则的作用，保持企业长期经营的稳定性和可持续性，才能更好地满足各利益相关方的需求，并为企业的健康发展提供坚实的基础和保障。

四、会计核算的权责发生制原则

会计核算的权责发生制原则是指企业在进行会计核算时，应该将经济活动的权利和义务视为基础前提，对相关的财务信息进行记录和报告。这个原则与会计信息的准确性、可靠性等紧密相关，也是保证会计信息的真实性和全面性的重要保障。

会计核算的权责发生制原则是基于企业各项经济交易的权利和义务而建立的。经济交易是指以货币或货币等价物作为交换媒介，彼此正式达成相互约定的活动。在这样的活动中，涉及的权利和义务通常都依赖于具体的经济活动，因此需要采用权责发生制原则来记录和报告。

会计核算的权责发生制原则有助于准确地反映企业财务状况。在一个企业的财务报表中，任何一份账目都应该由相应的权利和义务构成。使用权责发生制原则，可以保证企业财务报表的真实性和完整性，并能够使人们正确地了解企业过去的经济活动和当前的财务状况。

会计核算的权责发生制原则为企业管理层提供了重要依据。在制定企业的决策时，如何评估企业资产和负债，以及确定企业应该采取何种方式来满足其权利和义务等问题，都需要依靠会计核算的权责发生制原则。通过此原则，企业管理层可以清晰地了解各个经济活动所涉及的权利和义务，并相应地采取相应的措施，从而使得企业运营更加符合市场环境的需求和变化。

会计核算的权责发生制原则为企业的税务部门和监管机构提供了基础依据。在税务征收过程中，依照每一项经济交易的间接税或直接税作为税收基础，对于企业的财务状况进行消费性价值的持续监察与评估具有非常大的帮助。此外，在实行税务审计时，对会计信息进行横向比较和纵向比较，也是基于会计核算的权责发生制原则建立起来的。

会计核算的权责发生制原则对于确保会计信息的准确性、全面性和可靠性具有非常重要的作用。只有充分发挥权责发生制原则的作用，理解和把握不同经济交易所涉及的权利和义务，并且在会计处理中体现出来，才能更好地了解企业过去经济活动和当前的财务状况，确保企业的经营运行稳定有序。

五、会计核算的货币计量原则

会计核算的货币计量原则是指企业在进行会计核算时，应该使用货币作为计量尺度，对相关财务信息进行记录和报告。这个原则是保证会计信息可比性，从而更好地支持投资决策和管理决策的重要保障。

使用货币计量原则可以为企业提供一种标准化的计量尺度。货币作为计量尺度，使得企业能够用相同的单位来衡量不同时间、不同规模及不同方面的经济活动，并能够以统一的方式来呈现。通过采用货币计量原则，企业可以更加直观地了解自身的经济状况并进行比较，也方便人们进行横向比较和纵向比较，从而更好地评估企业的财务状况。

使用货币计量原则有助于保证会计信息的可比性和连续性。货币计量原则的使用，可以确保同一时间段内的各项经济交易都能够以相同的货币金额进行比较。这样，企业可以通过比较财务数据，了解自己在不同时间点的财务状况，从而进行更加精准的分析和决策。

使用货币计量原则有助于企业管理层进行经营决策。在日常经营中，管理层需要了解和评估企业的经济状况，制定相应的战略规划和调整方案。而这些工作都是基于具体的经济数据进行的，通过采用货币计量原则，使得管理层可以更加客观地了解当前财务状况，并基于这些数据制定相应的决策及措施来促进企业经营活动的发展。

使用货币计量原则以便于税务部门进行监管。在税收征收过程中，税务部门通常会按照企业所得额来作为税收的基础。因此，采用货币计量原则能够有效地记录各项经济交易，并形成符合相关税收法规的会计报表。这样，税务部门就能够依据这些报表进行对企业的纳税情况的监督和管理。

会计核算的货币计量原则是保障会计信息可比性、连续性和准确性的重要保障。只有充分发挥货币计量原则的作用，将其作为权责发生制原则、真实性原则、连续性原则的补充，才能更好地为企业的财务状况评估和经营管理提供基础依据，并支持监管机构对企业的相关税收管理。

六、会计核算的成本匹配原则

会计核算的成本匹配原则是指企业在进行会计核算时，应该将成本与所产生的收益相匹配，确保相关财务信息的准确性和真实性。这个原则是基于企业经济实际活动的前提建立的，也是保证会计信息完整性和可靠性的重要保障。

使用成本匹配原则可以充分反映企业的经济利益。企业在生产销售过程中，需要考虑各种成本因素如材料、劳动力、运输等费用，并从销售收入中扣除相应的成本，在其余收入中留下净利润。通过采用成本匹配原则，可以更好地了解企业的成本来源以及税务情况，同时也能够据此来制定合理的经营策略，确保企业的经济效益最大化。

成本匹配原则有助于保证会计信息的真实性和准确性。通常情况下，企业会面临着不同时间点销售商品或提供服务的情形，而这些活动所带来的成本也有可能不同。为了保证会计信息的真实性和准确性，需要采用成本匹配原则，将销售收入与相应的成本相匹配，从而得到正确的利润。

成本匹配原则有助于企业管理层进行经营决策。在制定经营策略时，考虑到不同的成本和收益情况是必不可少的。通过采用成本匹配原则，企业管理层可以更加全面地对不同时间点内的销售收入和成本进行比较分析，并据此来制定更加符合实际的经营决策，使企业具有更强的市场竞争力。

成本匹配原则有助于税务部门进行监管。在进行企业的税务征收过程中，往往需要以企业所得额作为税收基础。成本匹配原则能够记录各项经济交易的成本，累计这些成本并相应地匹配到收入流中，从而更好地形成符合相关税收法规的会计报表。这样，税务部门就能够依据这些报表进行对企业财务状况的监督和管理。

成本匹配原则是保障会计信息真实性、准确性和连续性的重要保障。只有充分发挥成本匹配原则的作用，将其与货币计量原则、权责发生制原则、连续性原则相结合，才能更好地为企业经营活动提供基础依据，并支持监管机构对企业的相关税收管理。

七、会计核算的归属期原则

会计核算的归属期原则是指企业在进行会计核算时，应该将经济交易的收入和费用归属到相应的会计期间，以确保财务信息的准确性、可靠性和连续性。这个原则是基于企业实际经济活动的前提建立的，也是保证会计信息正确、完整和可比性的重要保障。

使用归属期原则可以更加准确地记录和报告经济交易的收入和费用。企业的经济交易通常跨越不同的会计期间，而且每个会计期间涉及的经济活动数量和种类也可能不同。通过采用归属期原则，企业可以将经济交易的收入和费用分配到相应的会计期间中，从而更加准确地反应企业财务状况和经营情况。

归属期原则有助于保证会计信息的连续性。通过将所有经营交易的费用和收入与相应的会计期间相匹配，可以保证账面上的成本和收益匹配，并且确保了财务信息的可比性和连续性。这使得管理层可以更加直观地了解企业在不同会计期间的财务状况，并更加准确地做出相应的经营决策。

使用归属期原则还有助于企业的税务管理。在税务征收过程中，通常会将所得额作为税收基础。采用归属期原则后，可以准确地记录每个会计期间内的收入和费用情况，并通过会计报表向税务机关提交相关信息，以便税务部门依据相关规定进行财务管理和监督。

归属期原则有助于准确评估企业的经济活动。在进行投资或其他财务决策时，需要了解企业在不同时间点内的经济活动及利润情况。因此，采用归属期原则有助于确定企业在不同时间段内的利润水平，从而提供对企业未来发展的参考。

会计核算的归属期原则是保障会计信息真实性、可靠性和连续性的重要保障。只有充分发挥归属期原则的作用，结合权责发生制原则、成本匹配原则、货币计量原则等其他原则，才能更好地为企业经营活动提供基础依据，并支持各种监管机构对企业的相关管理。

第二节　高校会计核算制度改革与财务风险控制

一、财务风险控制对高校会计核算制度的影响

随着市场经济的不断发展和高校的规模不断扩大，高校的财务风险问题也越来越严重。财务风险控制是保证高校财务安全和可持续发展的关键之一，而会计核算制度则是实现财务风险控制的基础和保障。本文将就财务风险控制对高校会计核算制度的影响进行探讨。

（一）财务风险控制要求高校按照规章制度和会计准则进行会计核算

在当前的市场经济环境下，各类企业和机构都需要按照规章制度和会计准则进行会计核算，以保证财务数据的真实性、准确性和完整性。高校作为一种特殊的公共机构，同样需要遵循这些准则进行会计核算。财务风险控制的第一步就是建立符合国家规定的会计核算制度，并加强会计核算工作的监督和审核。只有这样，高校才能够及时了解自己的财务状况，做到"心中有数"，更好地应对各种财务风险。

（二）建立相应的财务风险控制体系，纳入会计核算制度中

面对各种经济环境和市场变化时，高校需要根据自身情况针对不同的风险因素建立相应的财务风险控制体系，并将其纳入到会计核算制度中。例如，在面临外汇汇率波动风险时，高校可以采取合适的避险策略，比如进行远期外汇买卖等操作，以减少汇率波动带来的损失；在面临利率风险时，高校可以选择相应的利率衍生品工具进行风险对冲，并将其反映到财务报表中。

（三）加强内部控制，提高风险防范能力

做好财务风险控制并不仅仅是关注外部风险因素，更重要的是要加强内部

管理，提高风险防范能力。高校应该做好内部控制，建立健全的内部审计机制和风险管理制度，切实加强资产管理和成本控制，杜绝各种形式的财务舞弊和违规行为，从而保证高校的财务安全和稳健发展。

（四）加强财务人员培训和技能提升

财务风险控制离不开专业的财务人才，因此高校需要加强财务人员的培训和技能提升，提高他们的理论素养和实践操作能力。只有这样，才能更好地应对各种财务风险，并为高校带来更加可持续的财务收益。

二、高校会计核算制度改革在财务风险控制中的作用

高校会计核算制度是保障高校财务安全和可持续发展的基础。在当前的市场经济环境下，高校会计核算制度改革对于加强财务风险控制、提高财务管理水平和适应经济新常态等方面都有着重要意义。本文将从三个方面探讨高校会计核算制度改革在财务风险控制中的作用。

（一）加强内部控制，规范财务管理

高校会计核算制度改革的一个重要方面就是加强内部控制，规范财务管理。这包括建立健全的内部控制体系，完善各种内部审计和监督机制，杜绝各种形式的财务舞弊和违规行为。例如，建立起科学合理的资产管理和成本控制机制，并定期对这些机制进行自查和内部审计，及时发现和解决问题，以保证高校财务数据的真实性和准确性。

（二）建立完善的财务风险防范机制

高校会计核算制度改革还可以使高校建立完善的财务风险防范机制，针对不同的风险因素建立相应的防范措施。例如，在面临外汇汇率变动带来的汇兑损失时，高校可以采取一系列合理化的措施进行风险管理和控制，如货币互换、利率互换等工具来规避风险；在面临利率波动的时候，高校也需要采取利率期权等方式进行有效的风险管理措施。

（三）提高财务管理水平

高校会计核算制度改革还可以提高财务管理水平。通过推行新的会计核算制度，借助国家政策、税收政策等方面的支持，高校可以更加积极地参与市场

经济活动，更好地适应市场环境和经济需求。此外，新的会计核算制度下，也可以提高财务人员的专业素养和技能水平，提升他们的财务管理水平和分析决策能力。这将有助于高校科学合理地制定财务战略，从而更好地实现财务目标。

三、高校会计核算制度改革对管理会计的要求

高校会计核算制度改革对管理会计提出了新的要求。管理会计是以企业内部管理为目标，通过分析、预测、规划和控制等手段来实现财务管理的一种理论和实践体系。在高校会计核算制度改革下，管理会计需要更好地服务于财务风险控制和可持续发展，本文将就此进行探讨。

（一）建立与财务风险控制体系相适应的管理会计指标体系

高校会计核算制度改革需要建立与财务风险控制体系相适应的管理会计指标体系。管理会计指标是反映企业内部经营活动情况和管理质量水平的绩效指标。例如，对于外汇汇率风险，应该建立相应的管理会计指标，如货币互换成交额、外汇垫款比例等；对于固定资产管理制度，应该建立相应的管理会计指标，如固定资产周转天数、固定资产利用率等。只有建立科学合理的管理会计指标体系，才能全面、准确地进行成本核算和管理决策。

（二）建立相应的绩效评价体系，提高工作效率和质量

高校会计核算制度改革需要建立相应的绩效评价体系，以提高工作效率和质量。绩效评价是对员工工作表现进行量化分析和评价，是激励员工积极性、提高工作效率和质量的重要手段。例如，对于科研人员，可以采用发表论文数量、获得专利数量等指标进行评价；对于行政管理人员，可以采用实际支出与预算支出比例等指标进行评价。只有建立科学合理的绩效评价体系，才能更好地促进财务管理和风险控制。

（三）加强对财务数据的分析和利用，在决策中发挥更加积极的作用

高校会计核算制度改革需要加强对财务数据的分析和利用，在企业决策中发挥更加积极的作用。管理会计不仅要关注财务数据的记录和处理，更重要的是要对财务数据进行分析和利用，从而为决策提供科学依据。例如，在面临资源配置问题时，管理会计可以通过成本分析、盈亏平衡点分析等方法，为决策

者提供参考；在制定市场推广策略时，管理会计可以通过利润分析、投资回报率分析等方法，为决策者提供有效的支持。

四、高校会计核算制度改革与预算控制

高校会计核算制度改革与预算控制密切相关。预算控制是对财务支出进行合理规划和管理的重要手段，可以有效控制财务成本和风险。在新的会计核算制度下，高校应该加强预算控制，建立完善的预算编制和执行机制，将预算纳入会计核算制度中，确保财务决策的依据和有效管控财务风险。

（一）建立完善的预算编制和执行机制

高校应该建立完善的预算编制和执行机制，以确保所有的支出都有明确的预算限额。预算编制程序应当遵守科学合理的原则，如明确目标、制定计划、评估风险和控制预算等。这样可以对财务支出进行有序地规划和管理，更好地适应市场的需求和变化。

（二）将预算纳入到会计核算制度中

预算应当纳入到高校会计核算制度中，日常的财务决策也应该基于预算信息。这样可以让财务数据更加真实、准确和全面，避免资源滥用和不必要的浪费，从而更好地管理财务风险。

（三）采用信息化手段加强预算执行的监督和管理

高校应该采用信息化手段，加强对预算执行的监督和管理。这样可以确保财务数据的及时、准确上报，并能够帮助高校实现核算制度的全面数字化和自动化，提高管理效率。同时，通过对各个部门的预算绩效进行平衡分析，高校也可以更好地把握整体经济形势和市场变化趋势，更好地适应社会经济发展的需要。

五、高校会计核算制度改革与投融资风险防范

高校会计核算制度改革与投融资风险防范密切相关。投融资是高校经济运行的重要组成部分，也是高校实现可持续发展的重要手段。在新的会计核算制度下，高校需要做好投融资风险的管控工作，建立预警机制和敏捷反应机制，及时评估和调整各项投资决策，避免不必要的财务风险。

（一）建立投融资风险防范机制

为了有效控制投融资风险，在会计核算制度改革中，高校需要建立相应的投融资风险防范机制。例如，建立投资决策委员会或者专门的投资与融资管理部门，进行投资决策的审核和监督；建立风险管理团队，对可能出现的风险情况进行预警和防范；制定相应的风险管理规章制度，明确责任、权限和义务等等。

（二）加强投资回报分析和风险评估能力

为了提高投资决策的精准度和可靠性，高校需要加强投资回报分析和风险评估能力。首先，要对各项投资进行综合评价，包括投资需求、风险评估、收益预测等方面，制定科学合理的投资计划和标准。其次，高校还需掌握相关的投资评估方法和技巧，如贴现现金流量法、内部收益率法、灰色关联分析等，以此来保证所有投资决策都是基于客观真实、数据可靠的情况下做出的。

（三）加强投资信息公开和透明度

为提高投融资的透明度和规范性，高校需要加强投资信息公开工作。例如，通过官方网站等渠道公布投资项目立项、实施和运营情况，及时向社会公示投资过程中的收支情况和风险状况等，使得公众了解高校的投融资情况，提高社会知晓度和认可度。

第三节　高校会计核算信息系统的应用和建设

一、高校会计核算信息系统建设的必要性

随着社会经济的快速发展，高校作为人才培养和科学研究的重要场所，其财务管理也越来越复杂。一些长期以来存在的问题，如信息不透明、数据处理效率低下等都已经严重影响了高校的运营效率和管理质量。因此，建立一个完善的会计核算信息系统已经成为高校进行及时准确的财务管理的必要手段。

高校会计核算信息系统是支持高校决策制定的必要工具。高校需要对各种数据进行监测和分析，并及时制定有效的决策来实现经营管理和投资运营目标。在决策制定的过程中，高校会计核算信息系统可以提供有关财务预测、资产管

理和预算编制等方面的支持。高校可以通过系统获取各项财务指标的数据，比如收入、支出、资产负债表、现金流量表等，从而能更好地把握财务现状和未来走势。同时，应用大数据等技术手段，将会计信息与其他重要储存于不同系统中的数据进行整合，为高校决策制定提供更多可靠的指标和分析报告。

高校会计核算信息系统可以帮助高校实现资产管理和风险控制。对于高校来说，大量的资产、设备和基础设施的维护和管理是必要的。通过建立高校会计核算信息系统，高校可以更好地了解资产状况、追踪资产来源、维护资产信息、定期月结等，提升资产利用效率和管理水平。高校还可以依据财务数据进行风险评估，识别关键风险和隐患，及时采取相应的措施，有效保护高校利益。

高校会计核算信息系统可以促进高校预算编制和监管的精准化发展。每年的预算编制都需要确定财政收支和投资规模，并且要通过审查和批准流程来最终确定。高校会计核算信息系统可以从多个角度对经费的使用情况进行记录和报告，从而帮助高校调整和优化预算的分配和使用，确保经费使用的规范和公正。

高校会计核算信息系统还可以提高各个财务职能部门之间的信息共享率，提高数据处理的效率和精度。高校内部，各部门之间常常存在信息不对称和沟通障碍等问题，这会导致一些管理瓶颈和决策困境。通过建立高校会计核算信息系统，可以减少数据交换的沟通成本和时间消耗，提高数据处理效率和精度。同时，实现全面数字化和自动化的数据处理也可以降低人为操作产生的错误率，保证更好的数据质量和数据安全。

二、高校会计核算信息系统建设的原则和步骤

（一）建设原则

高校会计核算信息系统建设是一个复杂的过程，它涉及多个方面的问题，包括财务数据的处理、维护、监管等。为了保证高校会计核算信息系统能够有效地服务于高校管理和决策，需要遵循一定的建设原则。以下是针对这一问题的详细阐述。

高校应该遵循科学合理的原则，协调财务信息与其他信息的交流与共享，基于全面、准确的财务数据实现全面数字化的数据处理。在建立高校会计核算信息系统时，需要根据高校自身的特点和需求，确定相应的建设目标和服务对象。同时，还需要充分考虑高校信息化建设的整体规划和战略布局，确保会计核算信息系统与高校其他信息系统之间的协同配合和互动。此外，还要注重数据质量管理、数据挖掘、分析和预测等技术手段的运用，以提高财务决策的科学性和精度。

高校应该根据实际情况，进行阶段性建设（以上线为标志），尽可能保证投入与产出的合理比例。高校的投资应当基于实际需求和可行性分析，分阶段进行规划和实施，根据具体情况适时调整。在建设过程中，需要严格控制成本和质量，尽可能保证投入与产出的合理比例。同时，应该注重做好后期维护和更新，扩大系统应用范围，不断融入新技术，提高系统的灵活性和可升级性。

高校应该充分考虑信息安全和数据保护问题，建立完善的安全管理机制和数据保护机制。高校会计核算信息系统涉及众多敏感数据，如财务报表、预算解读、交易记录等，这些数据的泄露和滥用会对高校利益造成极大损害。因此，建设高校会计核算信息系统时要注重信息安全和数据保护问题，从硬件设备、操作规范、技术手段等多个角度来加强安全保障，确保系统的稳定运行和数据的安全存储。同时，建立系统的权限管理和访问控制，限制各个用户的操作范围和权限，严格防止非法篡改、删除和窃取信息。

（二）建设步骤

高校会计核算信息系统建设是一个复杂而又艰巨的任务，需要高校精心策划和有序进行。为了确保系统能够达到预期目标，建设过程分为需求分析、设计阶段、开发阶段、测试阶段和实施阶段五个步骤，具体内容如下：

1.需求分析阶段

在这个阶段，高校应该明确会计核算信息系统所需的功能和目标，并对现有业务流程、数据质量和可用性等进行全面分析。主要工作如下：

确定需求：高校应该定义会计核算信息系统的全面需求，明确需要支持的业务处理流程和业务场景，确定必须满足的基本功能和性能指标。

评估现状：高校应该对其现有的信息系统、业务流程和数据基础进行评估，分析其优点和缺陷，找出改善和完善的方向。

收集需求：高校应该广泛地征求各部门的意见和建议，了解用户的需求和期望，同时也要充分考虑高校的战略目标和管理理念。

制定方案：高校需要根据需求分析结果，制定合理的项目规划和方案，在确保能够满足需求的基础上，尽可能简化流程、降低成本，使项目实施更加合理和有效。

2.设计阶段

在这个阶段，高校应该根据需求分析结果设计相应的信息系统架构和功能模块，并建立适合高校的数据交换规范，设计用户操作界面及其他页面。主要工作如下：

制定计划：高校需要依照需求分析阶段的结果，制定详细的项目计划，界定阶段性完成目标和任务，明确各个阶段的交付物和周期。

确定技术方案：高校应该根据现有技术水平和自身的需求，选择适合的数据库管理系统、网络服务系统、开发语言和应用框架等。

确定数据结构与接口规范：高校需要清晰地定义系统中的数据模型、数据表和数据接口，制定统一的编码规范和接口标准，以确保各个模块间的信息共享和数据交换。

设计界面和流程：高校需要根据需求分析结果，设计用户操作界面和流程，使之尽可能符合用户使用习惯和操作便捷性。此外，还需要通过专业的 UI 设计提高系统的美观性和易用性。

3.开发阶段

在这个阶段，高校根据设计文档和规范开发程序、编写代码、进行测试工作。主要工作如下：

实施开发计划：高校应该根据前期制定的项目计划，组织开发团队按照开发规范和标准开展所有阶段的开发工作。

编码开发：高校应该依据需求分析和设计方案，编写代码、完成模块开发和功能测试，保证系统的稳定性和功能完整性。

测试阶段：高校需要对开发完成的各模块进行严格的单元测试、集成测试和验收测试，确保系统达到预期要求并能够可靠运行。

4.测试阶段

在测试阶段，高校应该对系统进行全面的测试，以确保系统能够稳定运行、满足用户需求和实现预期目标。主要工作如下：

单元测试：高校需要对系统中各个功能模块进行单元测试，检查功能是否齐全、正确性是否满足需求、代码是否规范、是否存在异常等。

集成测试：高校需要将系统各个组件进行集成测试，检查数据流程是否畅通、各模块间是否协调配合、系统是否能够稳定运行等。

验收测试：高校需要通过模拟真实业务场景和用户操作方式，进行系统验收测试，检查系统是否能够满足用户需求，准确地反映实际业务流程，并具有好的用户体验。

5.实施阶段

在实施阶段，高校需要正式投入使用并不断优化系统，确保系统能够符合高校需求并为其服务。主要工作如下：

系统上线：高校需要按照实施计划和时间表，将系统正式上线并投入使用。同时，还需要安排专人负责系统的日常维护和管理工作。

持续优化：高校需要根据系统使用情况和用户反馈不断对系统进行优化和改进，提高系统的可用性、稳定性和灵活性。

三、高校会计核算信息系统应用的主要功能

高校会计核算信息系统可以提供多种功能，包括但不限于以下几个方面：

高校会计核算信息系统是一种综合性的管理信息系统，能够为学校提供全方位的财务管理支持，实现各项财务数据的自动化处理、分析和管理。下面将详细介绍高校会计核算信息系统的主要功能。

（一）会计核算

会计核算是高校会计核算信息系统最基本、最重要的功能之一。它主要包括会计核算期初设置、科目设置、凭证录入、凭证审核、日记账、总账、明细

账、余额表、损益表等多个方面。通过这些功能，可以实现学校所有经济业务的自动化处理和生成各种财务报表，如资产负债表、利润表、现金流量表等。

（二）资产管理

资产管理是高校会计核算信息系统的又一重要功能。它主要针对学校的各类资产进行监控、追踪、维护和定期月结等工作。通过资产管理，可以及时更新和了解学校各项资产状况、追踪资产来源，以及维护资产信息。同时，在月结过程中，还能够生成资产清单、资产变动情况明细、资产折旧摊销计算表等报表，从而提高资产管理的工作效率。

（三）预算编制

预算编制是高校会计核算信息系统的又一重要功能。它主要包括制定年度预算和各类经济指标、支持实际执行情况与预算的比较分析等多个方面。通过预算编制，可以按照不同部门和使用项目来划分预算，同时可以设定多种预算管控规则，并及时监控预算执行情况，以帮助领导层更好地决策和管理资金。

（四）费用管理

费用管理是高校会计核算信息系统的又一重要功能。它主要针对各项费用进行按项目分类管理、支出记录和流程审批等多个方面。通过费用管理，可以便捷、快速地处理各项费用，同时还能够生成各类费用统计报表，如费用发生明细表、费用分析表等，为学校做出各种决策提供有效的数据支持。

（五）决策分析

决策分析是高校会计核算信息系统的又一重要功能。它主要利用财务数据进行风险评估、投资决策、资金流入和流出分析、收益预测等工作。通过决策分析，可以更好地了解学校的财务状况以及未来的发展趋势，从而为领导层制定各种决策提供有效支持。

（六）管理监督

管理监督是高校会计核算信息系统的重要功能之一。它主要针对各项经费的使用情况进行及时记录、报告。通过管理监督，可以帮助学校领导层及时发现并解决其他部门的财务问题，根据实际情况调整各种经费支出计划，并加强对经费使用情况的监管和管理，确保效益的最大化。

四、高校会计核算信息系统在决策支持方面的应用

高校会计核算信息系统在决策支持方面的应用包括财务报表分析、预算执行情况分析、费用支出分析和综合绩效评估等多个方面。

（一）财务报表分析

高校会计核算信息系统能够自动生成各种财务报表，如资产负债表、利润表、现金流量表等。通过对这些财务报表进行横向和纵向比较，可以找出相应的关联、矛盾或不合理之处，协助管理者分析经营业绩、财务风险、投资回报等指标。例如，在利润表中，管理者可以通过对收入和支出进行对比分析，找出具体的变化原因和影响因素，以便采取相应的措施加以调整。

（二）预算执行情况分析

高校会计核算信息系统提供预算编制功能，通过对实际执行情况与预算编制的比较分析，可以及时了解预算执行进度及其偏差情况、关注预算使用效益和规范性等问题，并通过对实际执行和预算制定过程的反思，改进高校的管理机制和决策思路。例如，在预算执行情况分析中，管理者可以根据预算完成情况和项目实际开支的差异，进行预算审核、预算变更和预算控制等举措，以确保高校资金使用的规范性和合理性。

（三）费用支出分析

高校会计核算信息系统提供费用管理功能，通过对各类费用支出按项归集、分类、统计以及支出趋势和变化趋势分析，找出财务管理中存在的问题，提高费用管理效率和经济效益。例如，在费用支出分析中，管理者可以根据特定的费用项目进行分类统计和比较，确定费用项目的优先级和重点管理区域，为学校的经济管理提供科学的依据。

（四）综合绩效评估

高校会计核算信息系统能够充分利用财务和非财务数据，从财务绩效指标、资产负债表、现金流量表等角度对高校的运营状况进行评价。通过对高校的发展战略和目标进行全面分析，并结合实际情况，为高校管理者提供更加全面精准的决策支持。例如，在综合绩效评估中，管理者可以通过对学校整体运营状况的评估，确定学校的未来发展方向和目标，并针对性地推行各项管理措施，

提高学校整体管理效率。

五、高校会计核算信息系统与其他管理信息系统的整合

高校会计核算信息系统需要与其他管理信息系统进行有机整合，形成一个集中化且彼此协调的数据管理体系。这种整合可以促进高校内部数据共享，避免重复录入、重复审核、多头决策等问题，提高数据处理效率和精度，优化高校的业务流程，从而更好地支持高校的经营管理。

（一）教务系统

教务系统是高校里各类业务信息的核心，包括学生情况、课程安排、成绩管理、教师评价等。将会计核算信息系统与教务系统进行整合可以方便后者对前者提供报表信息之外，还能把费用分摊到各个业务部门当中，实现财务管理的全面数字化处理。

具体来说，通过将会计核算信息系统与教务系统进行数据连接，学校可以在教务系统中预先设置每个学生的学费、住宿费、书费等相关收费项，并将其传递给会计核算信息系统，使得会计核算信息系统自动对应学生缴纳的费用信息进行处理并记录下来，同时可以根据实际情况生成详细的财务报表，为学校财务决策提供支持。

（二）人事系统

高校的人力资源管理涉及诸如薪酬支付、社保公积金管理、福利津贴发放等工作，相关经费支出也需要由会计核算信息系统进行处理。随着两者信息共享平台的建立，可以实时准确地记录和监管高校人力资源的相关数据。

具体来说，通过将会计核算信息系统与人事系统进行数据连接，学校可以建立详细的员工档案，并将员工薪资、交通补贴、业务招待费用等相关信息传递给会计核算信息系统，在会计核算信息系统中进行分类统计和审核处理，以实现对人力资源方面的财务管理。

（三）采购系统

高校采购系统受到了采购指南和规范的严格控制，而会计核算信息系统则需负责记录和审核整个采购过程的相关财务信息。将两者结合起来构建业务流

程和预算掌控，可以有效避免不必要的浪费和损失，提升采购管理的质量和效率。

　　具体来说，通过将会计核算信息系统与采购系统进行数据连接，学校可以将采购计划和采购订单等信息传递到会计核算信息系统中进行分类统计和审核处理，并生成相应的采购费用支出报表。同时，会计核算信息系统也可以通过采购费用的实际执行情况和预算编制的比较分析，发现不合理的支出和成本管理问题，提供针对性的改进建议。

第十章　高校内部控制体系的改革完善

第一节　高校内部控制体系的意义和作用

一、保证高校组织目标的实现

保证高校组织目标的实现对于高校来说至关重要，因为高校作为一种公共机构，其存在的意义在于为社会提供高质量的教育和科研服务，为培养有用之才和推动社会进步做出贡献。而要实现这些目标，需要高校内部控制体系的有效支持和保障。

高校需要规定合适的风险管理程序，以最大限度地降低各种潜在风险对高校运营造成的影响。因为高校在进行经济活动、人力资源管理和科研创新等各个方面都会遭受不同程度的风险威胁，并且这些威胁的类型和数量还会随着市场环境和外部竞争态势的变化而发生改变。如果高校无法及时预见并应对这些风险，则可能会导致业务损失或者声誉下降等害处。所以，在规定合适的风险管理程序的同时，高校还需要对潜在风险进行评估和分类，确定相应的应对措施，并建立相关的跟进机制，确保高校整体的稳健性和安全性。

高校需要进行有效的内部审计，即通过对组织活动和业务流程进行检验和审核，发现问题并及时给出解决方案，从而提升高校的运营效率和效益。内部审计可以帮助高校识别并纠正内部控制缺陷和不适当行为，揭示管理问题和机会，并推动高校改进和优化管理流程，强化内部领导力和团队动力。同时，内部审计还能够增强高校员工的责任心和合作精神，建立高校良好的信任和沟通机制，提升高校的国际影响力和声誉度。

高校内部控制体系还需要建立相应的监督和反馈机制，以确保高校的决策始终符合规范和要求。监督体系可以包括内部和外部监督两种方式，其中内部监督是指高校内部对自身经营活动的监督，包括内部审计、风险管理和低级别员工监管等；外部监督是指由高校外部机构或者监管部门对高校经营活动的监督，包括政府监管、社会组织和公众参与等。而反馈机制则是指通过搜集各种业务数据、管理报告和市场情报等信息，及时对高校的经营决策进行评价和反馈，从而更好地推进高校发展。

在实施高校内部控制体系的过程中，还需要考虑到相应的防范措施和预警机制。例如，高校可以建立信息安全系统，确保教学、科研和管理信息的私密性和完整性，防止各种非法入侵和窃取行为；也可以开展员工培训和业务指导，提升低级别员工的业务能力和职业素养，加强员工资产意识和风险防范意识。

最后需要强调的是，在保证高校组织目标实现的同时，还需充分考虑到高校的社会责任和公共形象。为此，高校内部控制体系要求高校能够在经济上、社会上和环境上承担起应有的责任，并注重构建良好的企业文化、价值观和道德理念。只有这样，才能真正提升高校的竞争力和声誉度，更好地服务于社会和人民群众的需求。

二、保障高校的财务稳健和资产安全

保障高校的财务稳健和资产安全是高校内部控制体系的又一主要目标。财务稳健和资产安全是一个组织可持续发展和继续成长的基本前提。因此，建立完善的内部控制体系对于高校来说是非常必要的。

建立财务管理流程，规范高校的财务收支以及账户管理等方面的业务流程。这样可以容易地追踪和监测高校的真实财务状况，确保每一笔资金流向的准确性和合理性。同时，还可以从业务流程角度上发现一些问题，并寻找相应的解决方案。在建立财务管理流程时，需要考虑到高校实际情况和特点，并灵活调整、完善流程。

在高校运营过程中，存在着种种不同的潜在风险，如经济环境、商业风险、技术创新风险以及社会能力风险等。为了有效地应对这些风险，需要通过风险评估系统来识别、管理和监视各种风险，以便防范损失和保护高校资产。风险评估过程中，需要充分运用数据和信息分析工具，为相应的决策提供支持。

内部监督主要通过建立审计委员会、财务管理部门等机构实现。这些机构可以及时发现和纠正各种内部不适当行为或缺陷。同时，外部监管也非常重要。外部监管可以包括政府监管、社会监管和公众参与等。通过外部监管，高校能够更好地履行其社会责任，并且避免违规行为的出现。

内部审计是一种针对高校内部业务流程、收支情况和 购买行为等方面的检查活动。内部审计通过检查判断高校的各项业务是否符合相关准则，发现不合规行为并向高校管理层提供改进意见。这样，高校能够更有效地识别各种潜在威胁，采取相应的预防措施，保障高校的财务稳健和资产安全。

需要对收支、存货、固定资产等方面进行详细监控。高校应该建立完善的财务管理系统，收支记录应该清晰可查，并做到记账准确无误，货品管理则需要遵循完整性原则，保证高校各类货品数据同步更新、准确无误。在相关资产的管理上，高校还需严格执行资产管理政策和规范流程，将固定资产设备录入系统、实时监测资产的状况和使用情况，做好每一项资产的处置记录。

保障高校的财务稳健和资产安全是高校内部控制体系中非常重要的目标。只有通过建立财务管理流程、实施风险评估、加强监督、开展内部审计以及对收支、存货、固定资产等方面进行详细监控等多种方法，才能够最大限度地保证高校财务稳健和资产安全。同时，在实施控制过程中还需要考虑到相应的防范措施和预警机制。例如，高校可以建立信息安全系统，加强密码管理和权限设置，确保财务和资产数据的私密性和完整性，防止各种非法入侵和窃取行为；对于核心业务人员需要建立相应伦理道德准则，并加强培训引导，提升员工的专业素养和社会责任意识。只有这样，才能确保高校的财务稳健和资产安全，促进高校的可持续发展和长足进步。

三、提高高校的管理效率和透明度

提高高校的管理效率和透明度是高校内部控制体系中又一个非常重要的目标。高校作为社会公共领域的一部分，具有公开、透明和负责任的职责，因此需要通过内部控制体系来达成这个目标。

需要建立科学的制度和管理流程，以优化资源配置、减少人力消耗和缩短信息传播时间，从而提高高校的管理效率。在不断追求高效管理的过程中，需要注意避免简单粗暴的做法和机械性的规定，不能以快速达成目标为代价而忽略对高校管理过程的规范，以及高校未来可持续发展的基础。

需要实现内部经济活动的规范化和透明化，提高高校管理的公正性和可信度，增强高校的社会责任感和公共形象。这样可以促进高校与内外部各方面的合作和交流，构建和谐的工作环境，并加强高校间的比较和竞争。同时，也能够有效地防止和解决一些内部贪污腐败问题，提高高校的经营效益和财务状况，实现可持续发展。

在实现内部经济活动规范化和透明化的过程中，需要注意以下几点。首先，要加强财务管理，建立完善的会计核算体系和财务审计制度，确保高校的财务状况和经济活动记录的准确性和真实性。其次，要推广信息技术的应用，建立信息共享平台，方便各个职能部门之间的沟通合作和资源共享，同时也加强高校与外部机构交流、沟通和推广。此外，还需要加强内部监督，建立有效的内部控制和风险防范机制，及时发现和纠正高校内部存在的问题或潜在威胁。

提高高校的管理效率和透明度是高校内部控制体系不可或缺的目标之一。只有通过制定科学规范的制度和管理流程，实现内部经济活动的规范化和透明化，保障高校管理公正性和可信度，加强内部监督等多种措施，才能够更好地促进高校的快速成长和可持续发展。

四、增加高校的信誉度和公信力

增加高校的信誉度和公信力是内部控制体系发挥的又一个重要作用。高校不仅需要在学术研究、教育培训等方面取得优异成绩，更需要建立一个稳健、科学、透明的内部控制体系来规范各个业务流程和管理活动，保证高校的廉洁和负责，并提升其在社会中的形象和声誉。

通过建立合适的内部控制体系，高校可以确保各项业务活动的规范和可控，从而降低企业风险、防止内部欺诈和不当行为等问题的出现，进一步提高高校在社会中的信誉度。具体来说，需要制定相应的内部控制政策和流程，对高校的各类经济交易进行规范化管理，确保准确记录各项经济活动并及时核查和报告。

一个稳健的内部控制体系还可以增强高校的企业形象和品牌价值。内部控制体系是营造健康有序工作环境的基础，同时也是保障组织长期稳健发展的重要支撑。通过建立一个稳健有序、科学规范的内部控制体系，高校可以确保各项业务活动的正常开展，并进一步提升高校的业务效率和绩效表现，推动高校走向更高层次。

一个完善的内部控制体系还能调动高校内部员工的积极性和创造性，从而使得高校面对复杂多变的市场环境时更具备应变能力和竞争力。内部控制体系作为组织行为的重要载体，可以规范高校的各种运营活动，并为未来的发展奠定坚实基础。通过高校员工的共同努力，不断完善内部控制机制，增强团队凝聚力及合作精神，最终实现高效、透明、负责的高校管理。

第二节　高校内部控制体系设计和建设

一、内部控制政策与法规的确定

高校内部控制体系的设计和建设从内部控制政策和法规的确定开始，以明确内部控制目标和范围，指导相关工作的开展。内部控制政策和法规的制定不同于其他管理制度和规章制度，需要从内部控制的角度出发，突出控制功能和效果，为高校提供保障。

（一）明确内部控制目的和意义

高校需要明确内部控制的目的和意义，以落实内部控制相关政策和法规。内部控制的目的是降低高校风险，增加内部管理的透明度和公正性，在有效管理下保证高校的可持续发展。同时，内部控制强调对高校整体经营活动的监管和控制，促进高校增长和创新。

（二）识别问题和风险

针对高校内部存在的潜在问题和风险，需要确定内部控制政策和法规的重点内容和范围。这个过程中首先要认真分析控制对象，明确高校各类业务流程、财务活动（如资金流向、经济业务等）等可能带来的风险和潜在问题，然后根据具体情况，制定相应的内部控制政策和法规。

（三）制定条款和执行程序

制定内部控制政策和法规需要明确条款和执行程序，针对不同业务流程、财务活动等给出具体指导。具体而言，内部控制政策和法规的条款包括内部控制环节流程、规范化要求和工作人员职责等内容。执行程序是内部控制工作有序开展的基础，包括分类管理、流程审批、结果反馈和异常处理等环节。

（四）加强沟通合作

内部控制政策和法规的制定还需要加强与外部机构（如监管机构、审计机构）的沟通和合作，及时修订和更新相关政策和法规。其中，高校与审计机构的合作较多，主要涉及内部审计工作、财务审计和业务审计等方面。高校需要以审计标准为依据，制定相应的内部控制政策和法规，并在审计工作过程中按照制度进行操作和实施。

（五）进行评估监测

不断评估和监测内部控制政策和法规的实施情况，不断完善和提升内部控制体系的有效性。高校需要建立各项评估机制和开展监测工作，对内部控制进行改进和优化。其中，通过实施内部审计、风险评估等方法来发现问题并给出解决方案，加强对内部控制环节的质量管理。在日常工作中，还需要不断优化工作流程和完善信息系统，提高高校的内部控制水平。

二、风险评估和风险管理

高校内部控制体系的设计和建设从内部控制政策和法规的确定开始，以明确内部控制目标和范围，指导相关工作的开展。内部控制政策和法规的制定不同于其他管理制度和规章制度，需要从内部控制的角度出发，突出控制功能和效果，为高校提供保障。

（一）明确内部控制目的和意义

高校需要明确内部控制的目的和意义，以落实内部控制相关政策和法规。内部控制的目的是降低高校风险，增加内部管理的透明度和公正性，在有效管理下保证高校的可持续发展。同时，内部控制强调对高校整体经营活动的监管和控制，促进高校增长和创新。

（二）识别问题和风险

针对高校内部存在的潜在问题和风险，需要确定内部控制政策和法规的重点内容和范围。这个过程中首先要认真分析控制对象，明确高校各类业务流程、财务活动（如资金流向、经济业务等）等可能带来的风险和潜在问题，然后根据具体情况，制定相应的内部控制政策和法规。

（三）制定条款和执行程序

制定内部控制政策和法规需要明确条款和执行程序，针对不同业务流程、财务活动等给出具体指导。具体而言，内部控制政策和法规的条款包括内部控制环节流程、规范化要求和工作人员职责等内容。执行程序是内部控制工作有序开展的基础，包括分类管理、流程审批、结果反馈和异常处理等环节。

（四）加强沟通合作

内部控制政策和法规的制定还需要加强与外部机构（如监管机构、审计机构）的沟通和合作，及时修订和更新相关政策和法规。其中，高校与审计机构的合作较多，主要涉及内部审计工作、财务审计和业务审计等方面。高校需要以审计标准为依据，制定相应的内部控制政策和法规，并在审计工作过程中按照制度进行操作和实施。

（五）进行评估监测

不断评估和监测内部控制政策和法规的实施情况，不断完善和提升内部控制体系的有效性。高校需要建立各项评估机制和开展监测工作，对内部控制进行改进和优化。其中，通过实施内部审计、风险评估等方法来发现问题并给出解决方案，加强对内部控制环节的质量管理。在日常工作中，还需要不断优化工作流程和完善信息系统，提高高校的内部控制水平。

内部控制政策和法规是高校内部控制体系设计和建设的重要内容，其主要目的是降低高校风险，提高管理效率和透明度等。制定内部控制政策和法规需要明确目的意义、识别问题和风险、制定条款和执行程序、加强沟通合作、进行评估监测等步骤。高校需要不断完善和提升内部控制水平，以保证高校内部各类经济活动的有效管控和监督，为高校未来的可持续发展提供有力保障。

在实际操作中，高校可以考虑以下具体措施：

（一）制定内部控制政策和法规手册

高校可以结合本身特点，制定相应的内部控制政策和法规手册，针对具体问题和风险点，给出具体的解决方案和操作指导，使全校工作人员能够清晰理解相关政策要求，规范行为准则，提高管理效率和透明度。

（二）加强各项内部审计工作

内部审计是高校内部控制的重要组成部分，通过内部审计工作，可以及时发现和解决可能影响高校内部控制体系的潜在问题，防范内部欺诈和不当行为等风险事件的发生。高校可以设计并开展专项的内部审计工作，加强对各个部门和业务领域的监督和检查。

（三）构建信息系统和数据平台

高校可以构建信息系统和数据平台，将各项工作纳入信息化管理中，提高内部控制的科学性、自动化和规范性。通过信息系统和数据平台的建设、管理和运营，高校可以更好地透明化工作流程，加强对经济资产的监督和管理，降低风险发生的概率。

（四）建立监督机制

建立监督机制，监督工作人员的行为符合相关规章制度，并及时查处不当行为。一旦发现问题，要有及时的纠正和整改措施，加强风险控制和防范措施，确保高校各项业务活动的安全和合法有效性。

三、控制环境的塑造

高校内部控制体系的设计和建设需要塑造一个良好的控制环境，控制环境是内部控制的基础，关乎内部控制体系的根本性。控制环境主要包括行为准则和文化、组织架构和职责分工、职业道德教育和文化建设、信息披露机制以及问责制度等方面。以下是具体的步骤：

（一）确立行为准则和文化

高校需要建立内部行为准则，规范工作人员的行为和生活方式，营造积极、健康、稳定的工作氛围。内部行为准则应当包括职业道德要求、拒绝贿赂和其他不当行为、保护知识产权、个人隐私保护、经济利益管理、信息安全等方面内容，让各个工作人员都清楚自己在组织中的位置和职责，遵守治理规则和程序。

（二）建立组织架构和职责分工

高校需要建立科学、完善的组织架构和职责分工体系，明确各个部门和人员的职责和权利。这些职责和权利需要根据高校的具体情况，制定相应的管理制度和流程。建立健全的职责分工体系，可以增强各个部门之间的协同合作，提高组织效率。

（三）加强职业道德教育和文化建设

高校需要加强职业道德教育和文化建设，提高高校员工的良好品质和社会责任意识，降低企业安全风险。高校可以通过开展职业道德教育培训、文化建设等方式来促进员工的素质提升，使其更加注重职业操守和企业责任，使企业更有竞争力和发展前景。

（四）建立信息披露机制

高校应该建立透明和公开的信息披露机制，及时向内外部人士公开高校的经营状况、财务情况和管理措施，保持透明度和公正性。透明公开是确保内部控制体系有效运行的前提，也是为高校信誉和声誉提供有力保障。

（五）强化问责制度

高校需要强化问责制度，对工作不力、违规违纪等行为进行严肃处理和追究责任，形成治理的有效约束力。高校可以建立健全问责机制，对人员管理、业务操作、财务管理等方面的问题进行明确规定，并设立专门的问责小组或人员负责监督和执行。

四、控制活动的开展

控制活动的开展是高校内部控制体系的重要组成部分，其主要目的是保证高校内部各项业务活动的安全性、可靠性、合法性和透明度。在控制活动的开展方面，高校应该考虑以下几个步骤：

（一）明确控制目标和重点内容

针对高校不同领域和业务流程，明确控制目标和重点内容，并制定相应的控制措施。例如，在教育教学方面，高校需要加强对课程质量、教师管理、课程管理等方面的控制；在科研方面，高校需要加强对项目论文的管理和审核制度；在资产管理方面，需要加强对固定资产的盘点与管理等。

（二）加强高校内部管理的透明度和公开性

高校需要落实各项制度和规章制度，完善各类文件档案记录，提升内部控制体系的运行效率。例如，高校可以建立透明化的管理信息系统，及时向内外部人士公开高校经营状况、财务情况和管理决策等信息，以保持透明度和公正性。

（三）建立风险管理系统

高校需要建立风险管理系统，及时发现和解决可能影响高校内部控制体系的潜在问题，防范内部欺诈和不当行为等风险事件的发生。该风险管理系统应该包括风险评估、风险监测、风险防范和风险处理等方面内容，并由专门的组织负责实施。

（四）完善财务管理流程

高校需要加强资金和预算管理，严格遵守财务制度和规章制度，确保高校经济资产安全和合法性。例如，高校可以建立一套科学的会计管理机制，明确财务审批程序，规范收支管理，提高经费使用效率。

（五）加强人力资源管理

高校应该规范招聘、录用、考核等人事管理流程，增强员工管理的科学性和规范性，营造良好的员工工作氛围，提升组织效能。例如，高校可以开展员工技能培训和职业道德教育，建立健全的员工职业发展体系和激励机制，吸引和留住优秀人才。

五、信息和通讯的流动

信息和通讯的流动是高校内部控制体系设计和建设的重要组成部分。为了提高内部控制体系的质量和效率，高校需要采取以下几个步骤：

（一）建立高效的信息流和通讯机制

高校需要建立合适的信息共享平台和工具，推进内部各类资讯及决策信息在高校内部、外部快速流转，在可操作性等方面得到提升。高校可以利用互联网和内部网络，实现文件电子化、信息共享、日常办公等管理工作的自动化处理。

（二）落实网络安全保护政策

高校需要建立完善的网络安全体系，并针对关键业务系统进行加强监管和保护，避免潜在安全威胁的发生。高校应该制定相应的网络安全保护政策，加强网络安全意识教育和技术培训，确保高校网络资产的安全和稳定。

（三）规范电子邮件、办公网络、移动设备等通信工具的使用

高校需要规范电子邮件、办公网络、移动设备等通信工具的使用，并加强监督和管理，促进高校内部通讯管道的安全和稳定。高校可以制定相关的管理制度，规范各类通信工具的使用，并通过技术手段实现对通讯内容的监控和过滤。

（四）加强各类信息的保护和管理

高校需要保护个人隐私和高校机密信息的安全，确保内部控制信息的保密性和完整性。高校可以建立健全的信息保护和管理体系，加强对高校各项重要信息的保护和管理，包括数据备份与存储、权限控制、数据分类和加密、防病毒等等。

在信息和通讯的流动方面，高校需要充分考虑到日益增长的网络威胁和外部攻击事件，采取多种手段来提升内部控制体系的有效性和可持续性。加强内部通讯渠道的安全和稳定，管理好通信工具的使用和处理方式，规范信息交流和共享的方式，都是提高内部控制体系质量和效率的关键所在。同时，加强对各类信息的保护和管理，保证信息的保密性和完整性，也是内部控制体系设计和建设的一个重要方面。

六、监督机制的建立

监督机制的建立是高校内部控制体系设计和建设的最后一个重要环节。下

面是具体步骤：

（一）建立监督机构或委员会

高校需要建立专门的监督机构或委员会，对高校内部控制体系的执行情况进行监督和评估。该监督机构可以由高校领导班子成员、内部审计部门等人员组成，负责对内部控制体系中涉及的各个方面进行监督和评估。

（二）明确监督机构的职责和权利

高校需要明确监督机构的职责和权利，制定相应的监督流程和工作计划。例如，在内部控制领域中，监督机构需要关注高校的所有管理活动，并对高校的经营状况、财务稳定性和合规性等方面进行定期评估和监测。

（三）加强与外部机构合作

高校需要加强与外部机构（如审计机构、监管机构等）的合作，及时发现和解决高校内部存在的问题和潜在风险，从而提升内部控制体系的有效性和科学性。

（四）建立投诉处理机制

高校需要建立投诉处理机制，对外开放投诉渠道，保护员工和公众的知情权和权益。高校可以建立一套健全的投诉受理、反馈和处理程序，确保所有被投诉问题得到及时妥善处理。

（五）加强内部审计体系的建设

高校需要加强内部审计体系的建设，对高校内部控制体系进行定期评估和监测，修订内部控制政策和法规，提升内部控制体系的有效性和科学性。内部审计部门可以采用各种方法，如风险分析、数据挖掘、流程重组等，对内部控制体系中存在的风险和问题进行识别和解决。

七、内部审计的开展

内部审计是高校内部控制体系设计和建设中的重要环节，主要是为了检验内部控制体系是否有效，并提供有关改进措施和建议。以下是内部审计开展的几个步骤：

（一）明确内部审计的目标和职责

高校需要明确内部审计的目标和职责，制定相应的内部审计计划和工作方案。审计目的应当明确，具体包括检查内部控制的执行情况、防止财务欺诈等行为、评估管理和运营风险、制定并验证政策、程序和过程的合规性。

（二）建立清晰的审计标准和方法

在开展内部审计前，高校需要建立清晰的审计标准和方法，如风险评估、流程分析、数据收集等，以保证审计结果的客观性和可靠性。建立合理的审计标准和方法可以帮助审计人员对被审计对象进行全面评估，并发现潜在的问题和风险点。

（三）加强与被审计对象的沟通和合作

在审计过程中，高校需要加强与被审计对象的沟通和合作，及时披露问题和风险，并提供改进方案和措施。审计人员可以与被审计对象进行面对面的沟通，了解其业务流程和操作模式，收集必要的数据材料并了解相关信息。

（四）对审计结果进行评估和分析

在完成内部审计后，高校需要对审计结果进行评估和分析，并及时跟踪问题的解决状态，并提出改进建议和意见。内部审计报告需要明确详细的发现和建议，如何有效解决问题并改善内部控制体系的运作质量。

（五）完善内部审计流程和机制

为了提高内部审计的质量和效率,高校需要不断完善内部审计流程和机制。合理的流程设计和高效的审计工具和方法将会使审计人员更加具有高水平、导向性且系统化的审计思维，从而帮助高校实现有效的成本控制和风险管理，并最终提高内部控制体系的整体效能。

第三节　高校内部控制体系的监督和评价

一、内部控制测试和自我评价

高校内部控制体系是指为达到组织的各种目标而建立的与内部及外部环境因素相适应的一系列安排、控制和检查机制。这其中包括了战略发展规划、业务流程、风险管理、内部审计和监督以及员工行为等方面的控制，旨在确保高校的决策、操作和行为符合法律法规和管理要求，同时提高资源利用效率和业务风险管理水平。而内部控制测试和自我评价作为高校内部控制体系中的重要环节之一，对于保障高校正常经营具有不可忽视的重要意义。

（一）内部控制测试

内部控制测试主要是一种通过对公司内部控制体系的评估，识别并改进控制缺陷或弱点的方法，以确保组织具有健全有效的内部控制体系。在高校中，可以采用一些工具进行内部控制测试，如调查表、检查清单等，以及相关信息系统，例如 ERP 系统、财务系统等。测试主要包括如下几个方面：

1.风险评估

风险评估是以影响高校业务运营的所有潜在或实际的、能够被识别出来的风险为基础，对风险的性质和程度进行评估。通过风险评估，高校可以了解哪些方面具有较大风险，并采取相应的预防和控制措施。

2.流程分析

流程分析主要是对高校各个层次的业务流程进行逐一分析，了解流程中是否存在冗余环节、重复审批、不必要的人员参与等情况，全面整合和优化高校内部流程。

3.数据收集和检测

数据收集和检测是通过各种手段对高校的经营活动、财务数据和管理信息等进行收集和检测，以确保数据的真实性、准确性和完整性。

（二）自我评价

除了内部控制测试，高校还需要自我评价其内部控制体系，这是因为仅依靠内部控制测试无法全面反映高校内部控制体系现状，将高校内部控制体系与标准、法规和业务风险管理的要求相比较也可以发现内部控制的差距。自我评价主要包括以下几个方面：

1.建立内部控制自我评价体系

高校需要根据不同的管理层级和业务风险程度建立相应的内部控制自我评价指标体系，以确保内部控制的全面评估。

2.制定自我评价计划

高校需要制定自我评价计划，以确保自我评价工作顺利进行。评价计划内容包括：自我评价的主要内容、评价的时间安排、评价的人员组成和职责分工等。

3.开展自我评价

在开展自我评价时，高校需要充分了解各项评价指标的含义和约束力，采用科学合理的方法对内部控制体系进行自我评价，并对评价过程进行记录和归纳，以便后续的改进。

4.汇总和分析评价结果

高校需要针对自我评价的结果进行整合、对比分析，找出内部控制体系中存在的问题和不足。然后采取相应的预防和纠正措施，确保内部控制体系符合标准、法规和业务风险管理的要求。

（三）内部控制测试和自我评价的作用

高校开展内部控制测试和自我评价有助于：

（1）发现和改进内部控制系统中存在的弱点和缺陷，提高内部控制系统的有效性和运行质量。

（2）掌握内部控制系统的动态情况，及时纠正运行中出现的偏差和错误。

（3）保障高校合规经营，有效防范风险，增强市场竞争力。

（4）提高高校信息披露的透明度和可靠性，在社会各界建立良好信誉，从而获得更多的支持。

二、外部审计和监督机制的建立

高校内部控制体系的建立和完善是保障高校合规经营、防范风险发生的基础，而外部审计和监督机制则是确保内部控制体系不断健康发展的关键手段。外部审计和监督机制主要包括两个方面：一方面是由专业的审计师或审计机构对内部控制体系进行审核和评估，发现其中存在的问题和缺陷；另一方面是建立专门的监督机构或委员会，对内部控制体系的执行情况进行监督和评估。

（一）外部审计

外部审计是指将内部控制系统的设计和运作纳入到公司财务报告体系中，由独立于高校的审计机构对其内部控制体系进行审核和评估。外部审计可以从以下几个方面来进行：

1.审计人员搜集信息

外部审计开始前，审计人员需要详细了解高校的业务、组织结构、内控体系等相关信息。同时，他们还需要收集高校财务、运营及管理方面的文书资料以及相关数据信息，以便从宏观和微观两个层面对高校的内控体系进行全面的评估。

2.进行内部控制测试

外部审计人员根据高校的业务流程、经营情况等信息，采用不同的方法，对高校内部控制体系进行测试。例如，通过询问高校管理人员、抽样检查高校财务账目、复核高校内控流程的有效性和可操作性等。

3.审核和报告

通过对高校内部控制体系的测试，外部审计机构将会对其进行审核和评估，并形成一个较为详尽的审计报告。该报告中需要明确指出存在的问题和缺陷，并提出改进意见和建议。

（二）监督机制

外部审计是保障高校内部控制体系健康发展的一种重要手段，但仅凭外部审计还不足以全面了解和监督高校内部控制体系的运行情况。因此，高校需要建立专门的监督机制或委员会，对内部控制体系的执行情况进行监督和评估。

1.建立监督机构或委员会

高校需要在自己的组织架构中设立内部控制委员会或监督机构。这个委员会或机构应当由高校领导班子成员、内部审计部门等人员组成，负责对内部控制体系中涉及的各个方面进行监督和评估。

2.制定监督计划

高校需要制定监督计划，列出需要监督和评估的重点内容、时间安排和任职责分工。该实施计划要充分考虑高校的特点，顺应高校的运营模式，确保监督工作顺利进行。

3.开展监督评估

在进行监督评估时，高校需要重视监督结果的归纳和分析，并将发现的问题汇总整理，提出相应的改进意见和建议。

4.提供报告和建议

当完成对内部控制体系的监督评估后，高校的监督机构或委员会应该向高校领导班子汇报监督结果，并给出改进建议。同时，监督机构也可以将监督结果和建议反馈到高校的内部控制委员会中，促进高校内部控制体系的不断优化和完善。

（三）外部审计与监督机制的作用

1.加强高校内部控制体系的有效性

外部审计和监督机制可以发现高校内部控制体系中存在的问题和缺陷，并提供相应的改进措施和意见，从而加强高校内部控制体系的有效性。

2.提升高校的市场竞争力

外部审计和监督机制能够保障高校合规经营，防范风险的发生，增强高校在市场上的公信力和可靠性，提升了高校的市场竞争力。

3.促进高校内部管理的改进和创新

外部审计和监督机制不仅能够及时发现和纠正内部控制体系中的问题和缺陷，还可以对高校内部管理机制进行改进和创新，推动高校内部管理体系的不断进步。

三、内部控制效果评价和改进

内部控制体系的建立和完善不断面临挑战，因此对其效果进行评价和改进十分必要。高校可以通过以下方法来实现内部控制效果的评估和改进：

（一）确定内部控制效果评价指标

高校需要根据自身情况，结合法律法规和行业标准，确定内部控制效果评价的指标体系，包括内控风险评价、内部控制流程执行、内部控制信息披露等多方面内容。这些指标应当能够反映出内部控制体系的优劣和有效性，为内部控制效果的评价提供依据。

（二）收集数据和进行分析

高校需要从各个渠道收集与内部控制体系相关的数据，并进行分析。针对数据汇总和分析结果，高校可以对内部控制体系的有效性、可靠性和持续性进行评估，并确定影响内部控制体系的关键因素，以便更好地理解内部控制体系的强项、弱项及存在的问题。

（三）比较预期目标和实际运营情况

高校还需要将预期目标与实际运营情况进行全面对比，发现其中的差距并进行详细分析。该过程可以帮助高校确定内部控制效果所面临的问题和弱点，以及存在的潜在风险，并提出相应的改进计划。

（四）评估内部控制体系的持久性

高校需要对内部控制体系的持续性进行评估。高校可以建立长期内部控制效果评价机制，定期对其内部控制体系进行评估和审查，发现和纠正内部风险、弱点和潜在问题，确保内部控制体系的可持续性。

（五）加强员工教育和培训

高校需要加强内部员工对内部控制体系的理解和认识，特别是针对新员工应加强培训。员工教育和培训不仅能够提高员工对内部控制体系的认知和执行力，还能够促进内部控制体系的有效性和可持续性。

（六）与同行经验交流学习

高校可以采取多种方式，如会议、研讨等，与同行学习经验并进行交流，以更好地了解各种内部控制体系的实践和经验，汲取相关业务领域的成功经验，提高自身内部控制体系的有效性。

四、内部控制文化建设和人才培养

内部控制文化建设和人才培养是高校内部控制体系监督和评价过程中的重要环节，实施有效的内部控制文化建设和人才培养有助于提高高校内部控制体系的有效性、可靠性和持续性。

（一）内部控制文化建设

内部控制文化建设是指在高校内部推广一种重视内部控制的文化氛围，强调员工对内部控制的认识和重视。建立健全的内部控制文化对于高校保障合规经营、预防风险事件的发生至关重要。具体措施包括：

1.开展内部控制知识普及和技能培训

高校可以通过开展内部控制知识普及和技能培训来提高员工对内部控制的认知和理解。对新员工进行内部控制基础知识和执行流程的培训，并定期对现有员工进行内部控制相关知识和技能的复训，以确保员工能够熟练掌握内部控制操作技能。

2.建立内部控制岗位管理机制

高校可以通过建立内部控制岗位管理机制来明确内部控制职责与权限，确保内部控制工作能够顺畅进行。对于涉及风险防范的岗位，需要设置相应的内部控制职责，并明确相关职责和权限，以确保内部控制措施的全面实施和有效执行。

3.开展内部控制文化宣传活动

高校可以通过开展内部控制文化宣传活动，提升员工对内部控制的认知度，增加内部控制重要性的意识。例如，在学术讲座、员工培训等场合，将内部控制相关知识融入其中，借此引起广大员工对内部控制的关注。

4.建立优秀内部控制人才评价和奖惩制度

高校可以建立根据内部控制绩效评价体系来设定奖惩机制，鼓励优秀内部控制人才为高校内部控制体系做出贡献。此举有助于激发内部控制人才的积极性和创造性，提升内部控制操作水平，进一步提高高校内部控制效果。

（二）内部控制人才培养和提高

内部控制人才培养和提高是实施有效的内控文化建设的重要环节，通过对内部控制人才的培训和学习，可以提高员工的专业知识和能力，从而进一步提高内部控制体系的有效性和质量。具体措施包括：

1.开展内部控制知识培训

高校可以定期组织内部控制知识培训，同时加强与外部机构的合作，借助外部专家和学者分享经验和技能等方面的教育，提高教职工对内部控制相关知识的掌握程度和熟练度，增加他们的内控意识和责任心。

2.制定内部控制人才成长规划

高校可以针对不同层次的内部控制人才，制定相应的内部控制人才成长规划，明确培训方向和路径，并通过各种方式提供学习、交流、实践等机会，不断增强内部控制人才的专业素质和能力。

3.建立合适的激励机制

高校还应建立健全的内部控制人才激励机制，包括薪酬激励、岗位晋升、职称评定、奖项颁发等多种方式，以激发内部控制人才的积极性和创造性。这些激励机制需要根据不同员工的表现和贡献进行差异化设计，以更好地发挥激励效果。

4.加强内部控制团队建设

高校还需要加强内部控制团队建设，形成一支专业的内部控制人才队伍。在此过程中，要注重团队配备的多样性和协调性，建立并优化多元化、协作性的内部控制团队，加强团队的学习和沟通，提升团队绩效。

第十一章 高校财务管理信息化的应用与发展趋势

第一节 高校财务管理信息化的概念和内涵

一、高校财务管理信息化的定义

随着社会的发展和信息技术的普及，高校财务管理信息化已经成为一种趋势。信息化可以提高工作效率，减少人力资源的浪费，协调高校各部门之间的关系，提高财务管理水平和服务品质。高校财务管理信息化是依靠计算机、网络、数据库等现代化的信息技术手段，对高校财务进行系统化、规范化的管理。

高校财务管理信息化包括财务实时监控、数据采集、分析、处理、储存、汇总等功能，通过数字化的手段，实现了财务管理流程自动化、信息化、智能化，并且提供更加便捷、准确以及高效的服务方式。

高校财务管理信息化是在提高工作效率的同时，也能够优化高校财务管理体系，在保证财务安全和稳健的原则下，提供更加便捷的服务。高校可以利用信息化手段简化财务操作流程，提高财务管理效率。同时，该系统可以为学生、教职员工提供更加便捷、准确的服务，如网上缴费、查询账户余额、报销等。

高校财务管理信息化是一个不断发展的趋势。高校需要积极推进财务管理信息化工作，借助信息技术手段提高工作效率、优化服务、降低成本。同时，在实施过程中，要注重软硬件设备的升级和维护，保证系统的稳定性和安全性。只有这样，才能够更好地实现高校财务管理信息化的目标，为高校的财务管理提供更加便捷、高效、准确的服务。

二、高校财务管理信息化的内涵

随着信息技术的不断发展，高校财务管理信息化已经成为高校现代化建设的必然趋势。高校财务管理信息化主要包括数字化、自动化和智能化三个方面，在这些方面采用先进的信息技术手段，可以实现高效的财务管理工作流程以及提供更精细化、便捷化的服务。

（一）数字化

数字化在高校财务管理中是当下重要的一环，通过将高校的财务管理工作流程全部数据化、数字化，能够帮助高校财务部门更加准确地分析和查询所有需要的信息，以提升财务决策的准确性和敏捷度。以下是数字化应用在高校财务管理中的三个方面的详细说明：

1.数据仓库

数据仓库是指通过对各种财务数据的采集、整合、分析以及数据挖掘等功能，将各类数据进行分类、存储并快速地检索与查询。在高校财务管理中，数据仓库可以帮助财务部门实现对所有需要的信息进行在线即时查看、分析和查询。例如，借助于数据仓库，高校财务部门可以轻松获取预算和开支记录等财务数据，从而更好地了解高校的资产和财务状况。

2.财务审批

在过去，高校财务部门的审批过程比较烦琐，可能需要填写纸质表格、签字确认等多个步骤才能完成。基于数字化的审批中心可以简化以往过程烦琐的流程，实现审批操作的在线化和远程审批功能。例如，高校财务部门可以利用基于数字化的审批中心，通过在线填写表格、上传附件等方式完成财务审批流程，提高了审批效率和准确性。

3.物品管理

在高校财务管理过程中，资产和设备的管理也是一个重要的环节。通过利用物品管理系统，高校可以对校园内的资产进行全球范围内的跟踪和监管，从而保证资产的安全和缩短使用周期。例如，利用 RFID 技术，可以实现对校园内所有资产的实时追踪，包括教学设备、办公家具等，避免丢失等意外事故的发生。

（二）自动化

自动化是指通过信息技术手段，实现高校财务管理工作流程自动化处理，从而减轻人力资源的负担。在这个过程中，操作流程透明、操作效率高，使得管理员等相关人员能够关注到具体业务细节的同时，也不会浪费时间和精力在无意义的事务上面。以下是自动化应用在高校财务管理中的三个方面的详细说明：

1.预算管理

基于自动化的预算管理，可以对整个预算体系进行控制、监管和优化。管理员仅需设定一些预算限额触发器即可进行预算监管，并且可以通过实时数据分析等方式进行预算调整。例如，利用高校财务管理系统，实现设置预算限额、生成报表等操作，可以帮助管理员更好地掌握各类资金支出的状况，及时调整预算策略，从而实现最佳的财务管理效果。

2.电子票据

传统的报销工作需要大量的人员为其服务，耗费了大量的人力资源，如今利用电子票据即可大大提高高校财务部门的办公效率、减轻人力压力，同时也为报销流程提供了便利。通过将各项报销用途及费用进行数字记录，实现凭证的在线化审批和管理，提高了整个流程的处理效率并缩短了审批时间。例如，采用电子票据的方式可以在网上上传报销材料，并根据金额等信息自动生成相应报销流水账，从而实现财务流程的快速处理。

3.税务报表

高校财务部门需要定期向税务机关报送各类税务文件，包括所得税、营业税等多种类型的税务报表，传统的报表处理往往需要耗费大量人力物力成本。采用自动化的税务报表，可以快速地和准确地生成各种类型的税务文件，从而缩短了税务申报时间和相应的成本。例如，利用高校财务管理系统，可以在预设好的时间内自动生成各种类型的税务报表，提高了财务报表处理的效率和准确性。

（三）智能化

智能化是指借助人工智能等技术手段，提升高校财务管理的智能化水平，支持高校财务管理工作的决策分析与智能推荐。以下是智能化应用在高校财务管理中的两个方面的详细说明：

1.预测管理

高校可以通过数据采集、分析和处理等技术手段，对未来的经济状况进行预测。在收集并分析财务数据之后，可以利用先进的人工智能算法方法推领出可能发生变化的趋势，以及制定相应的财务计划和预算目标。例如，在高校财务部门通过利用大数据和机器学习技术建设的智能化系统中，可以实现对当时或未来时间内的经济变化、政策变动、市场波动等因素进行分析和预测，并依此制定出相应的财务计划和目标。这可以帮助高校制定更加有针对性和可靠性的财务计划，提高部门的决策准确性和敏捷性。

2.增值服务

通过智能化的方式，还可以为学生、教职员工等用户提供更加精准化的服务。例如，对于涉及不同人群的指导和建议，可以通过智能化的专家咨询系统以及个性化化问题解答等功能，为其提供增值服务。智能化应用还可以帮助高校财务部门实现更加便捷化、个性化、精细化的服务模式。例如，在高校的财务管理中，可以利用人工智能技术对预算计划进行智能调整、对结算流程进行自动匹配，从而提高了服务效率和用户满意度。

在高校财务管理信息化的内涵主要包括数字化、自动化和智能化三个方面。它不仅可以提高高校财务管理工作效率，还可以降低成本，优化服务，并提升决策水平。数字化的数据采集、分类、存储、分析和挖掘，可以为高校财务部门提供实时数据支持以及决策层面的精准度和智能度。自动化的审批流程、物品管理等业务处理，可以减轻人力资源负担，提高工作效率。智能化则通过人工智能、大数据等方式对财务管理过程进行分析和挖掘，从而提供更加精细化、便捷化、准确化的服务和决策支持。在未来，高校财务管理信息化将更加智能化、灵活化，为高校财务管理带来更多突破性变革。

三、高校财务管理信息化的意义

（一）提高工作效率

高校财务管理信息化是现代化大学管理的必然选择，它能够为高校财务管理工作带来很多优点。其中最显著的一个优势就是能够提高高校财务管理工作的效率。下面将详细说明高校财务管理信息化如何提高工作效率。

1.自动化流程

高校财务管理信息化可以实现财务管理流程的自动化处理，例如：审批流程，物品管理等业务处理。自动化流程使得操作流程透明、操作效率高，减轻了管理员等相关人员的工作压力，同时还避免了操作过程中可能出现的错误和疏漏。这样，高校财务管理部门不再需要花费大量的时间和精力在烦琐的事务上面，而是可以更加集中地关注到具体业务细节上。

2.快速响应

采用高校财务管理信息化系统，可以将数据数字化，并且可以通过实时监测、分析和反馈等方式，进行快速响应。这也就意味着，高校财务管理部门可以及时掌握各类资金支出的状况，及时发现并解决问题，从而降低整体管理风险。同时，快速反应还可以为高校财务管理部门提供决策依据，并且提供业务的追溯记录。

3.准确性

高校财务管理信息化系统可以保证数据的准确性和完整性，例如：通过高校财务管理系统实现对账等操作可以避免漏账或重复账款等问题，减小了财务管理的风险。同时，自动化流程和数字化数据也可以避免由于人为因素引起的错误发生，以及其他手工操作可能存在的误差，从而提高了工作效率。

4.统一标准

高校财务管理信息化系统的使用，可以帮助管理员建立精简的工作流程和规范化的操作标准，从而提高各类业务处理的一致性和准确性。这些标准可以让员工们更容易理解和掌握各类业务处理方法，并且降低犯错的概率。此外，高校财务管理信息化系统还可以帮助高校财务管理部门实现基础数据共享，统一数据标准，提高数据处理的标准化程度。

高校财务管理信息化可以有效提高高校财务管理工作的效率，因此在大学管理中具有重要意义。然而，为了实现最佳的效果，还需要加强高校财务管理信息化的安全性、合规性和适用性等方面，以确保财务管理系统的稳定可靠。同时，还需要加强对员工的培训和知识技能储备，使得员工不仅可以熟练掌握各类系统操作，还能够理解日益复杂的财务管理业务和方法，并在应用过程中不断完善和创新。

（二）降低成本

高校财务管理信息化能够降低成本，主要是通过优化业务流程、减少人力资源投入、优化采购等方式实现的。具体来说，高校财务管理信息化降低成本的方法包括：

1.优化业务流程

高校财务管理信息化可以通过优化业务流程，将传统烦琐的报销、申请、审批等流程转化为电子化、自动化流程，从而极大地降低了业务处理的时间和成本，提高效率。例如，在线上完成报销流程，不仅可以避免了传统手工操作环节的复杂性，还可以实时提交材料，快速解决问题，节省了大量时间和精力。另外，也可以应用数字支付、预算管理、资产管理等功能，使得数据变得更加集中和可控，从而进一步提高了高校财务管理的效率和运营成本。

2.减少人力资源投入

高校财务管理信息化可以减少人力资源的投入，将财务部门的劳动力成本降到最低。通过优化财务业务处理流程，减少对员工的重复性、烦琐性工作的依赖，提高员工工作效率，从而达到优化人力资源的目的。例如，使用财务管理信息化系统，可以自动完成档案整理、审批流程、会计凭证等工作，使得员工的工作更加简单和高效。

3.优化采购

高校财务管理信息化可以实现采购优化，通过数字化的方式对采购需求进行审批，避免了重复采购、过度采购等问题，并且可以为不同部门设立不同权限的审批范围，减少了采购过程中不必要的成本。同时，也可以建立供应商库，统一管理供应商信息，提高采购效率和控制采购成本。

4.实现全生命周期的管理

高校财务管理信息化可以实现全生命周期的管理，对于采购、物流、存储等多方面的业务进行管理。例如，采用电子票据、电子合同等方式，从源头上保证业务执行的真实性和有效性；同时，采用数字化的方式对物流进行处理，优化仓储、配送等环节，降低运营与物流成本。这些方法可以帮助高校财务部门更好地把握各个环节，及时发现问题，提高工作效率，进一步优化运营成本。

（三）增强系统稳健性

高校财务管理信息化体系的稳健性是保证财务系统数据正确性和系统运行安全的重要因素，其重要意义不言而喻。在实现高校财务管理信息化的过程中，如何增强系统稳健性？本文从以下几个方面进行探讨。

1.加强数据安全防护

高校财务管理信息化体系中包含了大量的财务数据，这些数据对于高校财务管理工作至关重要。因此，高校财务管理信息化体系的安全性和稳定性尤为关键。其中，加强数据安全防护是保障高校财务管理信息化体系正常运行和财务数据安全的关键。

（1）前端加密技术。

前端加密技术是通过网络传输层的安全协议来实现数据传输过程中的加密和证书验证。例如，使用 SSL（Secure Socket Layer）协议来加密用户与服务器之间的通讯过程，确保通讯的机密性、完整性和可信性。 SSL 使用非对称加密算法生成公钥和私钥，公钥用于加密信息、私钥用于解密信息。当客户端和服务器建立连接时，通过交换公钥，进而在通讯过程中对数据进行加密和解密。通过使用 SSL 证书，可以保证数据传输过程中不被篡改或者窃取，从而提高数据传输的安全性。

（2）后台加强访问控制。

在高校财务管理信息化体系中，应通过设置严格的访问控制机制，通过对用户进行身份认证、分配角色权限等手段，仅允许授权用户访问、操作和修改财务数据。例如，可以对系统进行身份验证，通过绑定账户和密码等方式来限制用户的访问权限。同时，还可以使用内存隔离技术，以及网络隔离技术来避免不同用户间的信息交叉或者干扰。

（3）应用安全审计工具进行监测。

为了保证高校财务管理信息化体系中财务数据的安全性，需要在后台加强监控和审计机制。可以通过部署应用安全审计工具，对系统进行实时监控，发现异常行为并及时采取措施防范风险。例如，可以设置报警机制，当出现异常信息时能够及时将情况通知管理员进行处置。此外，还可以加强日志记录功能，将用户的操作记录下来做到可追溯的目的。

（4）其他安全防护措施。

除上述措施，还有一些其他的安全防护措施也非常重要。例如：

①对系统进行定期备份，避免数据丢失和恶意锁定的情况发生。

②配置合适的防火墙，策略及域名解析等以提高网络的安全性。

③定期检查系统漏洞和补丁，例如远程攻击漏洞、数据泄露漏洞等，对系统及时进行修复，保障信息安全。

2.完善角色权限体系

高校财务管理信息化体系涉及大量的财务数据，不同的用户需要对这些数据进行不同的操作和访问，因此，完善角色权限体系是保障高校财务管理信息化体系正常运行和财务数据安全的关键。正确构建角色权限体系可以有效地避免误操作和违规操作，使高校财务管理工作更加科学化、规范化和准确化。

（1）角色权限体系的基本架构

高校财务管理信息化系统中的角色权限体系应该具备严密的层次结构和多元的功能属性。通过划分不同的部门、职位和岗位等角色，并将不同的角色分配不同的权限，从而实现对财务数据的精准、专业管理。在角色权限体系中，应该明确不同角色所拥有的操作权限，包括 Access、Update、Delete 等不同等级的权限。同时，在日常操作时，应该限制不同用户之间的操作互通，从而避免发生非法操作和信息泄露。

（2）完善角色权限体系的途径。

①分级管理。按照岗位职责、负责内容和业务要求等因素，对不同的职权进行分类，确定好相应的权限范围，并将其层层分级，进而将权限逐渐下放给具体的人员。在这个过程中，应该明确各个职权之间的关系及角色划分，制定相应的管理规范和标准。

②优化工作流程。通过优化工作流程，将不同环节的操作分成不同的步骤，并严格限制不同的岗位之间的合并或跨界操作。这样可以实现财务数据的专业、

精准管理，避免出现误操作或违规操作。

③加强培训和教育。加强用户的培训和教育，提高用户的安全意识和风险控制能力，从而降低因错误配置权限导致的安全漏洞发生危害项目。同时也可增强用户对系统维护和运维方面的理解和认知，从根本上提高系统安全性。

④审查和监控。通过审查和监控高校财务管理信息化系统的使用情况，发现非法操作和异常行为，及时采取相应的措施防止问题扩大化。这种方法不但有助于保障高校财务管理信息化系统的操作流程和管理效率，还能杜绝多数非法入侵和攻击行为，提升系统的安全性和稳定性。

⑤广泛征求意见。在完善角色权限体系的过程中，需要广泛征求相关岗位人员的意见和建议，不断调整和优化角色权限体系。同时还要充分利用技术手段，避免存在的风险，保障财务数据的安全性和可靠性。

（3）建立监控机制。

建立有效的监控机制，可以及时发现并及早处理高校财务管理信息化系统中可能出现的违规操作和非法入侵等问题。监控机制应该包括实时警报、趋势分析、事件响应等多个方面，全面覆盖高校财务管理信息化系统的各个环节和角色权限。通过监控机制，可以发现系统中存在的安全隐患，及时进行修复和处理，最大限度地保障财务数据的安全性。

（4）逐步完善角色权限体系。

在不断推进高校财务管理信息化体系建设的过程中，应该逐步完善角色权限体系，根据实际业务需要进行不断调整和优化。可以根据实际管理需求来确定角色，精细划分操作权限，减少人为因素对数据的影响，从而达到科学管理和风险控制的目的。

3.加强系统监测和预警

高校财务管理信息化体系在日常运营中面临着复杂的安全威胁和风险。为提升系统的安全性和可靠性，加强系统监测和预警显得尤为重要。通过对财务数据流、用户操作行为以及系统资源使用情况等各个方面进行实时监控，并发现异常行为和错误操作，及时通知管理员采取相应措施解决问题，从而避免问题扩大化。

（1）建立监测机制。

在高校财务管理信息化体系中，需要建立完善的监测机制，实时监控系统运行状况和数据变化情况。同时，还需要对系统中存在的漏洞和风险进行定期检查，发现问题及时修复，防止网络攻击和病毒入侵等安全隐患。监测机制应该包括实时报警、预警机制、自动化巡检等多层次手段，确保高校财务管理信息化体系中数据安全和业务连续性。

（2）实时监测财务数据流。

高校财务管理信息化体系中涉及大量财务数据的传输和处理。为了保证财务数据的安全和可靠性，在其传输和处理的过程中，需要进行实时监测。可以通过日志审计、数据备份等技术手段，确保财务数据的完整性和安全性。同时还需要对财务数据的访问进行监控，记录用户访问财务数据的信息，以便后期追查责任。

（3）监测用户操作。

高校财务管理信息化体系中涉及多个用户参与，为了杜绝错误操作和违规操作，需要对用户操作行为进行实时监测。可以通过监控用户登录记录、操作记录、IP 地址等信息，发现异常操作行为，并在第一时间通知管理员采取相应的措施，防止问题扩大化。同时还可以强制要求用户定期更改密码，避免密码泄露导致的安全隐患。

（4）加强系统资源监测。

高校财务管理信息化体系需要对系统资源进行实时监测，目的是发现资源使用情况异常或不足的情况，并预先采取相应的措施进行调整。监测范围包括服务器负载、存储设备空间、网络流量等系统资源。通过实时监测这些系统资源，可以发现系统资源利用率过高或者过低的情况，从而提前采取措施来规避潜在的故障问题和风险。

（5）预警机制的建立。

为了更好地应对高校财务管理信息化体系中可能出现的意外、故障、攻击等突发情况，需要建立有效的预警机制。预警机制可以通过设置不同的阈值来提前发现可能的异常行为和异常数据，同时采取相应的措施进行处理，避免事态扩大。例如，可以设置阈值警报，当系统资源利用率超过某个设定值时自动触发预警，通知管理员及时采取措施，缓解危机状况。

（6）加强员工安全教育。

高校财务管理信息化体系的监测和预警不仅需要技术手段，还需要员工的安全意识和安全素养。因此，在运行高校财务管理信息化体系的过程中，需要加强员工的安全教育和培训。通过提高员工的安全保密意识、正确操作方法等方面的培训，从而降低错误操作和人为犯错的风险。

4.优化系统结构和架构。

高校财务管理信息化体系的系统结构和架构是保障财务数据安全和业务连续性的重要环节，优化系统结构和架构可以提升系统稳健性和响应速度。在设计和部署高校财务管理信息化体系时，需要考虑到以下几个方面，以达到优化系统结构和架构的目的。

（1）采用合理的存储方式。

在高校财务管理信息化体系中，不同级别的财务数据可以采用不同的存储方式。例如，核心财务数据可以采用高可靠性、高可用性的存储设备，而非核心数据可以使用低成本的存储设备进行存储。此外，在数据库中采用合理的分区策略，可以实现有效的数据隔离，提升查询效率。通过对不同类型的财务数据采取不同的存储措施，可以有效地降低存储成本，并提高财务数据处理效率。

（2）优化系统性能。

高校财务管理信息化体系的系统性能是一个重要的因素。在部署前，需要考虑到业务发展需求，选择合适的硬件设备、优化系统参数、调整系统负载均衡等。同时，还需要对系统进行定期巡检和优化，确保系统在高并发、大数据量的情况下依然能够正常运行。通过优化系统性能，可以提高系统响应速度和稳定性，从而满足高校财务管理信息化体系不断增长的业务需求。

（3）采用分布式架构。

高校财务管理信息化体系的规模和复杂性都非常大，为了保证系统的可扩展性和高可用性，需要采用分布式架构。分布式架构可以将整个系统拆分为多个独立的模块，每个模块可以在不同的服务器上运行，从而实现系统资源的合理利用和资源的动态分配。通过分布式架构，可以提高系统的稳定性和可靠性，避免单点故障，同时也可以方便地进行系统扩展和升级。

（4）使用云计算技术。

云计算技术是一种新型的技术架构，可以有效地解决高校财务管理信息化体系中的一些问题。使用云计算技术，可以将财务管理信息化体系部署在公有云或私有云上，实现弹性扩展和按需付费的特点，从而降低系统建设成本。同时，云计算技术还可以提供更高级别的安全防护和监测机制，从而保障财务数据的安全性。

（5）采用开放式架构。

高校财务管理信息化体系应该采用开放式架构，使其能够与其他系统进行无缝集成。开放式架构可以充分发挥现有系统的效能，并实现各个模块之间的互联互通。通过开放式架构，高校财务管理信息化体系可以与其他业务系统、移动终端设备等实现无障碍连接，提高系统的适应性和灵活性。

（四）提高信息处理和管理能力

高校财务管理信息化系统的提出和实施，为高校的财务管理工作带来了重大的改变。这一体系在信息处理和管理方面有着明显的优势，不仅能够提高工作效率，还能够协助管理者做出更加准确有效的管理决策。

高校财务管理信息化系统可以加强财务数据采集、处理和分析的自动化能力。传统的财务管理方式需要人工手动录入大量的数据，并且容易产生误差和漏洞，导致财务管理工作难以完成。而信息化系统的应用可以将数据自动采集并进行处理分析，从而减少了人工操作的介入，大大降低了出现错误和漏洞的概率。同时，信息化系统的运用还能够提高数据的实时性和准确性，让管理员及时获取各项账目数据进行分析和决策，确保各个部门之间的信息流畅和高效。

高校财务管理信息化体系可以对财务数据进行多种方式的统计和分析。通过图表展示等方式呈现数据，管理员可以获得更直观、更清晰的数据指标和变化趋势，从而进行更细致地分析和判断。这有助于管理员针对性地优化财务管理策略，掌握资金收支情况，及时进行预算调整和管理方案制定。另外，信息化系统可以通过设定不同的分析指标，帮助管理员快速了解各项数据的变化趋势，从而更加准确地判断财务运营状态、未来发展潜力等因素。

高校财务管理信息化体系能够甄别出错误信息和数据异常，并警示管理员及时调整并采取相应措施。在日常工作中，信息化系统可以自动监测财务数据，当发现错误或异常时，会自动报警提示管理员进行核实，并及时进行处理。这有效避免了财务管理中的错误和漏洞，提升了数据处理的精度和准确性。同时，信息化系统还可以记录下错误数据的来源并进行反馈，让管理员更好地掌握问题所在和解决方案，从而避免类似问题再次发生。

随着信息化技术的不断发展，高校财务管理信息化体系将更加完善和成熟，为高校的财务管理工作提供更多的便利和支持。无论是加强财务数据的自动化能力、提高数据的统计和分析能力，还是甄别出错误信息和数据异常并进行及时处理，这些都将极大程度地提升高校财务管理的效率和准确性。

（五）提升决策水平

高校财务管理信息化系统可以为管理层次的决策提供重要支持，借助大量实际业务数据替代传统决策中主观认识和感性预测的影响，从而使管理决策更加准确、有效、科学。在高校财务管理信息化体系建设中，提升决策水平是非常重要的一环，下文将从几个方面详细探讨。

信息化系统可以从多角度去考量财务状况，包括资金流量、收支情况、成本结构等等。这种定量分析方式可以消除人为因素和个人主观臆断对于决策产生的干扰，并且可以提供全面、准确、及时的信息。通过使用决策支持工具，管理员可以进一步利用数据来支持他们在制定决策时的判断和决策。具体来说，决策支持软件能够提供各种各样的报告和图表，以更好地显示数据之间的关联和模式。

信息化系统可以为管理层产生可靠的预测结果。管理层可以通过使用信息化系统，做出基于过往历史数据的预测和推测。这种方法可以自动化地生成趋势分析、模型计算和数据挖掘等，以便管理员精确地了解目前的情况，并为未来做出最佳决策。例如，通过对大量历史财务数据分析，预测未来资金状况，在此基础上制定更有效的收支管理政策。

信息化系统还可以提供决策方案的评估和测试。根据对不同决策方案的评估，管理员可以更好地预测他们的结果和可能影响，并选择最适合现实条件的方案。在信息化体系构建的过程中，应当综合考虑多种因素，包括成本、可行性的搜索、利益前景等等，从而最终确定最佳的决策方案。

信息化系统能够协助决策者实现高效沟通和协作。在高校财务管理日常工作中，往往需要多个部门之间进行协作。信息化系统的使用可以使得员工、团队和部门之间更加顺畅地沟通和交流，便于管理者们进行统一意见的调整和反馈，并能够更加高效地分配资源和财务管理责任。

（六）实现跨区域协同作业

随着高校规模不断扩大，分布范围也越来越广，高校财务管理面临的挑战也越来越多。此时，高校财务管理信息化体系的建设就显得非常重要，它可以帮助高校实现跨区域协同作业，使各个分支机构能够共享信息资源、优化运营流程，并协调各自管理岗位之间的关系。

高校财务管理信息化体系可以实现数据采集和管理平台的统一化。通过将高校内所有的财务管理数据纳入到一个数据中心进行处理和管理，可以提高数据交换的效率和准确性。这种统一化的数据采集和管理平台为不同地区学校的财务管理者提供了便利，可以快速准确地了解全校各地区的运转情况，以及资金流向等管理信息，从而更加细致地制定收支预算和合理安排资源。

高校财务管理信息化体系可以帮助建立有效的沟通协作机制。高校财务管理信息化体系的使用可以帮助财务管理人员跨越时间和空间界限，共享管理经验和信息资源，并利用网络技术实现全域联通，形成支持合作与信息传递的平台。财务管理人员可以通过系统的邮件、即时通讯、会议等功能沟通协作，也可以通过共享文档和文件夹，快速传达信息和数据，提高协作效率。

高校财务管理信息化体系可以增强分支机构间的独立协同能力。高校各地区之间的财务管理工作虽然互相关联，但也需要遵循本地区的规则和管理制度。因此，高校财务管理信息化体系的建设应该充分考虑不同地区的特点和需求，并且在体系设计中保留一定的灵活性。这样，在建立财务管理信息化体系的同时，还能够尊重各个分支机构的独立性，使每个地区都可以自主管理、自我约束、自我发展。

高校财务管理信息化体系可以加强资源共享和消除浪费。高校内不同分支机构之间存在着资金流量不均衡的情况，而信息化系统的应用可以帮助管理者更好地了解各项财务数据并及时调整运营策略，实现资源共享和消除浪费，从而提高资金使用效率。此外，高校财务管理信息化体系还可以通过自动化、标准化的流程优化，降低工作量和错误率，实现经济效益的提升。

第二节　高校财务管理信息系统的应用和建设

一、高校财务管理信息系统的架构

高校财务管理信息系统（FMIS）是在计算机网络、数据库等信息技术手段的支持下，对高校财务管理过程中各种数据、信息、知识等资源进行集成化和系统化处理的工具。为了能够更好地实现高校财务管理的信息化，需要建立起一个完善的 FMIS 架构。

（一）数据采集子系统

高校财务管理信息系统的数据采集子系统是整个系统的核心部分之一，它主要负责收集、保存和管理高校财务管理过程中所涉及的各种数据。这个部分的设计和实现对于高校的财务管理工作至关重要，因为只有保证数据的准确性和完整性，才能够保证后续的数据处理和利用的正确性和有效性，从而最终实现高校财务管理目标。

在进行数据采集前，需要确定好数据采集的范围和类型。一般来说，高校的财务管理数据可以分为交易数据、资产数据和财务报表三类。具体的数据项需要根据高校实际情况进行调整和补充，以确保全面覆盖高校财务管理过程中的各个方面。每个数据项都应该有详细的分类、汇总和描述，并且需要规定好数据输入格式、数据变量和数据取值范围等，以便于后续的数据处理和利用。

在进行数据采集时，需要考虑到数据的正确性和及时性。数据的正确性是指数据必须准确无误地反映所代表的经济事件真实发生的程度。数据的及时性则是指数据需要在经济事件的发生后能够及时地进行采集和处理，以便及时做出决策。为了保证数据的正确性和及时性，需要建立完善的数据采集流程和数据审核机制，并对涉及的各个环节进行标准化管理和规范操作。

在进行数据采集时还需要考虑到数据的安全性和隐私性。财务管理数据是高度敏感的信息，需要采取一系列技术和制度措施来保护数据的安全性和隐私性。这包括建立访问控制、加密传输、数据备份等技术手段，以及建立数据保密制度、制定数据使用规范等制度手段。

在进行数据采集时，需要注意到数据的可扩展性和兼容性。高校财务管理信息系统是一个复杂的系统，它需要不断适应新的需求和变化。因此，在进行数据采集时，需要考虑到数据模型和数据表结构的可扩展性，使得系统可以轻松地增加或修改数据类型、数据项和数据字段。另外，为了保证系统的兼容性，还需要遵循相关的国际标准和行业标准，以确保系统的数据可以与其他系统进行良好的集成和交互。

（二）数据处理子系统

数据处理子系统是高校财务管理信息系统中的重要组成部分，主要用于对采集到的财务数据进行预处理、分类、汇总和统计等各种处理，生成各种财务报表、业务处理结果数据等。这个部分的设计和实现对于高校的财务管理工作也非常关键，因为只有通过合理的数据处理方法和技术手段，才能够从大量的财务数据中提取出准确的信息，为高校决策服务。

数据处理子系统需要对采集到的数据进行清洗和预处理。由于采集的数据来自不同源头，格式和结构可能存在很大差异，而且还存在一些异常值和噪声数据，这些都会影响后续数据处理和利用的准确性和有效性。因此，在进入数据处理流程之前，需要对采集到的数据进行清洗和预处理，去除无用信息、修正错误数据等，使得后续处理可以更加高效和准确。

数据处理子系统需要对清洗和预处理后的数据进行分类和汇总。在数据分类方面，可以根据数据的类型或者用途等多个标准进行分类。例如，将交易数据分为收入类和支出类，将资产数据分为固定资产类、无形资产类等。在数据汇总方面，可以根据不同的维度或者要求进行汇总。例如，将交易数据按时间、地点、项目等多个维度进行汇总。这样可以更好地了解财务数据的变化趋势和特点，从而为高校财务管理提供更全面的信息支持。

数据处理子系统需要对采集到的数据进行统计和分析。通过利用统计学方法，可以对财务数据进行各种分析，如频数分析、占比分析、差异分析等，进一步深入理解财务情况，并制定相应的决策。此外，还可以采用人工智能等新兴技术来提高数据处理效率和质量。例如，可以使用自动化的数据分析工具来挖掘数据中的潜在模式，发现隐含的联系和趋势，从而提高财务管理的预测能力。

数据处理子系统还需要生成各种财务报表和业务处理结果数据。根据财务管理的需求，可以生成各种财务报表，如资产负债表、损益表、现金流量表、成本报表等，以及各种业务处理结果数据，如销售额、毛利润、净利润等。这些报表和数据既可以用于内部管理，也可以用于对外公示，从而更好地体现高校的财务管理水平和运营能力。

（三）数据共享子系统

数据共享子系统是高校财务管理信息系统中不可或缺的一个部分，它主要用于实现财务管理系统中各个相关单位之间的信息共享和协同工作。通过建立这个子系统，可以将财务管理系统中的各类数据通过网络等方式进行传递、查询和共享，从而达到提高信息利用效率和加强合作协调的目的。

数据共享子系统需要建立一个安全、稳定和高效的网络平台。网络平台的建立需要考虑到系统的可用性、响应速度和安全性等方面。在系统可用性方面，需要确保系统能够 24 小时不间断地运行，对客户端请求做出及时响应。在响应速度方面，需要提高网络带宽，降低系统处理延迟和响应时间。在安全性方面，需要采取一系列技术和制度措施来保护数据的安全和隐私，以防止不法分子窃取系统敏感信息和渗透入侵。

数据共享子系统需要建立完善的数据访问和权限管理机制，确保数据访问的安全和规范。在数据访问方面，必须要遵循严格的访问策略，不仅要管好进去的人，还要管好出去的数据。在权限管理方面，需要对不同类型的用户进行分级授权，使得用户只能访问和操作与其职责相关的数据和信息，从而保证数据的安全性和隐私性。

在数据共享子系统中，应该提供一系列查询、分析和报告工具，以方便用户查询各类财务数据和信息，并进行一定程度的分析和比较。例如，学院/系部门可以通过数据共享系统查询自己的产生的财务数据，对数据进行分析、比较和诊断，从而改善运营决策。另外，这个系统还可以为系统管理者提供实时的监控和统计功能，了解系统运行状况和财务数据变化趋势，及时发现潜在问题并采取相应的措施。

数据共享子系统需要支持多种数据格式和技术标准，以确保和其他系统之间的互操作性。在设计系统时，需要考虑到数据共享与集成的需求，采用标准化的接口和协议，如 HTTP、XML、SOAP 等，充分利用开放接口和标准，加强平台开放性，促进多样化的合作关系。这样，可以有效地整合和利用内部和外部的财务数据，提高数据的利用效率和降低系统成本。

（四）数据安全控制子系统

数据安全控制子系统是 FMIS 中必不可少的一部分，它主要用于保护高校财务管理系统中的财务数据不被泄露或者篡改。在高校财务管理中，财务数据的保密性、完整性和可用性都是至关重要的，因此，需要建立专业的安全控制系统，以确保财务数据的安全性和稳定性。

数据安全控制子系统需要建立一个完善的身份认证机制。只有经过身份认证的用户才能够进入财务管理系统，并且只能进行与自己职责相关的操作。为了实现这个目标，身份认证机制应该采用多种认证方式，例如密码验证、指纹识别、智能卡等。此外，身份认证机制还需要将用户分级，根据用户所处的层次和权限设置相应的访问权限，以避免敏感信息的泄露。

数据安全控制子系统需要建立一个高效的权限控制机制。通过权限控制机制，可以对不同类型的角色和用户进行分级管理，制定相应的权限策略，规范用户的行为。只有具备相应权限的用户才能够进行敏感数据的查询、输入和修改等操作。通过严格控制权限，可以最大限度地避免数据的非法访问和恶意篡改。

在建立数据安全控制子系统时，应该考虑到数据备份与恢复机制。数据备份与恢复机制是保证数据完整性和可用性的关键要素之一。在设计系统时，应该针对不同类型的数据采取不同的备份策略，例如热备、冷备、增量备份等。通过定期备份数据，并且测试备份数据的可靠性和完整性，可以避免出现突发故障时会造成的重大损失。

在进行数据安全控制时，需要从多个方面综合考虑，如网络攻击、电力故障、自然灾害等因素，以确保系统能够正常运行并防御外部攻击。为了做好这些工作，需要采取多种安全措施，包括加密与解密技术、网络防火墙、入侵检测系统、数据流分析和监测系统等，同时也需要建立一个紧急响应机制来处理各种安全事件。

二、高校财务管理信息系统的应用场景

高校财务管理信息系统(FMIS)是一个集成化、系统化的工具，旨在提高高校财务管理的效率和准确性。FMIS 不仅可以对财务数据进行预测和分析，同时也可以实现高校财务数据的实时监控和管理。以下是高校财务管理信息系统的主要应用场景：

（一）预算编制和执行管理

预算编制和执行管理是高校财务管理的重要组成部分，对于高校的财务健康运营具有至关重要的作用。高校财务管理信息系统可以支持高校年度预算的编制、审核和维护，对各个部门的预算申报进行统计汇总，提供预算执行情况的监控和风险评估功能，以便于高校管理者随时了解预算使用情况。

在预算编制方面，高校财务管理信息系统可以支持多种预算方式的设置，例如定量预算、成本预算、经验预算等。管理员可以根据高校的实际情况选择相应的预算方式，设置相应的预算参数，并通过系统对预算数据进行自动化处理，以最大限度地减少了手工操作和错误率。此外，管理员还可以设置预算流程，创建预算任务，明确责任人及时间节点，有效规范了预算过程的执行和监督。

高校财务管理信息系统还可以对预算申请进行自动化审核和调整。系统会自动统计、归纳、分类、审核各个部门提交的预算申请，审核人员可以直接在系统中进行审核和调整。这样，不仅提高了预算审核效率，减轻了管理人员的

工作量，还能够保证预算过程的公平性和准确性。

在预算执行方面，高校财务管理信息系统能够提供预算执行情况的监控和风险评估功能。通过实时数据采集和分析，管理员可以随时了解预算使用情况并及时发现异常、风险。例如，管理员可以针对预算进度、费用增长率、项目成本等指标进行监控，并通过数据可视化方式展示分析结果，以便管理员更好地把握预算执行情况和变化趋势。

在预算变动和预算成本控制方面，高校财务管理信息系统可以为管理员提供辅助决策分析。管理员可以使用系统中的预算报表和数据分析工具，了解预算方案的实施效果，根据实际情况进行调整和优化。此外，系统还可以通过多种方式对成本进行控制，如设置预算核算规则、成本控制指标、预警机制等，以保证成本控制效果的最大化。

高校财务管理信息系统在预算编制和执行管理方面发挥了重要的作用。它可以支持多种预算方式的设置，自动进行预算申请审核和调整，提供预算执行情况的实时监控和风险评估功能，并为管理员提供辅助决策分析。这些特点有效地提高了预算工作的效率和规范性，帮助高校管理者更好地把握预算使用情况，掌握经济发展方向，加强成本控制，推动高校财务管理工作不断创新和发展。

（二）资产管理

资产管理是高校财务管理的重要组成部分，对于保障资产利用率和实现资产价值最大化具有至关重要的作用。高校财务管理信息系统可以实现高校资产的统一管理和计量，包括固定资产、无形资产、流动资产等。通过 FMIS 可以快速查找和记录资产信息，如采购日期、资产编号、使用部门、资产维修等信息，为资产管理提供了强有力的支持。

在资产的信息管理方面，高校财务管理信息系统可以精准地记录、分类、归集和统计资产数据，为高校管理者提供多种查询工具，并且可以对资产信息进行自动化处理，例如自动更新资产库存情况和资产折旧记录等。此外，FMIS还支持资产追溯功能，可帮助高校管理者轻松追踪资产的历史记录和变更过程，从而更好地控制资产风险。

在资产的巡检和维护方面，高校财务管理信息系统可以自动化管理资产巡检、故障处理和保养等过程，以确保资产在使用中处于良好状态。通过定期巡检和保养，管理员可以及时发现设备问题并进行维修，从而可以预防意外损失的发生。同时，系统也能够提供资产维保数据的记录和统计，让高校管理者更加了解资产使用状态。

在资产折旧和减值等方面，高校财务管理信息系统还支持强大的资产计量功能。管理员可以设置资产折旧规则、计算方法和报表模板，并在定期时间内自动进行折旧计算。除此之外，系统还具备资产减值计提功能：当资产价值出现异常、技术陈旧或已过时，系统会自动计算资产减值并进行核销处理。这样不仅有助于合理处理资产折旧和减值问题，还能最大限度地保障高校的资产价值。

在资产的分析和决策方面，高校财务管理信息系统可以为管理员提供辅助决策分析，通过资产数据分析和可视化呈现，帮助高校管理者更好地了解资产价值及其利用情况。例如，可以根据部门、类型、使用情况等多种指标对资产进行分类统计，以便于高校管理员随时了解其资产状况、改进管理措施和优化管理效率。此外，在预测未来设备更新和维修成本时，FMIS还提供预测模型和算法，帮助高校管理者更准确地进行预判和决策。

（三）收付款管理

收付款管理是高校财务管理的重要组成部分，是高校日常运营的基础性工作。高校财务管理信息系统可以支持高校日常收付款活动的管理，帮助高校实现自动化和规范的收付款管理流程，方便高校管理者对资金流动情况进行实时监测和控制。

在收款方面，高校财务管理信息系统可以实现学生缴费、课程费用等各种类型的收款管理，并且支持多种支付方式，如银行卡、微信、支付宝等。通过FMIS，高校可以轻松实现在线缴费、电子票据开具等功能，同时管理员还可以随时查询每个学生的缴费情况，确保学生应缴费用的准确性和及时性。

在付款方面，高校财务管理信息系统可以自动处理各类支出，如工资、福利、租金等，并自动完成相关记账和凭证处理。通过系统实现自动化付款，不仅提高了效率，还减少了人为错误的发生。同时，系统还可以对支出进行分类统计和数据分析，为高校管理者提供详尽的支出分析报表，以便于对支出进行更好的监管与控制。

在收付款流程的管理方面，高校财务管理信息系统可以实现自动化的流程控制和监测。例如，通过设置收付款流程的节点、角色和责任人等，系统可以自动进行审批，从而实现日常收付款流程的规范化和自动化处理。此外，在每个节点完成后，系统会自动向相关人员发送通知和提醒，通过及时的消息推送确保流程的顺畅推进。

在银行业务方面，高校财务管理信息系统支持与银行的联网查询、办理等功能，为高校资金流转提供了更加完善的保障。例如，系统可以实现对银行账户余额和明细的实时查询和监测；还能将学生缴费信息同步到银行账户，并支持到账提醒和余额预警，以防止银行资金不足或透支的情况发生。

（四）会计核算

会计核算是高校财务管理的重要组成部分，它关系到高校财务数据真实性、准确性和及时性。高校财务管理信息系统可以支持高校的会计核算自动化，提高其会计业务的处理效率和准确性。

在科目设置方面，高校财务管理信息系统可以支持多层次科目设置，并且可以根据需要灵活调整科目设置方案。通过 FMIS，高校可以快速建立科目档案并设定科目属性，例如科目名称、编码、分类、余额方向等。管理员还可以随时根据需要添加新的会计科目或进行科目变更，以保持科目设置的合理性和适应性。

在财务数据处理方面，高校财务管理信息系统可以支持会计凭证的自动化处理。无论是在收入、支出、资产、费用等方面的核算，都可以透过 FMIS 自动完成。这样可以避免手工操作中可能出现的错误，从而提高了财务数据处理的准确性。同时，FMIS 还支持多种账簿类型的设置和管理，包括总账、明细账、日记账等，支持自动生成各类报表。

在汇率核算方面，高校财务管理信息系统可以自动记录各种货币间的汇率变化情况，并自动完成外币账户的转换和核算。这样可以方便高校管理者进行多种汇率计算和支出控制，有助于提高汇率风险防范意识和应对能力。

在财务数据统计和分析方面，高校财务管理信息系统可以支持多维度的数据报表和分析功能。管理员可以自由设定需要查询的数据维度和指标，并通过数据可视化方式呈现，例如图表、柱状图、饼图等。通过 FMIS 提供的数据分析功能，高校管理者可以更加深入了解其财务数据、业务过程和经营状况，从而更好地为高校财务发展和运营规划提供科学依据。

三、高校财务管理信息系统的建设方法

高校财务管理信息系统的建设需要经过以下几个重要步骤：

（一）明确需求

高校财务管理信息系统的建设是提高高校财务管理效率和精度的关键。因此，在进行系统架构设计和实施之前，需要先明确高校财务管理工作中各个环节对信息系统的需求。

资产管理是高校财务管理的重要组成部分。因此，在高校财务管理信息系统建设过程中，需要明确资产档案、资产购置、使用情况以及报废处理等方面的数据需求，以确保资产管理的全面性和准确性。系统应该支持资产流转的记录和追踪，并且能够自动处理资产入库和出库事宜，同时还可以支持无形资产、土地、房屋等不同类型资产的管理。

预算编制也是高校财务管理信息系统的重要功能之一。在这个方面，需要明确预算编制所需的各类数据和信息，例如预算分项、收支情况、预算执行情况等。此外，系统还应该支持多年度预算的编制和管理，以帮助高校精细化预算管理。高校财务管理信息系统需要能够方便管理员汇总各类业务预算数据和历史数据，为高校财务管理决策提供有力支持。

在会计核算方面，高校财务管理信息系统需要支持全面的会计核算功能。例如，需要明确会计科目、会计凭证、资产负债表、利润表等方面对数据的需求，并且保证相关数据的完整性和准确性。此外，还需要能够支持多种外币核算和汇率核算，以适应高校财务管理中复杂的业务场景。

在成本管理方面，高校财务管理信息系统需要支持全面的成本核算。这包括了各项支出的分类记录、分摊、结转和核算处理等方面。对于不同类型的成本费用，高校财务管理信息系统需要支持按照项目、事项、部门等分类统计和分析，以帮助高校进行更精细化的成本控制和预算管理。

（二）选型评估

选型评估是确定高校财务管理信息系统的重要环节。在进行选型评估时，需要考虑多方面因素，以保证最终选择的系统能够满足高校的实际需求，并且具备较高的性能、稳定性和易用性。

在功能方面，高校财务管理信息系统需要支持高校财务管理中各个业务环节的处理，例如资产管理、预算编制、会计核算、成本管理等方面。需要对市场上现有的系统进行功能比较和分析，找到符合高校需求的适用软件或系统。同时，需要关注系统的可配置性和灵活性，确保系统能够满足高校日益增长的业务需求。

在性能和稳定性方面，高校财务管理信息系统需要具备较高的性能和稳定性。因此，在选型评估时需要考虑系统的处理能力、数据访问速度、并发处理能力、容错能力等方面。同时还可以参考其他高校的使用情况和用户反馈，以了解该系统的实际使用效果和稳定性情况。

在易用性方面,高校财务管理信息系统需要具备良好的用户体验和易用性。这主要包括界面设计、操作流程、操作方式、系统学习曲线等方面。在选型评估时需要了解系统的教育培训和技术支持服务情况，确保管理员和用户能够轻松上手使用该系统。

在成本方面，高校财务管理信息系统需要考虑总体成本和 ROI（投资回报率）等因素。这些因素包括了软件购置费用、硬件设备费用、系统实现和维护成本及人力成本等。需要评估系统选型后的总体效益和经济收益，确保系统在长期运行中具备较高的经济性和可持续性。

除了以上因素，选择高校财务管理信息系统还需要考虑系统的可扩展性、开放性和技术特点等方面。例如，系统需要具备灵活的架构和模块设计，以适应未来业务需求的变化；同时还需要具备开放的接口和集成能力，以方便与其他系统进行数据交换和集成。此外，系统的技术特点和安全性也需要被纳入到选型评估的考量范围之内。

（三）系统设计

系统设计是高校财务管理信息系统建设的核心环节之一。在确定适用的高校财务管理信息系统后，需要结合高校实际情况进行系统设计和实施方案制定。

在信息采集方面，需要考虑如何快速、准确地采集高校各个业务环节的数据。这涉及系统数据来源的确定、数据格式的处理和规范化等方面。可以考虑在系统中设置数据自动导入或手动录入两种方式，管理员可根据不同情形选择使用，以确保高校财务数据完整性和准确性。

在信息处理方面，需要考虑如何根据高校业务需求对数据进行分类、处理、计算和分析。系统应该支持多维度数据查询和分析，提供各类报表、图表等数据可视化工具，使收支数据直观可见。同时还应该设置权限管理体系，限制用户访问、修改、删除某些数据的权限，确保数据被保护和减少误操作带来的风险。

在信息共享方面，需要考虑如何将高校财务管理信息系统与其他关键业务系统进行协同工作，以便高校内部各个系统间的信息共享。例如，可以设置数据接口或集成模块与后勤管理、人事管理等系统对接，提高数据共享的效率和流畅度。

在系统架构方面，需要考虑如何选择适当的硬件设备、网络环境以及系统软件组成等。系统架构应该具有可扩展性和高可用性，满足高校财务数据量较大、业务变化频繁的需求。此外，还要考虑到系统安全问题，设置相应安全机制保护系统的隐私和信息安全。

在用户体验和易用性方面，系统设计需要充分考虑到财务管理员和其他使用者的需求，以确保用户能够方便地浏览、查询、修改和导出数据。例如，可以加入搜索引擎功能、自定义报表属性等工具来提高用户操作便利性。此外，系统应该支持在线实时反馈咨询等服务，提升用户满意度和忠诚度。

（四）系统实施

系统实施是高校财务管理信息系统建设的重要环节。在确定好系统方案之后，需要按照实施方案进行系统的实施与部署，以确保系统能够正常投入使用。以下是系统实施的一些详细步骤：

（1）硬件设备购置：根据实施方案中制定的硬件设备需求，采购相应的计算机、服务器、网络设备和存储设备等。需要注意设备的性能和配置是否满足系统运行的要求。

（2）软件安装：将选用的高校财务管理信息系统软件安装到相应的服务器上，并完成必要的系统调试和测试。

（3）服务器设置：基于硬件设备的性能和实际业务需求，进行服务器设置和优化，以提高系统的运行效率和可靠性。

（4）数据库优化：对数据库进行性能优化和数据结构优化，使得高校财务管理信息系统的数据采集、处理和存储更加高效。

（5）防火墙设置：通过防火墙设置，保护系统避免受到不正当访问和攻击。

（6）数据备份：为了防止意外事件发生，需要设置系统数据自动备份机制和手动备份程序，保障数据得到及时恢复。

（7）实施计划：制定科学、合理的实施计划，明确具体实施步骤和时间安排，并严格按照实施计划进行组织和管理。在该过程中，需要考虑到现有系统运营的影响，尽可能减少对现有系统的干扰和辐射。

（8）系统培训：在系统实施完成之后，为管理员及其他使用者提供充足的系统培训，使得他们能够顺利上手，并合理使用系统中的各种功能。

此外，在系统实施的过程中还需要充分考虑到数据安全、业务转移和用户反馈等因素。例如，在网络连接和数据传输中应该加密保护敏感数据，同时注意控制用户权限，避免非法访问和修改；在业务转移中应该适时告知用户业务变更和调整，协助用户及时转移业务数据；在系统投入使用后，应定期收集用户反馈意见和建议，持续优化和改进系统的功能和体验。

系统实施是高校财务管理信息系统建设中不可或缺的一环。在实施过程中需要注重细节和流程规范化，确保系统部署成功并能够正常使用。此外，还要关注系统的数据安全和业务转移等方面的问题，并定期收集用户反馈意见和建议，不断改进和完善系统。

（五）数据迁移与验证

数据迁移和验证是高校财务管理信息系统上线前必须经历的重要环节。在新系统正式上线之前，需要对现有数据进行整理、清洗和转换，并将其对接到新系统中，进行数据验证和调整。此步骤主要包括数据的处理、整合、校准和比对等过程。通过数据的迁移和验证，可以确保系统上线后能够快速运行，高效地支撑财务管理工作。

（1）数据整理和清洗：在数据迁移之前，需要首先对现有数据进行整理和清洗。这一过程主要包括数据分类、去重、筛选、归档和备份等。通过对数据的整理和清洗，可以减少数据异常、提高数据质量，为后续数据迁移打下良好的基础。

（2）数据转换和对接：在数据整理和清洗完成之后，需要对数据进行格式转换、标准化、编码转换等操作，以使得原始数据能够被新系统所使用。同时，还需要对接现有系统与新系统间的数据交互接口，确保数据能够成功地迁移到新系统中。

（3）数据验证和校准：在数据迁移完成之后，需要对数据进行验证和校准，以确保数据的完整性、准确性和一致性。此过程需要比对新系统和现有系统的数据，并将差异进行分析和调整。同时，还需要设立数据校验规则，及时发现和纠正数据异常。

（4）数据比对和调整：在数据验证和校准之后，需要进行数据比对和调整，以确保新系统中的数据与现有系统完全一致。数据迁移和验证过程中可能会出现一些数据丢失、重复或不完整等情况，需要及时排查和解决。一旦完成数据调整和比对，就可以进行系统上线前的最后验证和测试，确定数据已经正确地迁移到了新系统中。

数据迁移和验证是高校财务管理信息系统建设中不可或缺的一环。通过数据处理、整理、转换、校准、比对和调整等过程，确保系统上线前能够顺利迁移现有数据到新系统中，并满足财务管理工作的需求。同时，也为高校未来的财务管理奠定了良好的基础，为财务管理提供可靠的数据支持。

（六）培训与推广

培训与推广是高校财务管理信息系统实施和上线后的重要环节。为了提高财务管理人员使用信息化系统的技能和意愿，需要针对各个职能部门进行相关的培训和推广，并确保他们掌握所需的关键技能。以下是具体的培训与推广步骤：

（1）系统功能说明：需要详细介绍系统的功能和应用场景，帮助财务管理人员准确理解系统的作用和价值。同时，还应当向管理人员介绍系统中常用的模块和功能，以便他们熟悉和应用系统。

（2）操作手册：需要编写完善的操作手册，使管理人员学习和使用系统更加容易。操作手册应当包括系统功能说明、操作流程、常见问题解答等内容，以帮助系统用户快速上手和解决困难。

（3）案例演示：可以通过案例演示来展示系统的应用效果和优势，让用户深入了解系统。在演示过程中，可以结合实际数据执行各项操作，以帮助用户更好地理解系统。

（4）培训课程：可以组织定期的培训课程，帮助财务管理人员掌握系统的相关技能。培训内容可以根据财务管理人员不同职责和需求制定相应的课程，包括基本操作、数据分析、报表生成等方面。

（5）内部推广：可通过内部推广来提高财务管理人员对信息化系统的使用热情。可以组织内部比赛、优秀案例展示、知识问答等活动，激发用户的学习兴趣和主动性。

（6）外部宣传：如果高校本身有很好的资源、业界影响力和口碑，通过外部宣传进一步提高高校的形象和品牌，更好地推销系统。外部宣传可以通过各种渠道进行，例如参加会议、发布新闻稿或在线社交媒体上推广。

（七）运行维护

运行维护是高校财务管理信息系统建设中重要的一环。在完成了系统的实施和上线后，需要对新系统进行定期维护和更新，以适应不断变化的高校财务管理需求。

（1）硬件设备管理：对硬件设备进行日常巡检和维护，确保其正常工作。

当硬件设备出现故障时，需要及时处理和更换设备，避免对系统造成影响。

（2）软件版本升级：定期对系统软件进行升级，并完善系统安全性。同时，还可以通过软件的扩展和升级，提升系统的功能和适应性能力。

（3）数据备份与恢复：确保数据的安全性，需要定期对数据进行备份，防止意外事件导致数据丢失。备份好的数据还需要定期测试和检测，以确保数据能够成功地恢复。

（4）系统性能监测：通过日志记录、性能测试等手段，对系统性能进行监测和评估，提前发现潜在问题，及时提出改进建议并解决问题，以保障系统的正常稳定运行。

（5）用户支持与服务：为高校财务管理人员提供系统疑难解答和技术支持等服务，及时解决用户的问题，提高系统使用效率和用户满意度。

（6）技术咨询与培训：为了使新系统得到更加充分的应用，在日常运行维护过程中，还需要不断进行技术咨询和培训工作，帮助财务管理人员掌握系统使用技巧和新功能，提升系统应用水平。

通过以上运行维护的日常性工作，可以使高校财务管理信息系统保持优秀的性能和稳定性，满足高校财务管理工作的需求。此外，还需要根据实际情况，制定相应的维护计划和维护流程，明确各项工作的责任人和工作标准，以确保运行维护工作科学、规范和有效。

第三节　高校财务管理信息化的未来发展趋势

一、云计算在高校财务管理信息化中的应用

云计算作为一种全新的计算模式，应用于高校财务管理信息化中，有以下几个优势和应用场景：

（一）存储与数据处理

存储与数据处理是高校财务管理信息系统的一个重要环节。随着数字化时代的到来，高校财务管理信息系统产生的数据量越来越大，需要一个可靠、安全的存储和处理机制进行支持。

云计算技术已经成为解决存储和数据处理问题的一种有效方式。它采用了一系列技术架构、软件和硬件设施，使得数据能够被存储在云端，并通过强大的云平台提供数据的集中存储、管理和分布式处理服务，同时能够在线访问、实时处理和快速响应各种业务需求。以下是针对高校财务管理信息系统的存储与数据处理方案的详细说明：

（1）云计算架构：为了满足高校财务管理信息系统的存储和数据处理需求，可以采用基于虚拟化技术的云计算架构。该架构具有灵活性、扩展性和高可用性等优点，能够自适应地调整资源，以满足大规模并发访问和数据处理的需要。

（2）弹性存储：云计算技术提供了弹性存储方案。这种存储方案可以根据高校财务管理信息系统的数据量随时进行伸缩，避免了本地存储的风险。同时，云端存储还具有高度安全性和可靠性，能够为高校的财务管理信息提供强大的保障。

（3）分布式处理：云计算技术可以采用分布式处理方案，将高校财务管理信息系统的数据分布在多个节点上，以提高数据处理效率和响应速度。此外，分布式处理方案还可以提供负载均衡、容错机制等服务，确保数据的稳定性和完整性。

（4）数据挖掘和分析：在云计算技术支持下，高校财务管理人员可以使用现代化的工具和技术对数据进行挖掘和分析，得到更加准确和实用的信息。比如，可以利用机器学习算法、自然语言处理技术等手段进行数据挖掘和预测分析，以提高财务管理的决策能力。

（5）多租户机制：云计算平台采用多租户机制，为每个高校客户提供独立的虚拟空间。这种机制可以保证高校之间的数据安全和隔离，避免数据泄露或误操作等风险。

（6）数据备份和恢复：云计算平台提供了数据备份和恢复服务，确保高校财务管理信息系统的数据安全。可以通过定期备份和容灾测试等手段，保证数据的安全可靠，避免因自然灾害、人为错误或其他设施故障导致数据丢失或损坏的风险。

采用云计算技术进行存储和数据处理是高校财务管理信息系统建设过程中一种有效的解决方案。该方案能够保障数据的持久性、可扩展性和高可用性，满足大规模数据处理的需求，同时能够支持高校财务管理人员获取准确的数据信息和与商业洞察相结合的数据分析。不过，也需要注意云计算平台的短板，例如可能存在网络延迟或断开等问题，如何处理这些问题需要采用一些适当的措施来保证数据流畅性和数据的完整性。此外，还需要选择适宜且安全可靠的云服务提供商，以保障数据的安全和稳定。最后，在实施过程中，应根据高校财务管理信息系统的实际需求，量身定制适合自己的存储和数据处理方案，避免盲目跟风，同时注重与上下游业务系统的协作，将云计算技术真正发挥其作用，为高校财务管理信息化、智能化的建设提供更加坚实的基础。

（二）决策支持

决策支持是高校财务管理信息系统中一个非常重要的功能模块。在云计算技术的支持下，高校财务管理部门可以借助数据挖掘、机器学习等技术对海量数据进行深度分析和挖掘，获取有价值的信息和洞察，并通过实时统计、可视化图表等方式呈现给管理者。

（1）数据挖掘：高校财务管理信息系统采用数据挖掘技术，可以从海量数据中发现数据之间的隐藏关系和模式，并自动识别和提取数据特征，得到更加准确的结果。例如，可以通过历史数据预测未来趋势，识别出存在风险的项目和账户等。

（2）机器学习：高校财务管理信息系统使用机器学习技术，可以不断优化财务管理决策模型，使模型的预测能力不断提高，在不断优化的过程中为高校提供更加准确的决策支持。例如，可以利用机器学习算法对高校财务管理中的协同问题进行解决。

（3）实时统计：高校财务管理信息系统可以将各类财务指标实时汇总，以便高校财务管理部门及时掌握各项财务指标的动态趋势，及时调整管理策略。

（4）可视化图表：高校财务管理信息系统可以通过可视化图表等方式呈现分析的结果，使得管理者能够更加直观地理解数据，并快速做出决策。例如，可以通过柱状图、折线图等方式展示各项财务指标的变化趋势，帮助管理者发现问题和变化。

（5）自动化报告：高校财务管理信息系统可以根据用户的需求自动生成各类报告，减少人工操作和错误率，同时提高工作效率。例如，可以自动生成各类财务报表、年度预算报告等，并自动化分析这些报告基础上的各种财务指标。

（6）决策协作：高校财务管理信息系统可以支持多个人员在不同地方之间进行实时的决策协作，避免了信息沟通和交流上的障碍，提高了管理效率和决策质量。

通过这些功能的支持，高校财务管理信息系统可以帮助高校财务管理部门更好地识别风险、优化经营、提高管理水平，进而推动高校财务管理向智慧化、数字化方向发展。当然，在决策支持过程中，我们也需要注意数据的准确性和隐私保护问题，并建立一套完善的数据治理机制，避免滥用数据可能导致的问题。

（三）成本节约

成本节约是高校财务管理信息化系统建设的一个重要目标。在云计算技术的支持下，高校财务管理信息系统可以将硬件和软件等方面的固定成本转化为变动成本。这样，可以大大降低系统运维成本，并且随着业务量和数据量的增加，还能够快速扩容以满足需求。此外，采用云服务也可以省去独立购置服务器、备份设备等硬件设施的费用，实现财务管理信息化成本的极致压缩。

1.资源共享：通过云计算技术，高校财务管理部门可以与其他高校或组织共享资源，避免了独立购置硬件和进行软件开发所带来的巨大成本，并可以根据业务需求灵活分配资源。

（2）弹性伸缩：云计算技术提供了弹性伸缩功能，高校财务管理部门可以根据业务需求按需选择扩容或缩容，最大限度地避免不必要的浪费和成本增加。

（3）运营模式创新：云计算技术推动了 IT 运营模式的创新，例如通过自动化设计和实施可视化的工具和服务，可以降低人力成本并提高效率。

（4）业务流程优化：云计算技术也可以通过优化业务流程的方式来节约成本。例如，自动化的财务审批流程、在线支付功能等不但能够提高效率，还能减少重复劳动和减少人员成本。

（5）资源虚拟化：云计算技术采用虚拟化技术，将硬件资源进行虚拟化之后，可以最大限度地利用硬件资源，并且避免了硬件更新带来的巨大成本。

（6）安全保障：在采用云计算技术时，安全问题需要得到充分关注。高校财务管理部门应该选择安全性较好的云服务提供商，并建立完善的数据治理机制，从而最大限度地避免安全问题可能带来的损失和风险。

（四）安全保障

随着互联网技术的不断发展和普及，越来越多的高校开始使用云计算平台进行数据存储、处理和分析，以提高工作效率和优化管理。然而，在选择云服务供应商时，安全保障问题成了高校必须要考虑的一个重要因素。

云服务供应商需要拥有完善的安全验证机制。对于高校财务数据等敏感信息的存储和处理，必须要在系统登录、用户权限管理等方面进行有效的身份认证和授权管理，确保数据只能被授权的人员访问和使用，防止出现信息泄露和盗用的情况。此外，云服务供应商还要进行系统监控、漏洞扫描等安全措施，发现并及时解决潜在的安全漏洞，保障数据的安全性。

云服务供应商需要具备良好的数据加密技术。数据加密是实现敏感信息保密的关键技术之一，加密技术的强弱直接影响到数据的安全性。因此，备选的云服务供应商必须要采用具有高度安全性的加密方式，例如 AES、RSA 等，对数据进行加密存储和传输，防止因为数据被恶意攻击而导致的信息泄露和损失。

云服务供应商需要有完善的防火墙措施。防火墙是保障系统安全性的重要技术手段之一，能够对网络流量进行监测和过滤，及时发现并拦截非法入侵和攻击行为，确保系统的正常运行和数据的安全性。因此，在选择云服务供应商时，高校需要了解其防火墙设置和管理措施，以保障系统运行的稳定性和安全性。

高校在选择云服务供应商时还需要考虑到自身的匹配度和存储需求。不同类型的高校具有不同的数据处理和存储需求，因此，在选择云服务供应商时需要结合高校自身的业务特点和需求，选择适合的云计算平台和数据存储方案，以达到系统的高效、稳定和安全运行。

二、大数据在高校财务管理信息化中的应用

大数据作为一种新型的处理和分析方法，在高校财务管理信息化中具有重要应用价值。下面是大数据在高校财务管理信息化中的三个重要应用方向：

（一）预测分析

随着信息化技术的不断发展和大数据应用的普及，越来越多的高校开始探索利用大数据技术进行财务预测与规划。通过对历史财务数据的挖掘和分析，结合市场趋势以及未来业务需求的变化，可以预测出未来一段时间内的收入、支出情况，并制定合理的财务策略，从而更好地指导日常的财务管理工作。

1.基于历史数据的趋势分析

高校可以利用大数据技术对历史财务数据进行挖掘和分析，探究以往的财务收支变化趋势，以此为基础做出未来的预测。例如，通过分析历年的学费收入和各项费用的支出变化情况，可以初步预测未来一段时期内的收入和支出情况。同时，高校还可以将历史数据与当前市场趋势、经济形势等因素相结合，进一步提高财务预测的准确性。

2.成本控制与效益评估

在大数据技术的支持下，高校财务管理人员可以通过对成本数据的分析，了解各项支出的构成，寻找并优化费用结构，控制成本支出。例如，通过对教学资源的利用情况进行数据挖掘和分析，发现已购置但未得到充分利用的设备等问题，并据此做出合理的资产处置方案，从而减少不必要的投入。此外，在大数据技术的帮助下，高校还可以开展效益评估和绩效管理工作，精准评估各项业务的收益水平，为未来决策提供有力支撑。

3.风险管理和预警机制

大数据技术的应用也可以帮助高校建立完善的风险管理和预警机制，及时识别潜在的财务风险，并采取有效的措施加以预防和化解。例如，在统计分析学生缴费行为时，如果发现部分学生缴费欠费率较高，就可以及时开展风险识别和预警工作，避免因为欠费率过高而导致的财务损失。

（二）风险评估

随着高校财务管理的不断发展和完善，各种风险也随之而来。为了保证高

校财务安全和稳定，必须对各种风险进行有效的评估和控制。在这一过程中，大数据技术的应用变得尤为重要。

投资风险是高校财务管理中最常见的风险之一。高校通常拥有相当规模的财务资产，如基金、理财产品等，这些资产的安全性和收益率直接影响到高校的运转和发展。通过应用大数据技术，可以从市场数据、宏观经济环境、企业信誉等多个方面对投资进行全面综合分析和评估，判断投资是否具有可行性，并及时调整投资策略，降低投资风险。

汇率风险也是高校财务管理中需要关注的重要风险。高校在进行国际交流和合作时必须面对跨境汇款和结算的问题，而汇率波动会直接影响到高校的汇款成本和外币资产价值。通过大数据技术，可以收集和分析大量的汇率数据和相关市场信息，及时发现汇率波动的蛛丝马迹，并采取相应的汇率风险管理措施，如使用远期外汇合约、货币互换等工具来规避汇率波动风险。

借款风险也是高校财务管理中需要注意的一项风险。高校通常需要大量资金用于新建校舍、设备更新等投资项目，而这些资金往往需要通过银行借贷等途径获得。因此，高校需要对借贷的利率、信誉评级、抵押物等多个方面进行综合评估，以最大限度地降低借款风险。通过大数据技术的应用，可以收集和分析大量的银行贷款利率、信贷历史记录、利率预测等数据，准确预测未来的借款利率和偿还能力，并给出相应的风险控制方案。

（三）高效开支管理

随着信息技术的不断发展和应用，高校财务管理也逐步实现了数字化、信息化和智能化。其中，开支控制和成本优化作为财务管理的关键环节，受到越来越多高校的关注。

高效开支管理是指在保证高校经费合理使用的前提下，通过有效控制和优化各项开支，进一步提升高校的绩效和核心竞争力。具体而言，高效开支管理包括以下几个方面：

1.数据分析

数据分析是实现高效开支管理的关键。通过收集、整理、分析大量的数据，可以深入了解高校内部各项开支的细节和规律，及时发现存在的问题和优化的空间，并对未来的开支做出合理的预估和规划。在数据分析过程中，高校可以借助大数据技术和人工智能技术，以更加快速、准确地处理数据，并从中发现有价值的洞察，如识别不必要的开销或者过高费用等。

2.资产管理

资产管理是指对高校固定资产（包括房屋、设备、图书馆藏等）进行全面而有效的管理。通过建立科学的资产管理机制，高校可以确保固定资产的合理使用和保值增值，并进一步控制与优化开支。

高校应建立健全的资产管理制度。资产管理制度应明确资产采购、使用、维修、移交等方面的规定，分类管理各类资产，标准化资产数据的采集和处理方式，在此基础上实现全流程管理。

高校可以采用数字化技术对资产信息进行管理。通过建设资产管理系统，监测和改善资产的使用情况，提高资产的利用率和降低损耗率，同时也能够方便查询资产信息，增强资产管理效益。

3.采购管理

采购管理是指对高校日常采购活动进行规范化和监管。高校要在遵守相关法律法规的前提下，通过采取合理的采购策略和措施，实现采购成本的控制和优化。

高校应建立完善的采购体系和规范的采购程序。采购体系应包括采购计划、采购咨询、采购评审等环节，并且应在公平透明、竞争有序的原则下实行。

高校可以通过引入电子采购平台等数字化工具，实现采购的自动化和信息化。这不仅可以提高采购管理效率，还可以降低采购成本，节约时间和人力资源，从而进一步控制和优化开支。

4.绩效评估

高效开支管理需要定期进行绩效评估和持续改进。高校应建立科学的绩效评估机制和标准，量化各项指标和数据，并对绩效进行分析和反馈，以此来激励积极因素，发现不足之处，进一步提升管理水平和经费使用效益。

三、人工智能在高校财务管理信息化中的应用

人工智能作为最具有前途的技术之一，可以在高校财务管理信息化中得到广泛应用。以下是人工智能在高校财务管理信息化中的三个重要的应用方向。

（一）财务报表分析

财务报表是高校财务管理的核心内容之一。而目前，随着人工智能技术和大数据技术等的不断发展，财务报表分析也逐渐实现了数字化、自动化和智能化。

传统的财务报表分析方法往往需要消耗大量的时间和人力资源，而且容易出现误差。而现在，人工智能技术可以通过应用机器学习、自然语言处理等技术手段，将财务报表中庞杂的数据进行快速、准确地分析，并给出相应的建议。这极大地提高了财务报表分析的效率和准确度，同时也为高校财务管理提供了宝贵的支持。

具体而言，人工智能技术在财务报表分析方面的应用包括以下几个方面：

1.财务风险预测

人工智能技术可以对财务报表中的数据进行全面综合分析，以判断高校未来的财务状况和存在的风险。例如，通过人工智能技术对企业的营收、利润、现金流等进行分析，可以预测出未来可能面临的财务风险，并针对性地提出应对措施。

2.财务指标分析

人工智能技术可以根据财务报表中的数据，进行多项财务指标分析，如资产负债率、营业利润率等。借助于人工智能技术的优势，分析速度和准确度都可以得到很大程度的提升。这不仅可以帮助高校更好地了解自身的财务运作情况，还可以为高校提供更加科学、合理的财务规划和经营策略。

3.财务诊断与建议

人工智能技术可以通过对财务报表中的数据进行深入分析，并结合预测模型和算法，给出相应的财务诊断和建议。例如，人工智能技术可以推荐高校采取何种策略来降低成本、提高效率、增加营收等方面。

4.风险监控

人工智能技术可以通过对财务数据以及其他相关数据的实时监控，及时发现可能会对高校财务安全造成影响的因素。例如，当某一财务指标超出预设的范围时，系统可以自动预警，并提供相应的风险管理建议。

（二）风险监测

高校作为具有一定规模和财务规模的机构，其财务管理过程中面临着各种潜在的风险。这些风险可能来自内部，也可能来自外部。对于内部风险，例如违规行为、人为失误等，传统的监测方法往往是通过日常巡查、审计等手段来发现和解决问题。然而，这些手段存在着效率低下、漏洞多、无法即时发现等问题。而针对外部风险，例如经济环境变化、政策法规变动等，更需要及时的预警和反应。

人工智能技术可以有效地解决上述问题，实现对高校财务活动的实时监控和预测。其中，图像识别技术可以用于监测大型资产设备、保安情况等。例如，安装一定数量的摄像头，利用图像识别技术，可以对高校内部的建筑物、公共区域自动进行监控。如果出现异常情况（如门窗被撬、火灾等），系统会立即向相关人员发出报警信号，提高了安全管理的效率。此外，在资产设备管理方面，也可以采取视频监控的方式，实时监控大型资产设备的工作状态，及时发现故障并进行维修保养。

另一方面，在大数据分析方面，人工智能技术可以通过挖掘历史数据，建立模型，并结合当前实际情况，实现对潜在风险的预测。例如，如果一个学院的消费管理情况一直比较稳定，但最近出现了异常数据（如支出增加、财务账目不平衡等），那么系统就可以发出预警信号，并即时向相关管理人员提供分析报告和解决方案。

基于这些技术手段，高校可以建立完善的风险监测体系，实现对内部和外部风险的有效管理。同时，基于历史数据的分析和训练，也可以帮助高校识别新风险，并提供相应的解决方案，更好地保障高校财务的安全可靠性。总之，人工智能技术在高校财务管理中的应用是非常必要和重要的，可以提高效率、减少漏洞、及时预警，从而为高校持续稳健的发展提供有效保障。

（三）智能审批

在高校财务管理中，审批流程是必不可少的一环，但传统的审批流程往往需要耗费大量的时间和人力资源。随着人工智能技术的发展，智能审批成了高效简便的一种选择。

智能审批采用自然语言处理和图像识别等相关技术，在保证审批流程正确性的前提下，尽可能地减少人工干预，节约时间和劳动成本。具体而言，智能审批可以实现以下几个方面的优化：

1.自动化审批流程

传统的审批流程多需人工参与，而智能审批则可以借助人工智能的优势，实现部分审批流程的自动化。例如，通过人工智能技术引入的自动化审批流程，可以省去一些烦琐的审批操作，如根据设定规则自动审核低于某个金额的报销单，从而让财务管理人员可以专注于其他更为重要的任务，同时也能够有效提高审批效率。

2.智能识别与分类

人工智能技术可以对各类审批单据进行智能识别和分类。通过自然语言处理技术，可以识别报销单中的各项费用明细，并将其智能分类和归档。例如，对于一份含有多种费用的报销单，智能审批可以自动识别这些费用项并进行分类，从而方便后续的财务管理工作。

3.流程监控与数据分析

人工智能技术可以对流程中涉及的各个环节进行实时监控和预测。通过大数据分析技术，可以获取海量数据并进行深入分析，在加强流程监控的同时，也能够更好地发现潜在的问题和优化空间。

4.可视化操作界面

智能审批还可以提供友好的可视化操作界面，方便用户进行操作和管理。例如，智能审批可以针对不同岗位提供不同的操作界面，让用户更加专注于自己所需要关注的内容，并且操作更为简便。

参考文献

[1]董宋行.依托学科竞赛构建地方高校财务管理专业人才培养新模式[J].湖北工程学院学报,2023,43(03):125-128.

[2]赵敬予,高芳,任悦.浅析高校智能财务报销体系构建[J].技术与市场,2023,30(05):177-180.

[3]张姝敏.企事业单位固定资产全生命周期管理探究——以地方高校为例[J].现代营销(上旬刊),2023(05):102-104.

[4]高晓薇.基于区块链技术的高校财务管理模型设计及研究[J].中国集体经济,2023(14):130-133.

[5]盖琪.新政府会计制度背景下管理会计在高校财务管理中的应用研究[J].经济师,2023(05):89-90+92.

[6]张晖,陈庆春,汪晖,等.多校区融合背景下高校财务管理问题探讨——以南京农业大学为例[J].经济师,2023(05):72-74.

[7]易先菊.高校后勤财务精细化管理框架体系构建研究[J].经济师,2023(05):61-63.

[8]徐芳婷.提升高校财务管理信息化水平的路径分析[J].财政监督,2023(09):85-92.

[9]于跃.政府会计改革对高校财务管理的影响研究[J].大众投资指南,2023(09):91-93.

[10]荣冰玉.高校运用管理会计对校院两级财务管理研究初探——以S大学为例[J].行政事业资产与财务,2023(08):75-77.

[11]华舒宁."大数据"背景下高校财务共享平台建设路径研究[J].财经界,2023(12):78-80.

[12]黄宇.大数据时代的高校财务管理信息化建设[J].今日财富,2023(08):86-88.

[13]李社霞.大数据时代高校财务管理信息化建设分析[J].老字号品牌营销,2023(08):58-60.

[14]尹佳璇.民办高校财务管理问题及其对策研究[J].老字号品牌营销,2023(08):94-96.

[15]陈蕾,朱娇.内部控制视角下高校财务信息化探讨[J].行政事业资产与财务,2023(07):40-42.

[16]林晗,高瞻.高校财务管理信息化建设问题及对策研究[J].辽宁经济职业技术学院.辽宁经济管理干部学院学报,2023(02):29-31.

[17]邓昊天.高校资产管理与财务管理融合研究[J].上海商业,2023(04):188-190.

[18]祝扬.高校工会财务管理优化策略[J].新会计,2023(04):36-38.

[19]周慧.大数据背景下高校财务管理变革[J].商业观察,2023,9(11):76-78.

[20]于跃.内部控制视角下高校财务管理研究[J].支点,2023(04):155-157.

[21]赵露.高校资金管理存在的问题及优化探讨——以北京 A 高校为例[J].财务管理研究,2023(04):58-62.

[22]李海蒲.新时代背景下高校财务管理转型的思考[J].商业观察,2023,9(10):29-32.

[23]李泰然.立德树人理念下高校财务管理专业推进课程思政建设之探讨[J].经济师,2023(04):159-160.

[24]邱雨麟.基于财务管理视角下的高校采购管理研究与实践[J].中国物流与采购,2023(07):90-91.

[25]雷双成.数字经济背景下高校财务管理专业实验室建设探讨[J].中关村,2023(04):104-105.

[26]李娟.基于 OBE 理念的应用型本科高校财务管理专业"数智化"转型建设研究[J].中国管理信息化,2023,26(07):216-219.

[27]蔡素露.探讨新高校会计制度对高校财务管理的影响[J].中国管理信息化,2023,26(07):21-24.

[28]亓美玲.政府会计制度实施与高校财务管理平台建设——基于"互联网+"的视角[J].齐鲁师范学院学报,2023,38(02):92-97+105.

[29]张会妮.地方高校财务管理信息化存在的问题[J].今日财富,2023(07):107-109.

[30]姜玉晓.高校"智慧财务"管理体系构建[J].环渤海经济瞭望,2023(03):147-149.

[31]刘日龙.高等学校财务管理创新发展研究[J].文化学刊,2023(03):179-183.

[32]常彬彬.基于成本核算与控制的高校财务管理研究[J].广东经济,2023(03):80-83.

[33]吴祥娇.新形势下高校财务管理监督机制研究[J].行政事业资产与财务,2023(05):76-78.